쓰레기 TMI

쓰레기 TMI

초판 인쇄 2021년 9월 6일
초판 발행 2021년 9월 13일

기획 한겨레21
지은이 고한솔 외
펴낸곳 (주)한겨레신문사
발행인 김현대
편집인 류이근

만든곳 한겨레21
편집장 정은주
기획편집팀 구둘래 팀장, 조일준 서보미 변지민
취재1팀 황예랑 팀장 김규남 박다해 신지민
취재2팀 김선식 팀장 김규원 방준호 고한솔 이정규
사진 이정우 부장 박승화 김진수 류우종 정용일
사진자료 양지윤
교열 서윤희 김정화
인터넷 등록 배한솔
독자기획팀 차장현 팀장 이영준
출판광고팀 유제호 팀장 김난희
제작 박용태
디자인 DesignZoo 장광석 실장 손정란 팀장 김기우 이다은
인쇄 SJC성전
마케팅·유통 한겨레출판
도서구입문의 02-6383-1602

주소 서울시 마포구 효창목길6 (공덕동 116-25) (우)04186
대표전화 1566-9595
홈페이지 h21.hani.co.kr
전자우편 han21@hani.co.kr

ISBN 979-11-5533-034-0 03330

쓰레기 TMI

알면 알수록 알 게 많은
쓰레기에 관한
신비한
잡학사전

한겨레21

펴내며

쓰레기통에 던지기 전에

2021년 7월13일 0시 청소업체 '동남' 신진섭(46) 대표가 출근해 신문이 찍혀 나오는 한겨레신문사 1층 주차장에 상자와 포대, 하늘색 큰 통을 놓습니다. 각 층에서 나오는 재활용쓰레기를 △흰 종이 △색깔 있는 종이 △두꺼운 종이 △플라스틱 △비닐 △병 등으로 나누기 위해서입니다. 신문사라 종이가 많이 나오는데 흰 종이와 색깔 있는 종이(신문지 등)는 고물상에 팔 때 가격 차이가 나서 따로 분리합니다. 코로나19로 사회적 거리 두기가 시행되면서 도시락과 배달음식 용기, 일회용컵이 쓰레기로 많이 나온답니다.

새벽 1시, 3시, 5시에 각각 출근해 한두 개층을 맡아 청소하는 노동자들도 1층에서와 같은 방식으로 재활용쓰레기를 분리했습니다. 이름을 밝히거나 사진을 찍지 않는 조건으로 동행취재를 허락받았습니다. 먼저 바퀴가 달린 하늘색 통을 끌고 각 사무실을 돌아다니며 개인 쓰레기통에 담긴 쓰레기를 한데 모읍니다. 엘리베이터 앞 작은 공간에 여러 개의 상자를 놓고는 쓰레기를 분류합니다. 모든 쓰레기는 예외 없이 사람의 손을 거칩니다. 27도 넘은 열대야인 이날, 흰 장갑과 목장갑을 두 겹으로 끼고 쓰레기를 하나하나 들어서 종이·플라스틱·비닐 등으로 나눕니다. 컵라면 수프 봉지까지 비닐류로 분리하는 걸 보고 놀랐습니다. 컵라면 용기나 일회용컵, 도시락은 씻어서 내놓지 않아 일이 더뎠습니다. 내용물을 휴지로 닦아내거나 화장실에 가서 버리고 돌아와야 했습니다. 음식물이 담겼던 쓰레기통도 잔여물이 있을까봐 닦아냈습니다.

"커피는 괜찮은데 과일주스, 밀크셰이크 이런 것이 문제예요. 찌꺼기가 바닥에 달라붙어서 떨어지지 않아요. 여름에는 음식물이 금방 상해서 점심때 먹은 도시락에서도 쉰내가 나죠." 먹고 마신 뒤 바로 씻어서 플라스틱 분리수거함에 넣었다면 덜 수고로웠을 텐데, 제 행동이 부끄러워졌습니다.

2021년 7월 〈한겨레21〉 뉴스룸 기자 16명은 '쓰레기' 취재에 나섰습니다. 한 달간 2인1조로 나눠 재활용쓰레기, 음식물쓰레기, 일반쓰레기 등 생활쓰레기를 좇아 재활용 선별장, 재생원료 공장, 소각장, 매립지, 음식물쓰레기 처리장 등을 누볐습니다.

취재를 떠나는 기자들을 보며 저는 뉴스룸을 둘러봤습니다. 책상 옆에 놓인 개인 쓰레기통에는 휴지와 볼펜, 일회용컵, 나무젓가락 등이 버려져 있습니다. 공용 책상에는 먹다 남은 과자봉지가 있고, 공용 프린터에는 누군가 출력하고 찾아가지 않은 자료가 널려 있습니다. 이 쓰레기는 어떻게 처리될까 궁금했습니다.서울 마포구 공덕동 한겨레신문사 건물(9개층)을 청소하는 업체 '동남'의 하루를 따라가보기로 했습니다.

한겨레신문사에는 플라스틱류와 비닐류를 분리배출하도록 전용수거함이 있지만, 동남의 직원들과 동행해보니 일반쓰레기통에 뒤섞인 재활용쓰레기가 더 많았습니다. 신문지도 모아놓는 수거함이 따로 있는데 이것저것 다 들어가 있었습니다. 재활용쓰레기를 다 분리배출했더니 종량제봉투를 채운 건 화장실에서 쓴 종이타월이었습니다. 쓰레기통에서 꽁꽁 묶어놓은 검정 비닐봉지가 나왔습니다. 뜯어보니 수박껍질에 플라스틱접시, 종이컵 등이 한데 뭉쳐 있습니다. "옛날 같으면 손끝 야무지다고 칭찬받았을 거예요." 하지만 음식물·재활용·일반쓰레기로 분리해야 하는 지금은 아닙니다. "분리배출 못하면 비닐봉지에 넣지 말고 따로따로라도 버리면 좋겠어요. 쓰레기통에 던지기 전에 한 번만 더 생각해주세요." 직원이 말합니다.

그런데 분리배출을 왜 이렇게 열심히 할까요? "신문사잖아요. 쓰레기 줄여야 한다고 기사 쓰면서 마구 버리면 안 되지요." 18년간 한겨레신문사 건물 청소를 맡아온 신진섭 대표의 말에 고개가 절로 숙여집니다.

자정부터 동행하던 청소 현장 취재를 아침 6시께 마치며 "(분리배출을 잘 못해서) 죄송하다"고 말했더니 그가 오히려 위로해줍니다.

"옛날보다 훨씬 좋아졌고 계속 나아지고 있다"고요. 용기가 나서 물었습니다. "당장 고쳤으면 하는 게 있나요?"

"개인 쓰레기통을 없애는 거요." 제 책상 옆 개인 쓰레기통이 떠올랐습니다. 열 걸음만 움직이면 뉴스룸 공동 쓰레기통과 재활용 분리수거함이 있는데도 습관처럼 쓰던 것입니다.

뉴스룸에서 나온 쓰레기의 운명을 알게 된 이상 가만있을 수는 없었습니다. 고한솔·방준호 기자가 책 〈나는 쓰레기 없이 살기로 했다〉 등을 참고해서 '친환경 일터 만들기 수칙'을 세웠습니다. ①인쇄할 때는 한 장에 두 쪽, 양면 인쇄 ②스테이플러 대신 클립 사용 ③흰 종이, 색깔 있는 종이, 두꺼운 종이로 분리배출 ④개인 쓰레기통 사용 금지 ⑤배달음식 용기, 종이컵 등은 씻어 배출 ⑥텀블러·손수건·수저 '필수품 3종 세트' 구비 ⑦물티슈 대신 걸레 사용 ⑧스팸메일 지우기, 동영상 자동재생 차단 등 디지털 탄소발자국 감축. 하지만 습관은 끈덕집니다. 아이스아메리카노를 일회용 플라스틱컵에 받고 컵홀더까지 자연스레 끼웁니다. 화장실에서 손을 닦고는 종이타월을 뽑아서 물기를 없앱니다. 팩에 꽂힌 빨대로 음료를 쭉 빨아먹습니다. '제로웨이스트-21' 대화방에는 실패담만 쌓여 "고해성사의 장" "자수 퍼레이드"라고들 푸념했습니다.

맞습니다. 제로웨이스트 2주, 성공보다 실패가 많았습니다. 하지만 예전으로 돌아가지는 않을 듯합니다. 내 쓰레기를 집어 닦고 모으는 손이 있다는 걸 알아버렸기에 더는 쓰레기를 함부로 버리지 않을 겁니다.

김진수 선임기자

청소업체 동남의 신진섭 대표가 한겨레신문사를 청소하는 모습.

〈쓰레기 TMI〉에는 생활쓰레기가 우리 집을 나서서 마주하는 일을 160쪽에 꾹꾹 눌러 담았습니다. 재활용쓰레기·음식물쓰레기·일반쓰레기가 지나가는 길목을 지키는 사람들도 만났습니다. 그 여정을 좇다보니 많은 정보가 쏟아지는데 때론 헷갈립니다. 고추장·된장은 음식물쓰레기 처리장에서 골칫거리인데 소각장에서도 손사래를 칩니다. 작은 플라스틱도 재활용 선별장에서 선택되지 못하는데 소각장도 그리 반기지 않습니다. 그럼에도 쓰레기 관련 정보가 늘어갈수록 뚜렷해지는 게 있었습니다. 쓰레기양을 최소화하는 게 최선의 해법이라는 사실입니다. '쓰레기 로드(여정)'를 떠나 '쓰레기 TMI(너무 과한 정보)'를 얻고, 결국 '쓰레기 제로(없애기)'에 도전하는 거죠.

책의 뿌리는 〈한겨레21〉이 2021년 8월에 펴낸 통권호입니다. 한 가지 주제로만 제작하는 특별한 잡지를 2020년 6월부터 내놓고 있는데, '쓰레기 TMI'는 다섯 번째 이야기입니다. 리패키징으로 선보이는 이 책에는 체험기와 실천편을 더했습니다. 최우리 〈한겨레〉 기자는 2020년 12월부터 두 달간 온라인 실천 캠페인 '플라스틱 일기'에 참여했고, 이승욱 〈한겨레〉 기자는 2021년 8월5일 서울 은평구 수색동 재활용 선별시설에서 종이를 분류하는 작업을 체험했습니다. 재활용쓰레기·음식물쓰레기·일반쓰레기를 줄일 수 있는 각각의 실천 방안도 독자 여러분이 직접 써보도록 기획했습니다.

이 책은 자원을 절약하려는 작은 실천도 합니다. 본문 글씨에 구멍이 뚫려 있어서 인쇄잉크 사용이 덜한 나눔명조에코를 사용합니다. 색채도 절제했습니다. 기본 요소는 흑백으로, 인포그래픽은 두 개의 색채로 제한해 구성했습니다. 통권호와 달리 재생용지를 썼고 재활용할 수 있도록 겉표지를 코팅하지 않았습니다.

자, 이제 우리 집을 떠난 쓰레기를 뒤쫓아가볼까요. 21

2021년 9월1일 〈한겨레21〉 편집장 정은주

깊은 산 속 쓰레기

울창한 숲으로 덮인 팔공산 중턱에 커다란 구멍이 뚫렸다. 불법으로 버려진 쓰레기 더미다. 높이는 7m, 무게는 7천t이 넘는 규모다. 불법 쓰레기 투기자들이 경북 영천시 신녕면 팔공산 북동쪽 언덕을 임대해, 2018년부터 쓰레기를 버리다 2019년 주민 제보로 발각됐다. 이 쓰레기를 치우려면 땅값(5억원)의 세 배가 넘는 16억원이 든다. 불법 쓰레기는 땅주인이 처리해야 하는데 비용 문제로 3년째 방치돼 있다.

영천(경북)=사진·글 박승화 기자 eyeshoot@hani.co.kr

CONTENTS

집, 쓰레기의 영점

쓰임을 다하고 집을 나서는
편의점 커피, 김치 양념, 휴지,
은박 포장재, 살구색 정장의 행로

방준호 기자 whorun@hani.co.kr

*이 글은 쓰레기를 따라 집을 나서기까지 〈한겨레21〉 기자들 경험을 바탕으로 재구성했습니다.

용도가 사라진 물건들과 황금빛 저녁 햇살이 보내는 축복의 미소로 가득 찬 방을 바라보면서, 나는 꼼짝없이 서 있었고 더는 아무것도 이해할 수가 없었다.
–로베르트 발저, 〈산책자〉

2021년 여름 어느 저녁, 꼭 그런 마음이 되어 집 안을 둘러보고 있었다. 주섬주섬 찾아 읽은 책* 몇 권이 발단이었다. 내 방, 물건으로 가득 찼다. 쓰는 것들이라 쓰임을 다하면 버려질 것이다. 애착한 것들이라 애정을 잃으면 버려질 것이다. 잊힌 것들이라 눈에 띄면 버려질 것이다. 아무튼 버려질 것이다.

버려지기까지 쓰임의 기한, 애착의 기한, 주의력의 기한은 들쑥날쑥하다. 통상 포장재 수명을 6개월, 플라스틱 생활용품의 수명을 3년, 합성섬유로 지은 옷의 수명을 5년 정도로 본다는데 큰 의미는 없다. 새 물건을 향한 열정과 새 물건이었던 것을 향한 싫증에 휘둘린다. 내켜서 샀고, 내키는 대로 푸대접했다.

괴짜 같은 짓이라고 생각하면서도 집 곳곳을 채운 버려질 물건을 조금만 더 생각하기로 했다. 애도하기로 했다. 이 물건은 나에게 어떻게 도달했나. 그건 어떤 의미를 지니고 있나. 그리고 어떻게 버려져 어디로 흘러가는가. 물건이 아니라 내가 낯설었다. 끝내 아무것도 알 수 없게 되었다.

플라스틱과 무지 16~35쪽 되살아날 쓰레기

편의점에서 500㎖ 커피를 사서 마셨다. 글쓰기 노동의 필수재로 여긴다. 책상에 병만 남았다. 폴리에틸렌테레프탈레이트(PET)가 병 몸체와 라벨을, 고밀도폴리에틸렌(HDPE)이 뚜껑을 이루었다고 적혀 있다. 이것에 대해 무엇을 알고 있나. 일단 플라스틱(합성수지)인 걸 안다. 최초의 인공 합성수지인 베이클라이트(1907년)에서 석유화학 발

참고 문헌
〈사라진 내일〉, 헤더 로저스, 2009
〈낭비와 욕망〉, 수전 스트레서, 2010
〈쓰레기, 문명의 그림자〉, 카트린 드 실기, 2014
〈102톤의 물음〉, 에드워드 흄즈, 2013
〈플라스틱 아틀라스 2021 아시아판〉, 하인리히뵐재단
〈이러다 지구에 플라스틱만 남겠어〉, 강신호, 2019
기사 안 국내 쓰레기 통계는 환경부, '2019년 전국 폐기물 발생 및 처리 현황'

전에 따라 폴리염화비닐(PVC, 1912년), 폴리스티렌(PS, 1931년), PET병(1973년) 등, 등, 등이 나타났다고 들었다. 여기 어떤 첨가물을 집어넣느냐에 따라 오만 가지 성질을 지닌다. 그러므로 '이것이 정확히 무엇'이라고 말하는 건 (내 수준에서는) 불가능함을 알겠다. 모른다는 것을 알겠다. 모른 채로 곁에 두었다.

처음부터 모른 채 익숙할 수 없었다. 1950년대만 해도 (미국) 사람들은 일회용컵마저 씻어서 다시 썼단다. 기업은 그럴 필요 없다고, 플라스틱은 값싸고, 변하지 않는데다, 가볍다고 알렸다. 사실이었다. 싸므로 가볍게 버릴 수 있었다. 변하지 않으므로 버려도 사라지지 않았다. 코카콜라가 유리병 회수 정책을 폐기한(1964년) 것을 비롯해 유리병 재사용 문화는 음료 전반에서 사라졌다.(미국 탄산음료의 용기 재사용률은 1958년 98%에서 1972년 39%로 급락한다.) 페트병으로 대체됐다. 병 수거와 세척에 들이는 기업의 비용이 줄었다. 가벼운 병 덕분에 한 기업이 닿을 수 있는 유통의 범위는 넓어졌다. 우리는 병을 반납하고 재사용하던 습관을 잊었다. 다시 쓴다는 것, 돌아보니 불편한 짓이었다. 망각이 기업에도 우리한테도 이득 같았다.

병 표면에 적힌 돌아가는 화살표 ♺ 또한 큰 위로가 됐다. 분리해서 내놓으니 할 만큼 했다고 생각했다. "이런 용기는 재활용할 수 있고, 어쩌면 이미 재처리되어 만들어진 제품일지도 모른다고 오해하게 한 것이다"라고 헤더 로저스는 책 〈사라진 내일〉에 적었다. 오해라고? 그러고 보니 이 병을 둘러싸고 화살표 굽이마다 무슨 일이 펼쳐지는지, 누가 어떤 모습으로 가다듬고 있는지, 정말 저 화살표를 따라 제대로 돌기나 하는 것인지 나는 아무것도 모르고 있었다.

그랬다. 몰라서 익숙할 수 있었다.

<u>남은 음식과 더러움</u> **36~55쪽 먹고 난 쓰레기**

김장했고, 돌솥밥을 지어 먹었다. 약 2㎏의 잔재가 남았다. 냉동굴, 냉동가자미, 열무, 얼갈이배추, 쑥갓, 빨간 고추, 쪽파, 양파, 밥, 당근, 버섯 따위로 이뤄져 있다. 입에 넣을 때 아무렇지도 않았는데 축축한 모양과 찌릿한 냄새에 손조차 대기 싫다. 찡그리며 모았다.

음식물이야 물론 인류의 가장 오랜 쓰레기다. 가축에게 사료로 주고 식물에 비료로 주어 처리하는 관행 역시 고대로 거슬러 올라갈 만큼 길다. 특히 돼지는 주요 도시의 거리를 활보하며 먹어서, 치웠다. 가끔 사고도 쳤다. 1131년 마차를 들이받아 프랑스 왕세자를 숨지게 한 일이 있단다. 그래도 20세기 초반까지 직접, 동식물에, 남은 밥을, 먹이는 일은 당연한 음식 처리 방식이었다.

물론 음식물은 지금도 사료나 비료로 처리한다. '직접'만 빠졌다. 수거하는 사람, 퇴비화·사료화 시설이 중간에 끼어 있다. 그들이 나조차 보기 싫은 이것들을 집고, 나르고, 모으고, 말리고, 썩힐 것이다. 냄새가 날 것이다. 곁에 두고 본 적은 없다. '보기 싫었다'고 적어야 바르다.

그리고 이것들은 먹힐 것이다. 현대인인 나는 동물 역시 존엄한 생명임을 안다. 어느 정도의 음식 찌꺼기를 어느 정도의 처리를 거쳐야 동물에게 먹일 만한 쓰레기가 될지, 논란은 끊임없다. 더러워서 안 봤던 사람의 온기, 귀여움 바깥에 있는 사육동물의 물컹거림 같은 것이 문득 마음을 찌른다. 반려묘를 슬쩍 쳐다봤다.

어쩐지 그냥 실눈 뜨고라도 지켜봐야 할 것 같았다.

소각과 기술 **56~69쪽 불타는 쓰레기**

톡 뽑아 슥 닦고 버린 휴지의 기한은 20초를 넘기지 않았다. 종량제봉투에 넣었고, 그런 생활쓰레기 대부분(47.8%, 혼합배출 생활폐기물 소각 비율)의 운명이 그렇듯 휴지도 소각장에서 태워질 것으로 추정한다. 소각은 쓰레기 부피를 크게 줄이는 처리 방식이다. 에너지로 활용된다. 단순 매립에 견줘 화려한 기술을 접목한 것 같은 소각을 19세기 말부터 위생 공학자와 행정가는 지지했다. 초기의 어떤 소각장은 뒷마당에서 그냥 태우는 형태였다. 지독한 스모그와 빨래에 묻는 검댕 탓에 분명 뭔가 문제가 있는 것 같았지만, 그게 정확히 무엇인지 모르는 상태로 사람들은 긴 시간을 보냈다. 다이옥신을 비롯한 유해물질이 대중에 알려진 건 1970년대부터다.

숙련노동자와 겹겹한 설비로 꾸린 현대의 소각장은 다이옥신 같은 유해물질을 기준치보다 훨씬 낮게 배출한다고 한다. 다만 여전히 오염물질을 일부나마 내뿜고 있다. 이 정도는 괜찮다고 한다. 온실가스와 기후위기에 미칠 영향은 정확히 알 수 없다. 물건이 작은 입자로 분해돼 미칠 영향의 크기와 방향을 가늠할 수 없다. 태우는 것 말고 방법이 없는 쓰레기와 가늠할 수 없는 미래 사이에서 그저 기술을 믿을 뿐이다.

최선이 아닌 것만은 분명하다. 다만 차악일 수는 있을까.

매립과 쓰레기가 가른 세상 **70~87쪽 땅으로 바다로 가는 쓰레기, 86~121쪽 세계의 쓰레기**

보랭용 은박 포장재를 종량제봉투에 넣었다. 아이스크림을 담아 왔다. 표면은 알루미늄 은박이고 내부는 폴리에틸렌으로 추정된다. 복합재질이라 재활용되지 않는다. 종량제봉투에 담아 내놓으면 결국 어떤 형태로든 묻힐 것이라고 생각한다. 하루 생활쓰레기 가운데 12.7%(7336t)가 매립된다. 영향은 길다. 은박 포장재 내부 재질이 폴리에틸렌이 맞는다면 썩는 데 500년 이상 걸린다고도 한다.

최초의 매립장 개념은 (투기에 가깝지만) 고대 그리스 아테네에서 발견된다. 아테네 시민들은 도시 경계 1.6㎞ 바깥에 쓰레기를 버려야 했다. 도시 외곽이 쓰레기장으로 지정된 셈이다. 21세기 매립장은 거대하고 최신 설비를 갖췄지만 도시 외곽이라는 장소성만은 수천 년 동안 변하지 않는다. 오늘에 이르러선, 이런 표현이 가능하다. “매립지 개설에 가장 덜 저항하는 가난한 사람들이 사는 바로 그곳에 자리잡는다. (…) 말하자면 계급의 지형학을 따르는 셈이다.”(카트린 드 실기, 〈쓰레기, 문명의 그림자〉)

매립장은 한국에서 존재 자체가 갈등의 씨앗이다. 한국에서 묻힐 땅을 찾는 건 어려운 일이다. 베트남, 타이, 말레이시아 등으로 수출된다. 2019년 한국은 플라스틱 쓰레기를 3만3천t쯤 수출했다. 그마저 대혼란(2018년 중국 쓰레기 반입 금지)과 대망신(2018년 필리핀에 불법 수출한 쓰레기 발각)을 겪고, 크게 줄어든 수준이다. 이제 어디로 가야 할까, 더 힘없는 이들의 땅으로? 당장 저항할 이가 없는 바다로?

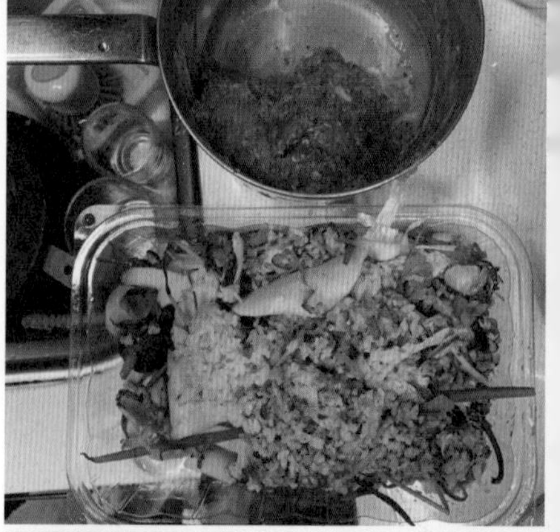

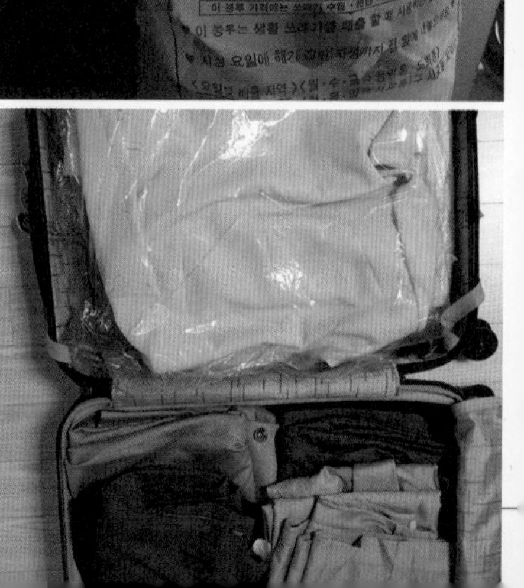

〈한겨레21〉 기자들의 집과 사무실에 놓인 물건, 혹은 쓰레기들.

쓰레기의 영토와 그것이 반영하는 균열은 비애만 안길 것이 분명했으나, 어찌할 도리 없는 업보였다.

귀중한 물건 **124~157쪽 제로웨이스트**

집에 걸린 살구색 정장은 티 없이 깔끔하다. 더는 귀하지 않다. 정장 입을 일은 별로 없었다. 가끔 입을 때는 기억에 남을 만큼 중요한 날이기는 했다.

산업화 초기 쓰레기 더미에서 철, 뼈다귀 등 각종 보물(재활용거리)을 찾아내던 이들을 '넝마'주이로 부를 만큼 섬유는 쓰레기 재활용의 대명사였다. 옷을 지어 고치고 또 고쳐 입다가 넝마주이가 가져가서, (다시 수선하거나) 펄프 재료로 팔았다. 넝마 판 돈은 여성의 부가소득이 되어 당시 나름의 여성 경제를 이루었다는 분석도 있다. 1870년대 펄프의 재료가 헝겊이 아닌 나무 등으로 대체되면서 넝마는 귀중함을 잃었다. 지금 우리야 가정에서 나오는 폐섬유 대부분을 종량제봉투에 버린다(하루 914.1t). 그 가운데 재활용되는 건 7.6% 정도다.

옷뿐이랴. 귀하게 여기는 물건의 목록이 줄어간다. 싸게, 더 많이, 자주 사는 것을 목표 삼은 사회의 승리다. 살구색 정장은 버리지 않고 기증하기로 했다. 이 옷이 귀히 여겨질 시간을 좀더 연장했다. 귀하지 않은 물건과 그렇게 만든 세상 안에서 별 의미 없는 짓이었을지도 모른다. 다만. 그래도.

어째서인지 그 여행은 내 주변에 있는 모든 사물들의 의미를 드러내고, 나의 정신 깊은 곳도 드러내는 듯하였네. 그것은 또 아주 음울한 경험이었고 처량하기도 하였지만, 그렇다고 비범한 경험은 결코 아니었으며 또 썩 이해되는 것도 아니었네. 그래, 썩 분명하지 않았어. 그렇지만 무언가를 드러내는 듯은 했지. -조지프 콘래드, 〈어둠의 심연〉

꼭 그런 여정이 될 것 같다고 직감했다. '쓰레기는 심각한 문제입니다' 하는 얘기를 모르는 사람은 없으므로 비범한 경험은 결코 아니다. 한때 누군가한테는 귀했을 물건을 쓰레기로 만들고만 사회·경제 구조를 둘러싼 고민, 반성, 갈등이 얽혀 있을 것이다. 헤매다가 결국 나를 돌아보게 될 것이다. 누구를 향하는지 모를 "끔찍하다, 끔찍해" 외마디 비명을 지르게 될지도 모르겠다. 비슷한 생각을 했던 서울의 어느 골목, 세계의 어느 도시 사람들을 만나 잠깐씩 숨을 돌리겠지만 짓누르는 우울은 해소할 길이 없을 것이다. 묵시 같은 분위기가 내내 감돌 것이며, 이 우울의 반대말을 감히 희망이라고 적지도 못할 것이다.

직감하고도 길을 나섰다. 알기 싫지만 알아야 했다. 21

한눈에 보는 국내 쓰레기

국내 폐기물 하루 발생·처리 현황

*생활계폐기물_ 가정에서 배출하는 생활폐기물(개보수 공사·작업 등에서 나오는 5t 미만 폐기물 포함)과 공공폐수처리시설, 분뇨처리시설 등을 운영하지 않는 사업장폐기물(사업장비배출시설계폐기물)을 포함
*사업장배출시설계폐기물_ 공공폐수처리시설, 공공하수처리시설, 분뇨처리시설 등에서 발생하는 폐기물
*건설폐기물_ 건설현장에서 발생하는 5t 이상 폐기물과 중간처리 잔재물
*지정폐기물_ 사업장폐기물 중 폐유, 폐산 등 주변 환경을 오염시킬 수 있거나 의료폐기물 등 인체에 위해를 줄 수 있는 해로운 폐기물
*기타_ 2018년까지는 해역배출량 등, 2019년은 압축과 파쇄 등 기계적 처분, 고형화와 중화 등 화학적 처분, 호기성과 혐기성 등 생물학적 처분 같은 중간처분량

자료: 환경부·한국환경공단, 국제무역센터(ITC)

국내 연도별 총폐기물 하루 발생량 추이

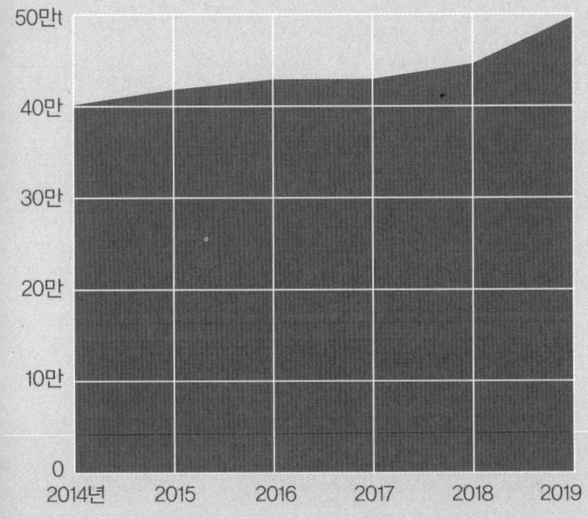

지역별 폐기물 하루 발생 현황

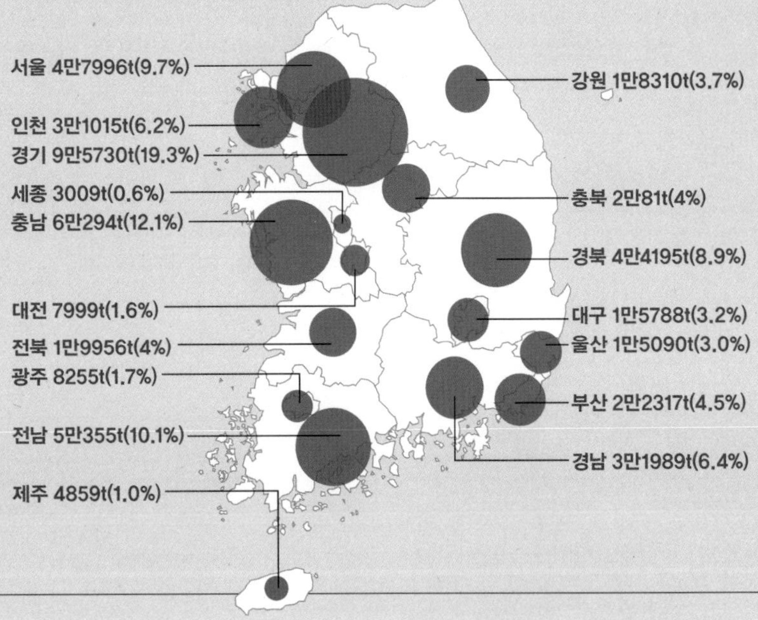

2019년 생활계폐기물 하루 발생 종류, 양, 비율

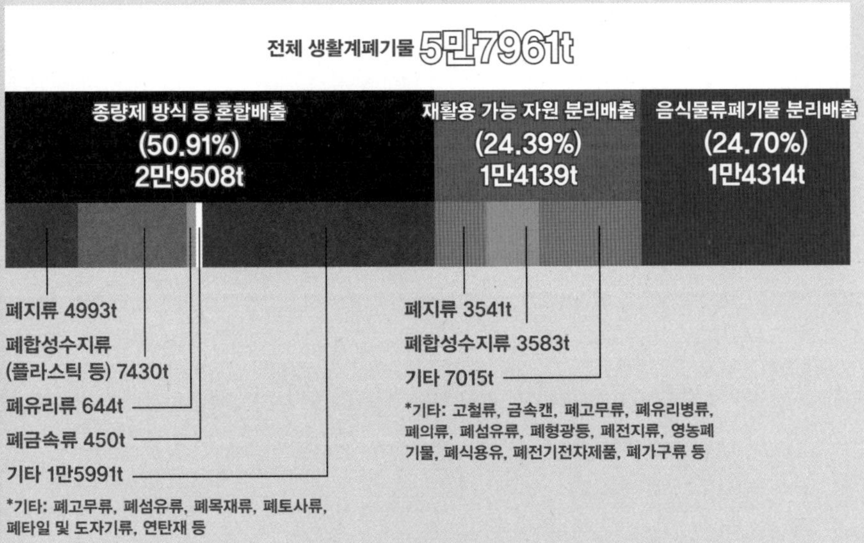

하루 평균 1명당 배출 생활계폐기물 연도별 추이

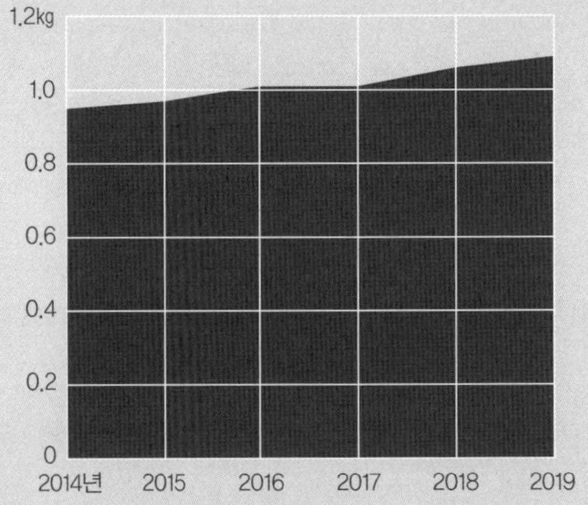

국내 플라스틱 쓰레기 수출 현황

*2018년 중국의 쓰레기 수입 금지로 쓰레기 수출입 문제가 부각되고 우리나라의 쓰레기 수출도 크게 줄었다.

경기도 김포 통진읍에 있는 페트병 재활용 업체 준영산업에 폐페트병 더미가 놓여 있다. 노동자가 그 사이에서 이물질을 치운다. 류우종 기자

1

어떤 생환

현관문을 열고 플라스틱, 비닐, 종이 등 재활용 쓰레기를 분리해 내놓았다. 분리배출만 하면 재활용품이 되는 것일까. 환경미화원이 밤새 수거한 쓰레기는 재활용 선별장으로 옮겨져, 되살아나느냐 불태워지느냐의 기로에 선다. 라벨이 떼어지고 뚜껑이 분리된 페트병은 컨베이어벨트에서 '선택'받을 수 있다. 반면 음식물이 남아 있는 플라스틱 용기는 '잔재물'로 남아 소각장이나 매립장으로 보내진다. 선택된 '선별품'은 재활용 생산업체로 옮겨져 잘게 조각난 뒤 솜뭉치로 되살아난다. 재활용 쓰레기의 생환 과정을 따라가봤다.

신지민 기자 godjimin@hani.co.kr

한눈에 보는 재활용

생활폐기물 처리 흐름도

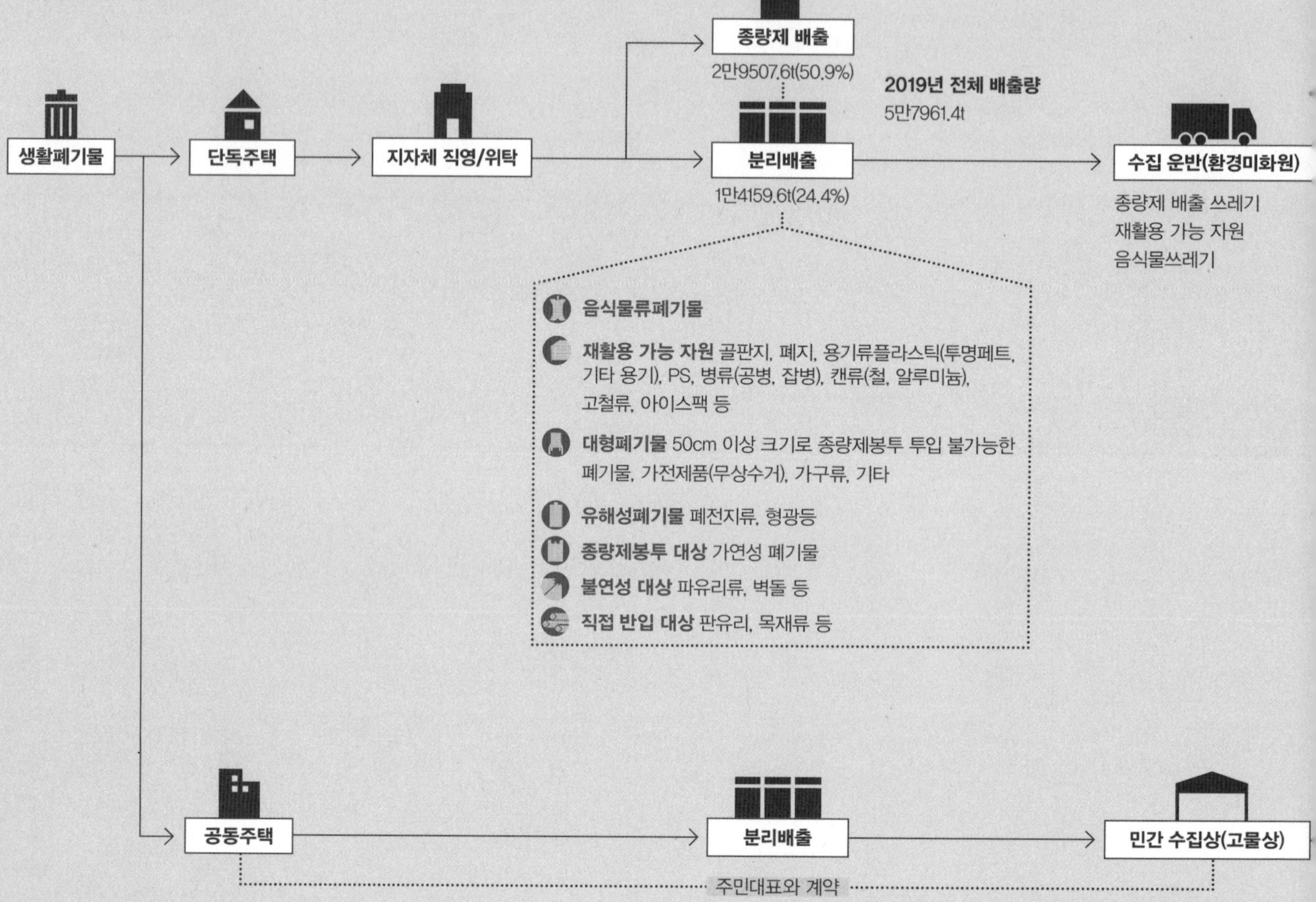

국내 하루 플라스틱(합성수지류) 생활폐기물 배출량

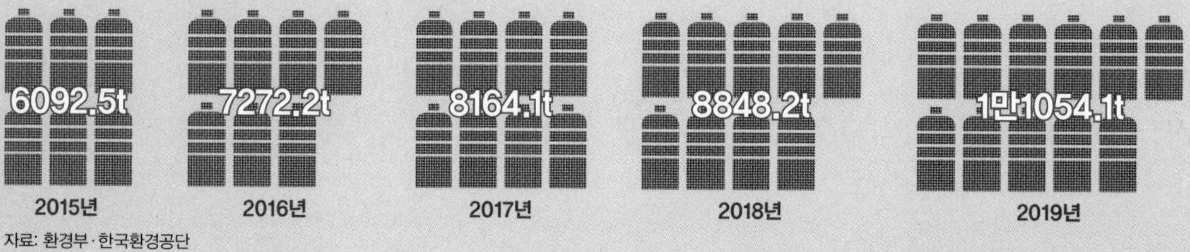

자료: 환경부·한국환경공단

생활쓰레기 선별량 대비 재활용률(2019년)

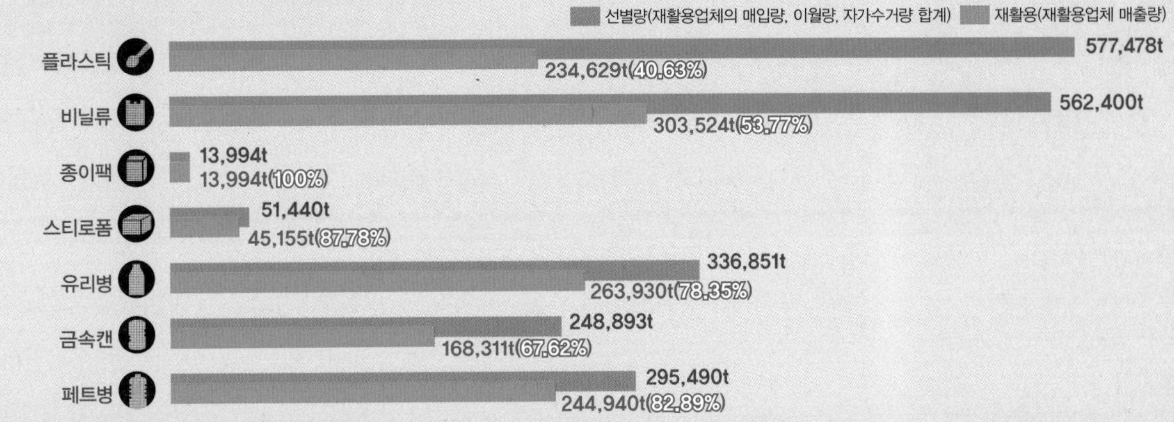

자료: 환경부, 더불어민주당 이수진 의원실

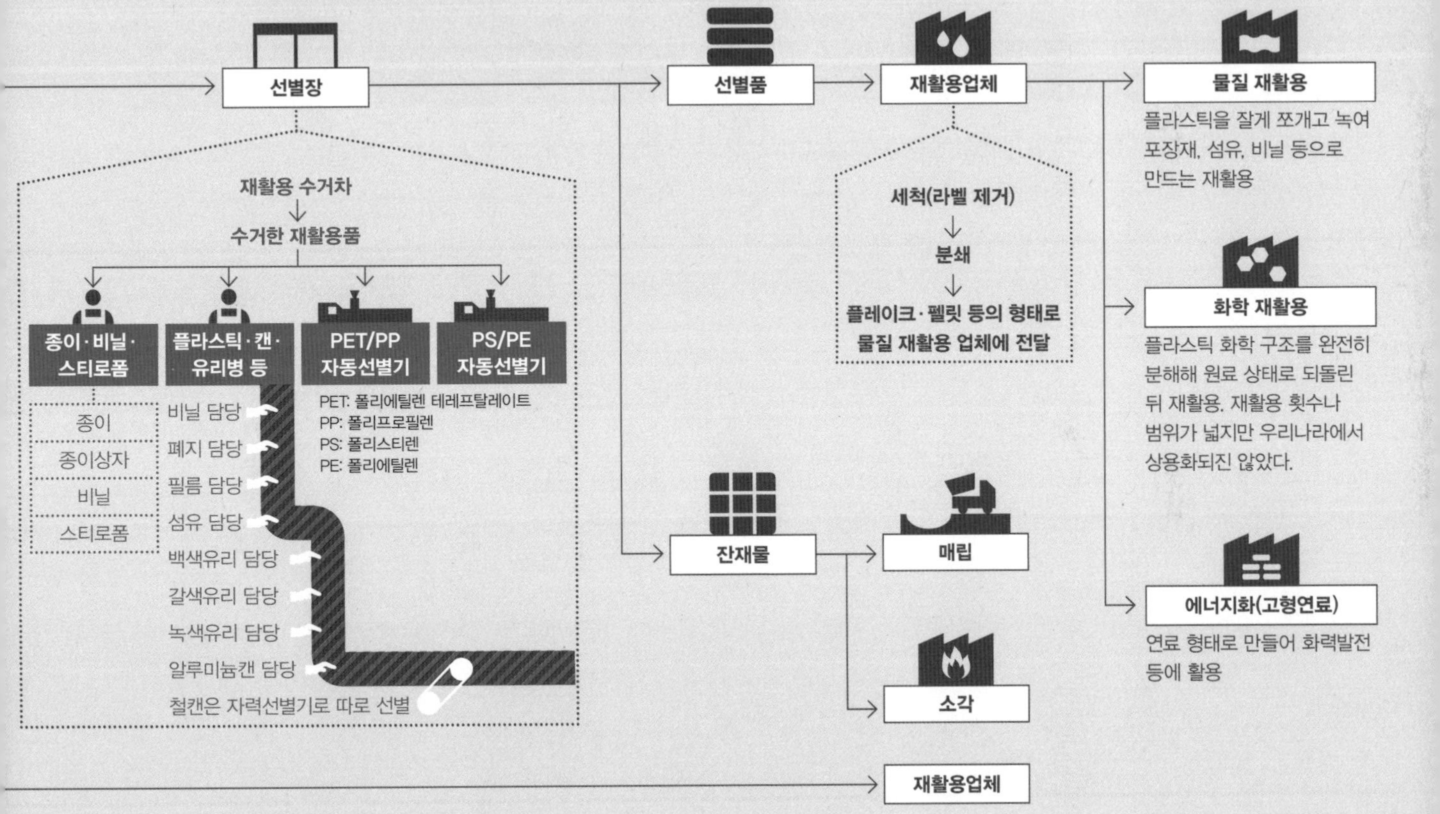

주요국 연간 1인당 일회용 플라스틱 쓰레기 배출량

*2019년 기준, 자료: The Mindaroo Foundation, statista

“검은 봉지를 보면 겁이 난다”

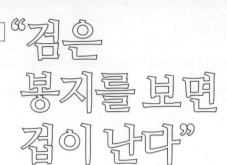

‘재활용 아니면 답이 없는 쓰레기’의 수거→ 선별장→ 재활용 공장→ 재생 단섬유 공장 여정

신지민 기자 godjimin@hani.co.kr · 방준호 기자 whorun@hani.co.kr

분리배출 봉지가 3.5t 수거차 안에 던져졌다. 2021년 7월18일 밤 9시 비가 오고 있다. 형광색 노란 우비를 입은 환경미화원(상차원) 두 명이 차량 발판에서 내려와 쏟아지는 빗속에 뛰어들었다. 주택가 골목 왼편, 오른편에 놓인 봉지를 낚아채고 싣기를 반복했다. 최연만(58) 운전원(환경미화원)은 후방 카메라로 상차원의 움직임을 보며 30~60초마다 차를 멈추고 이동하기를 반복했다. 환경미화원들이 조수석에 탔다 내렸다 하는 시간을 줄이려고 업체에서 발판을 매달아놓았는데 이는 불법이다. 환경미화원이라 해도 익히 알듯 구청 소속은 아니다. 서울시 25개구의 생활폐기물 수집·운반 업무는 100% 민간 위탁이다. 구로구에는 수집·운반 업체가 4곳 있고, 한 업체가 2개동을 맡는다. 이들의 담당 구역은 개봉3동과 고척1동의 단독주택이다.

수거: 주간 작업이 원칙? 작업시간은 밤 9시~새벽 5시

달려들어, 낚아채서, 던지는 것은 음식물쓰레기와 종량제봉투에 담긴 쓰레기가 아닌 모든 것이다. 공식적으로는 분리배출 쓰레기(재활용 가능 자원)다. 무게로 치면 하루 생활계폐기물의 24.4%(1만4139.6t)를 차지한다. 이 가운데 4분의 1이 플라스틱이다.(환경부 ‘2019년 전국 폐기물 발생 및 처리 현황’) 종량제봉투를 사서 버리지 않으니 공짜로 버리는 기분이지만 그럴 리 없다. ‘분리배출 표시’가 붙은 물건은 생산자책임재활용제도(EPR)에 따라 생산자가 재활용 분담금을 내지만(출고량만큼 부담), 그 비용은 물건값에 더해진다. ‘재활용 가능 쓰레기’라니 친환경으로 보이기도 하지만 그럴 리 또한 없다. 묻을 수도 없고 태우기도 모호한 쓰레기이므로 ‘재활용 아니면 답이 없는 쓰레기’에 가깝다. 분리배출의 대명사가 된 페트병의 경우 자연분해에 500년쯤 걸린다. 여기까지 공식적인 얘기다. 정말 공짜로 버리는 쓰레기도 있으니까. “얼핏 봐도 재활용이 안 되는 게 섞였지만 일단은 들고 와요. (수거하지 않으면 주민) 민원이 들어오니까.” 7년간 환경미화원으로 일한 김아무개(48)씨가 말한다.

이정우 선임기자

2021년 7월18일 밤, 환경미화원들이 서울 구로구 개봉동 주택가 골목에서 주민들이 내놓은 분리배출 쓰레기를 수거차에 싣고 있다.

민원이, 갑이다. 지방자치단체에 직접 속하지는 않지만, 민원에는 어쩔 수 없이 대응해야 한다. 야간에 작업하는 것도 그 민원 때문이다. 운전원 최씨는 "출퇴근 시간에 차량이 혼잡하고 낮 시간에 (수거차량 보기가) 불편하다고 한다"고 했다. "(밤에) 불법 주정차한 차량이 너무 많아 이동하기 어려울 때가 많고, 남들이 자는 시간에 일하고 남들이 깨어 있는 시간에 자니까 사람 구실을 못"하는 건 어쩔 수 없다. 2019년 3월 환경부는 주간 작업 원칙을 내세운 '환경미화원 작업 안전 지침'을 발표했다. 야간 작업시 산업재해 사고가 집중된다는 이유다. 지침일 뿐이라 법적 구속력은 없다.

단독주택에서 나온 재활용품은 집 앞에 있었다. 공동주택처럼 종이·플라스틱·비닐 등으로 분리해 내놓을 공간적 여유가 없는데다, 자기 집 가까운 곳에 분리수거함을 마련하는 것도 주민들이 반대하기 때문이다. 역시, 민원이다. 김씨는 "(분리수거함이 없다보니) 종류별로 분리하지 않고 한 봉지에 섞어서 재활용품을 배출한다"고 했다.

수거차가 가득 차면 선별장으로 간다. 내려놓고는 다시 수거에 나선다. 차는 1시간30분 만에 꽉 찼다. 보통은 세 차례 왕복하지만 일요일인 오늘은 네 차례 반복한다. 토요일에 수거가 없어 일요일과 월요일에는 양이 많다. 밤 9시에 시작한 작업은 새벽 5시에야 끝났다.

분리배출 쓰레기의 생존게임은 이제부터다. 재활용 제품으로 되살아날 것인가, 그냥 쓰레기로 묻거나 태워 수명을 다할 것인가. 운명이 결정된 듯 보이는 것도, 그나마 가망 있어 보이는 것도 섞여 있다. 갈림길에는 경제 상황이랄지, 기술이랄지, 인식이랄지, 정책 같은 조건이 화살표처럼 놓여 있다. 분리배출된 쓰레기를 되살리려는 그 길에 숱한 사람이 서 있다. 희망으로 맺는 이야기를 적고 싶었다. 살아남은 것들, 그 곁의 사람을 따라가기로 했다.

선별장: 오후 4시면 숨 막혀

밤새 3.5t 수거차가 토해놓은 재활용품이 구로구 항동 자원순환센터에 수북이 쌓여 있었다. 파봉기가 비닐봉지 찢는 작업을 시작으로 노동자들이 상자, 비닐, 스티로폼을 앞마당에서 먼저 골라낸다. 골라낸 나머지는 센터 지하 1층으로 연결된 구멍에 집어넣는다. 2019년 7월 지은 이 센터의 지하 1·2층에는 폐기물·음식폐기물 처리·재활용 선별 시설 등이 있고, 지상에는 수목원이 있다. 하루 평균 40t의 분리배출 쓰레기를 이곳에서 처리한다.

선별장은 컨베이어벨트로 복층을 연결한 구조다. 지하 1층 천장에 뚫린 구멍으로 컨베이어벨트를 타고 재활용품이 내려오면 '수선별실'에서 노동자가 비닐, 종이, 병, 섬유 등 재활용이 가능한 것을 재빨리 낚아채 지하 2층과 연결된 구멍으로 떨어뜨린다. 1~2m 간격으로 선 노동자들은 비닐장갑 위에 흰 장갑, 목장갑을 겹쳐 끼고 토시와 앞치마를 착용했다. 마스크를 낀데다 컨베이어벨트의 소음 때문에 대화하기도 쉽지 않다.

류우종 기자

2021년 7월6일 서울 구로구 항동에 있는 구로자원순환센터의 재활용 선별장. 노동자들이 재활용이 가능한 것을 골라낸다. 플라스틱은 PET(페트병), PE(뚜껑·세제통), PP(배달용기), PS(요구르트병)로 분류하고 유리는 백색·갈색·녹색으로 나눈다.

배달해 먹은 음식이 무엇인지 알 정도로 지저분한 일회용 용기 등이 컨베이어벨트로 지나가자 시큼한 냄새가 퍼져나갔다. 환기 시설이 있지만 낮에는 켜주지 않는다고 했다. 또, 민원이다. 2017년부터 일한 박연자(61·가명)씨는 "혐오시설이라고 주민들이 못 켜게 한단다. 오후 4시면 (숨 쉬기 힘들 정도로) 산소가 모자란다"고 말했다. "마스크를 써도 쓰레기 먼지 때문에 숨을 못 쉬겠고. 장갑을 두 개나 꼈는데도 손톱에 곰팡이가 종종 생깁니다. 깨진 유리병에 찔려서 힘줄이 잘려 입원한 적도 있어요." 그런데도 시급은 딱 최저임금이다.

경기도의 한 선별장에서 일하는 박혜경(54·가명)씨는 "쓰레기장에서 재활용품을 찾는 기분이 든다. 특히 검은 봉지를 보면 겁이 난다"고 했다. 검은 봉지에는 고양이·강아지 사체가 들어 있기도 하고, 주사기·담배꽁초·낙엽 등도 곧잘 나오기 때문이다. 깨진 소화기에서 분말이 분사되거나 페인트통에서 페인트가 쏟아져 옷을 다 버리기도 했다. 서울의 한 선별장에서 일하는 신상호(59)씨는 "식칼, 기름이 든 통 등 위험한 물건이 많이 들어온다"고 했다.

기계가 할 수 없는 일을 기계처럼 해낸다. 플라스틱은 PET(페트병), PE(뚜껑·세제통), PP(배달용기), PS(요구르트병)로 분류한다. 유리는 백색·갈색·녹색으로 나눈다. 캔이나 고철은 컨베이어벨트 중간에 있는 '자석 터널'에서 자동으로 붙는다. 큰 자루에 종류별로 담긴 페트병이 지하 2층 압축기에서 짓눌렸다. 찌그러진 페트병, 재활용업체로 팔려나갈 살아남은 것들이다.

탈락하는 쓰레기는 늘어난다. 이수진 더불어민주당 의원실이 환경부에서 받은 '생활쓰레기 연도별 선별 수량 대비 재활용률 현황'을 보면, 2015년 43만3686t이던 플라스틱 수거량은 2020년 57만7478t으로 증가했다. 하지만 같은 기간 재활용량은 25만1451t에서 23만4629t으로 오히려 감소했다. 김홍식 구로자원센터 소장은 "코로나19 이후 음식 배달이나 택배 이용률이 폭발적으로 늘어 플라스틱 수거량이 늘었지만 실제 재활용 가치가 있는 플라스틱은 줄었다"며 "요일제를 도입해서 비닐, 병, 플라스틱이라도 깨끗이 분리해 배출했으면 한다"고 말했다.

재활용 공장: 씻고 씻고 또 씻고

선별장에서 옮겨온 페트병이 경기도 김포 통진읍 준영산업 공장 앞에 압축돼 묶여 있다. 육면체로, 한 묶음에 500~600㎏쯤 된다. "냄새가 나지요?" 맹성호 준영산업 대표는 쑥스러운 표정을 지었다. 냄새의 진원은 페트병 묶음이다. 특히 단독주택에서 수거한 페트병은 투명·갈색·녹색·유백색이 뒤섞여 있고(2020년 12월부터 투명 페트병 분리배출이 의무화된 공동주택에서 온 것은 투명 페트병끼리 묶였다) 내용물이 남거나 표면에 흙먼지가 묻어 있다. 분리배출과 선별장을 거쳐 살아남았건만 여전히 이런 몰골이다.

이 회사는 페트병을 갈아 작은 조각으로 만든다. 플레이크, 펠릿, 칩 등으로 불리는 조각 상태라야 섬유나 페트병 같은 재활용 제품으로 다시 태어날 수 있다. 창고와 마당을 빼고도 3천㎡, 1500㎡ 공장 두 동이 붙어 있다. 안에는 기계가 가득하다. 컨베이어벨트로 이어진 기계는 페트병을 주거니 받거니 한다. "기계가 꽉 차 있으니 보고만 있어도 배부르겠다"고, 주책맞게 떠들고 말았다. 맹 대표, 완곡하게 꾸짖는다. "일본 사람들도 와서 기계가 참 많다고 그러기는 했어요. 그건… 놀리는 것이었죠."

놀리는 게 맞다. "선별·세척에 들이는 공이 50% 정도라고 보면 됩니다."(맹성

고물상 '○○자원'

종이가 귀인

공동주택에서 수거한 재활용품은 민간에 주로 맡겨진다. 아파트나 오피스텔 관리소가 민간업체와 계약하고 재활용품을 처리하기 때문이다. 2021년 7월8일 찾아간 고물상도 그런 곳이었다. 10년째 고물상을 운영하는 강아무개(49)씨는 "대부분 고물상이 돈을 받고 치워주는 줄 알지만, 실상은 돈을 내고 쓰레기를 사오는 것"이라고 설명했다.

'○○자원'이라는 간판을 내건 컨테이너가 사무실이었다. 컨테이너 밖 바닥에는 큼직한 철판이 깔려 있다. 저울이다. 한 어르신이 손수레에 싣고 온 고물을 저울에 내려놓자 빨간색 숫자가 나타난다. 강씨는 종류별로 무게를 달아 값을 쳐준다.

하루의 시작은 새벽 5시10분. 1t짜리 트럭에 계약을 맺은 공동주택·사무실 등이 배출한 재활용품을 실어온다. 이것에서 종이, 플라스틱, 병, 캔, 철, 비닐, 스티로폼 등 재활용이 가능한 것을 분류해 쌓는다. 이 작업을 하루에 8~10번 반복한다. 피복과 구리선으로 전선을 분리하고 플라스틱과 철로 에어컨 실외기를 분해하는 등 혼합된 재활용품을 나누는 게 주요한 일이다. 비닐이나 종이와 달리 플라스틱은 선별하기 어렵다. "PP, PE 등 플라스틱 종류가 용기 아래에 적혀 있긴 하지만 혼합된 경우가 많다. 재활용 가치가 없고 깨끗하게 씻지 않아 다 쓰레기가 된다."

재활용 시장에선 종이가 귀인이다. 분류하기 쉽고 오염이 적은데다 밀도가 높아서다. 강씨는 "무게당 가격을 계산하니 스티로폼처럼 부피가 크고 가벼운 품목은 선호하지 않는다. 원하는 것(종이 등)만 들고 오면 (공동주택) 관리사무소와 계약 자체가 안 되기 때문에 서비스로 치워준다"고 했다.

두려운 것은 재활용품 가격의 유동성이다. 강씨는 "계약할 때 6개월에서 1년치를 선납한다. 근데 가격이 폭락하면 팔 곳이 없는데 선납했기에 울며 겨자 먹기로 (재활용품을) 가져와야 한다"고 했다. 재활용품 가격이 내려가면서 2018년 일어난 폐비닐 대란이 대표적이다. "비닐을 팔 곳이 없어 안 들고 가겠다고 했더니 다른 재활용품도 팔지 않겠다고 하더라. 20만원을 내고 비닐을 가져와서 15만원 들여 소각했다."

당시 폐비닐 대란은 환경부가 나서서 일단락됐지만 같은 일이 반복되지 않으리란 보장이 없다. 비닐이든 플라스틱이든 재활용 가치가 없다고 판단되면 민간업체는 언제라도 손 털고 돌아설 테니까. 우리는 '시한폭탄'을 품고 사는 셈이다.

신지민 기자 godjimin@hani.co.kr

호 대표) 선별장을 거쳐왔는데도 씻고 또 씻는 일에 공들인다. 기계는 페트병을 더 짓누르고 핀으로 라벨을 긁어낸다. 그다음 '뜨듯한'(80℃쯤 된다) 거품 품은 물에 페트병을 빨래 불리듯 불린다. 표면에 묻은 이물질과 남은 라벨을 떨어지기 쉬운 상태로 만들기 위해서다. 그리고 씻는다. 최소한 세 차례 기계를 옮겨가며 씻고 또 씻어도 표면의 이물질과 라벨은 단단해 쉽게 떼어지지 않는다. 그 옆에선 색깔별로 페트병을 나눈다. 이윽고 페트를 조각냈다. 이 조각들을 물에 풍덩 넣어 뜨는 뚜껑(대개 고밀도폴리에틸렌)과 라벨, 가라앉는 페트 조각으로 분리한다. 그리고 또 씻는다. 재활용 제품의 청결이랄지 안전성을 위해 세척은 불가피하다. 다만 배출이 조금만 더 깨끗이 됐더라면 이 정도 공력은 필요 없었다. 굉음을 뿜어내는 기계 틈새에서 외국인 노동자가 기계가 토해낸 비닐과 이물질을 쓸어담는다. 공장 노동자 25명 가운데 11명이 외국인 노동자다. "사람 구하는 게 너무 힘들어요. 처우를 떠나서 더럽다는 인식 때문인 것 같아요." 맹 대표가 읊조린다.

재활용 공장의 부끄러운 냄새, 더럽다는 인식은 당연하지 않다. 창고를 가만히 보면 깔끔한 투명 폐페트 뭉치도 있다. 반가워 물으니, "일본에서 온 것이에요. 저렇게 깨끗하니까 도심 가까운 곳에 (재활용 공장을) 짓기도 하더라고요." 맹 대표 얼굴에 부러움이 스쳤다. 페트병을 씻고 라벨을 떼어 배출하는 시민 덕분이다. 색깔을 더하거나 특별한 모양으로 만들기 위한 첨가제를 자제하는 생산 방식도 페트병(더 나아가 폐플라스틱 전체) 분류에 힘이 덜 들게 하고 재활용 품질을 높인다. 수거업체와 재활용 시설이 시달리는 민원을 줄일 수 있다. 분리배출과 생산 원칙을 정해 20년 넘게 교육·훈련한 결과다. "거기까지 가는 게 쉽지는 않겠죠. 일본은 시민 역할이 큰 편인데 그것만 길은 아닐 수도 있어요. (정부나 기업이) 재활용 처리 과정이나 기술에 좀더 투자할 수도 있겠죠." 재활용 과정에 부담은 불가피하다. 재활용은 정부·기업·시민이 어디까지 부담을 나눠 지느냐의 문제로 결국 이어진다.

쌓인 페트병을 둘러싼 고민은 그저 얼마나 더럽고, 깨끗한지에 그치지 않는다. 사실 2021년 들어 냄새나는 페트병마저 구하기 어려워졌다. 코로나19 확산 뒤 다시 유가가 오르고 산업 생산이 늘면서 석유 제품의 대체 원료인 페트병 수요가 늘었다. 시장 상황에 따라 파도를 타는 원료 수급과 제품 판매의 불안정성도 영세업계 중심으로 알아서 질서를 꾸려온 재활용업계의 오랜 고민거리다.

이런 고민, 아는지 모르는지 깨끗이 씻고 갈린 페트 조각은 새초롬히 투명·푸른색(초록색과 하늘색)·갈색으로 분류돼 재활용 공장 마당에 다시 놓였다. 투명은 가장 좋은 제품이다. 페트병으로의 재탄생까지 가능하다. 푸른색, 갈색 등은 낮은 품질이다. 충전재용 단섬유 등을 생산한다.

재생 단섬유 공장: 정부는 모르는 울룩불룩 솜뭉치

지금까지 살아남은 페트 조각은 이제 240㎞ 건너 경북 의성 프린스 공장 앞마당에 놓였다. 곧 단섬유가 된다. 녹을지언정 사라지지 않는 플라스틱의 속성 덕분이다. 페트 조각을 녹여 기계에서 국수 뽑듯 실을 뽑아낸다. 서서히 온도를 낮춰 끊어지는 것을 막는다. 서로 엮고, 푹신하게 만들기 위해 '파마'(정말 이렇게 부른다)를 하는 등 수차례 괴롭힌다. 그러고 나면 구불구불한 섬유가 약 50㎝ 너비로 줄줄 나온다. 단섬유다. 장섬

어떻게 재활용되나

페트병 ▶	페트병 원료, 포장용기, 옷, 솜(인형·소파·이불속)
비닐 ▶	폐기물 고형연료(SRF), 플라스틱 재활용 제품, 플라스틱 분해 기름
종이 ▶	재생용지
우유팩 ▶	화장지
유리병 ▶	유리병으로 재사용, 녹인 뒤 다시 유리병으로 만들어 재활용, 건축자재

1950~2017년 전세계 플라스틱 생산량, 사용량, 폐기량

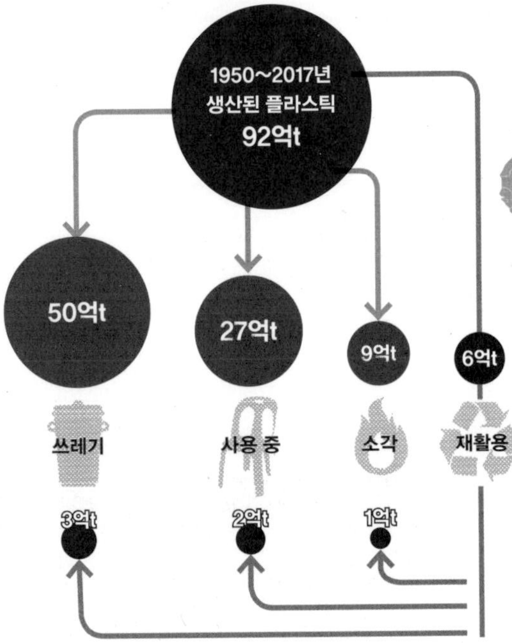

자료: 〈플라스틱 아틀라스 2021〉

전세계 플라스틱 생산

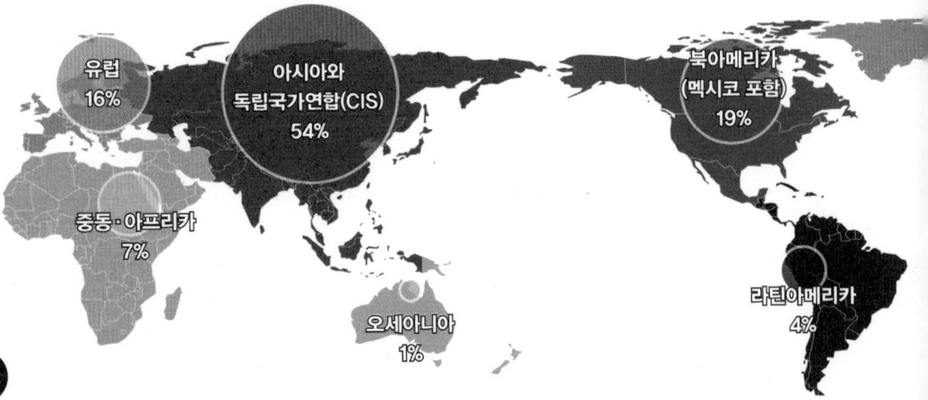

자료: 〈플라스틱 아틀라스 2021〉

플라스틱의 호르몬 활성 물질과 일상적인 접촉이 건강에 미치는 영향

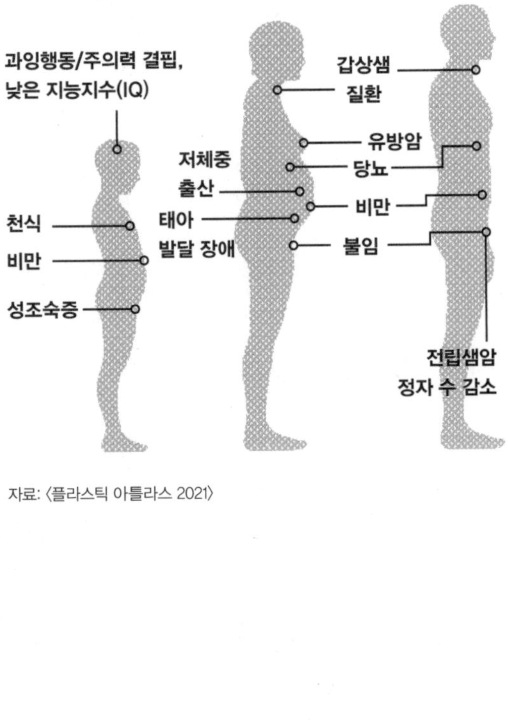

자료: 〈플라스틱 아틀라스 2021〉

유처럼 옷을 만들지는 못해도 이불 속에도, 자동차 내장재에도, 인형 솜에도, 패딩 옷 속에도, 쿠션에도 들어간다. 충전재로 널리 쓴다.

역사가 꽤 길다. 1980년대 초반 고유가(2차 석유파동)로 석유에서 뽑는 인공섬유 가격이 비싸지자 대구 섬유공장에서 나오는 자투리천 같은 폐섬유를 가져다가 재생섬유를 만들었다. 섬유공장이 국외로 옮겨가고 원재료 자리를 국내에서 늘어난 페트병이 채웠다. 언론 보도에 나오는 '옷이 되는 페트병' 같은 건 아직 반짝 이벤트에 가깝다. 대부분은 단섬유 형태의 충전재로 다시 세상에 나온다. 조승형 프린스 대표가 말한다. "잘 모르셨죠? 정부도 잘 모르는 것 같습니다, 우리 업계의 존재 자체를." 현재 페트병 재활용의 상당 부분을 담당하는데도 이렇다 할 재활용 정책에 포함되지 않아, 2021년 7월 프린스 같은 회사 40개가 모여 '한국재생화이버협회'를 만들었다.

섬유가 된 페트 조각은 누런 봉지에 쌓아 끈으로 묶여 울룩불룩 귀여운 솜뭉치가 됐다. GRS(글로벌 리사이클 스탠더드) 제품이라는 팻말을 단 곳에 놓였다. 재활용 제품이라는 국제인증이다. "선진국은 기업에 재활용 인증을 받은 제품을 일정 비율 섞어 생산하도록 의무화하고 있어요." 유럽연합(EU)은 2025년까지 일회용 플라스틱 제품에 재생플라스틱 함량을 30% 이상 쓰도록 법제화했다. 우리나라는 2021년부터 재생원료 의무 사용에 인센티브를 주기로 했다. 이제 막 걸음을 뗐다. 그러다보니 재생섬유는 대부분 수출한다.

어떤 플라스틱은 마침내 살아남았다. 더러운 채 버려지고, 고된 노동을 갈아넣고, 불안정한 공급·수요에 휘청이면서도 어쨌든 살아남았다. 1950년대부터 세계에서 생산된 90억t의 플라스틱, 그 가운데 재활용된 것은 10%에 불과하다.(하인리히뵐재단, '플라스틱 아틀라스 2021') 장하다. 그러나 마냥 기쁠 수 없다. 90%가 지구에 남겨져 동식물의 몸, 땅, 바다, 우주를 기나긴 시간 동안 떠돌 것이기에. 21

플라스틱 모이는 곳에 치킨 썩는 냄새가

아홉 번을 씻어도 오염 지워지지 않는 재활용 수두룩, 폐기물 중 절반은 재활용이 안 돼

이승욱 〈한겨레〉 기자 seugwookl@hani.co.kr

무지막지하게 쏟아져 나왔다. 컨베이어벨트 위 재활용 쓰레기들은, 손도 못 댔는데 멀어져갔다. 슬슬 겁이 났다.

2021년 8월5일 아침 7시30분 서울 은평구 수색동 재활용 선별시설. 33m 컨베이어벨트가 굉음을 내며 돌아가기 시작했다. 양쪽에 10명씩 분리 작업을 할 20명이 자리를 잡았다. 밤새 동네 곳곳에서 날마다 50t씩 몰려드는 재활용 쓰레기는 이들의 손을 거쳐 다시 자원으로 탄생한다.

나는 2층 247.5㎡ 규모의 재활용 선별동에서 작업자 10여 명과 함께 33m 길이의 컨베이어벨트에 자리잡았다. 맨 앞에서 종이류를 분류하고 재활용 폐기물 봉투를 찢어 그 안의 폐기물을 흩트리는 일을 맡았다. 마스크를 쓰고 작업복에 앞치마를 두르고 팔에 토시를 끼었다. 마지막으로 손에 목장갑을 끼고 작업 준비를 마쳤다. 컨베이어벨트가 윙 소리를 내며 돌아가자 재활용 폐기물이 밀려든다. 그와 함께 퀴퀴한 냄새가 짙어졌다.

일본에서는 다섯 번, 한국에서는 아홉 번

얼마 안 돼 그 냄새의 정체를 알게 됐다. 치킨 상자를 집어들자 먹다 남은 양념과 닭뼈가 그대로 쏟아졌다. 피자 상자와 케이크 상자도 마찬가지다. 배달 플라스틱 용기에는 빨간 국물이 묻어 있었다. 음식물 찌꺼기가 폭염 속에 역겨운 악취를 뿜어냈다.

음식물 찌꺼기는 냄새만 괴로운 게 아니라 재활용 자체를 막는다. 폐기물에 남은 염분은 재활용품 판매 가능 여부를 결정한다. 그런데 아홉 번 정도 세척해도 염분이 지워지지 않아 그냥 버려야 하는 재활용품이 수두룩하다고 한다.

엄덕진 운영소장은 “일본은 집에서 재활용 폐기물을 한 번 씻고 버리는 게 생활화돼 있어, 분별 과정에서도 다섯 번 정도만 세척한다. 하지만 우리는 아홉 번을 세척해도 부족할 때가 많다”고 말했다.

작업이 한창일 때 검정 봉지가 실려왔다. 검정 봉지를 뜯자 담배꽁초가 터져나왔다. 찌든 담배 냄새가 작업장을 뒤덮었다. 검정 봉지는 속에 무엇이 들었는지 알 수 없어 작업자에게 두려운 존재다. 한 봉지에서는 링거튜브가 발견됐다. 링거튜브는 의료폐기물이라 감염 우려가 있다. 의료폐기물만 따로 처리하는 업체가 있는 이유다. “링거튜

서울 은평구 제공

서울 은평구 제공

브는 그래도 괜찮아. 가끔은 주삿바늘이 들었는데, 바늘에 찔려서 병원에 간 사람도 있어." 한 작업자가 대수롭지 않다는 듯 말했다. 재활용할 수 없는 쓰레기를 검정 봉지에 담아 재활용품으로 내놓는 것은 매일 선별 작업을 하는 이들에게 단순히 부주의한 행동이 아닌, 위험한 일이다.

우유갑, 종이컵, 화장지… 다 같은 종이가 아니다

내가 맡은 종이 선별도 간단치 않은 일이었다. 종이라고 다 같은 종이가 아니기 때문이다. 많은 종이 속에서 우유갑과 종이컵을 골라내야 한다. 무심코 우유갑을 종이로 분류했다가 몇 차례 지적받았다. 우유갑이나 종이컵은 성분에 비닐이 있어 다른 종이와 분리해야 한다. 엄덕진 운영소장은 "우유갑이나 종이컵을 다른 상자랑 같이 묶어서 가져오면 이를 다시 구분하는 데 시간이 더 들어간다"며 "애초에 따로 분리해서 내놓는 게 중요하다"고 했다.

선별 작업 중 복병을 만났다. 바로 두루마리 화장지 포장 비닐이었다. 이 비닐은 일반 비닐봉지와 달리 아무리 손가락에 힘을 줘도 찢어지지 않았다. 가위를 쓰면 간단하지 않으냐고? 그건 작업장 컨베이어벨트 속도를 몰라서 하는 소리다. 일일이 가위를 썼다가는 재활용 폐기물을 선별할 수 없다. 이순자 작업반장은 "가장 뜯기 어려운 게 화장지 포장 비닐이다. 여기에다 재활용 폐기물을 넣어서 버리면 뜯느라 손이 아파서 혼이 난다. 일반 비닐봉지에 넣어주기만 해도 큰 도움이 될 것 같다"고 말했다.

2021년 8월 5일 서울 은평구 수색동 재활용 선별시설에서 〈한겨레〉 이승욱 기자가 재활용품 선별 작업을 하고 있다.(위) 재활용 선별시설 내부 모습. 매일 50t 넘는 재활용 폐기물이 이곳에 모여든다.

화장지 포장 비닐은 일반으로, 배출 전 한 번만 씻어서

플라스틱 용기나 음료수 페트병 등에 붙어 있는 비닐이나 라벨을 떼어내는 일도 대부분 작업자의 몫이다. 2020년 12월25일부터 아파트 등 공동주택에서는 투명 플라스틱 라벨을 떼어낸 뒤 분리배출하도록 의무화됐지만 현실은 별로 달라지지 않았다. 서근식 작업부장은 "제도가 달라졌지만 아직 가정에서 재활용품을 제대로 분리배출하지 않는다"며 "특히 플라스틱 용기에 비닐이 붙은 상태로 선별장에 도착하면 이걸 정확하게 골라서 떼어내기가 참 어렵다"고 했다.

하루 평균 수색동 재활용품 선별시설로 들어오는 재활용품 50t 중 재활용이 가능한 것만 선별하면 약 5~6t의 폐기물이 남는다. 이 폐기물은 재활용이 안 되는 잔재 폐기물이다. 이것은 다시 2차, 3차 선별 작업을 거치지만 원칙상 재활용 폐기물 선별시설로 올 수 없는 폐기물이다. 서울 전체로 보면 2019년 기준 재활용 폐기물로 버려지는 141만8390t 중 40~45%가 잔재 폐기물로 분류된다.

오전 작업이 끝나갈 때, 엄 소장은 "사람들은 여기서 재활용 쓰레기를 종이나 페트병 등 종류대로 분류하기만 하는 줄 알지만 실제는 그렇게 단순하지 않다. 같은 종이라도 코팅 종류별로 구분해야 한다. 플라스틱도 음식물 찌꺼기가 남았는지, 비닐이 붙었는지에 따라 처리 요령이 달라진다"고 말했다.

엄 소장은 '각 가정에서 분리배출할 때 가장 중요한 것 하나만 꼽아달라'는 물음에 이렇게 말했다. "100% 정확히 배출해달라곤 못하겠습니다. 배출 전 재활용품을 한 번만 씻어서 내놓아주면 좋겠습니다." 21

그냥 버리나요? 씻어주세요

[도와줘요, 겨리]
재활용쓰레기 분리배출 방법 Q&A

2020년 가을에 입사한 한겨레 신입사원 겨리가 Q&A 해설자로 나섭니다.

디자인 이정윤 〈한겨레〉 기자

정은주 편집장 ejung@hani.co.kr

생활쓰레기는 △재활용쓰레기 △음식물쓰레기 △일반쓰레기로 나뉩니다. 재활용쓰레기는 환경미화원이 수거해 선별장으로 옮기고 품목·재질별로 분리해 재활용이 가능한 것을 골라냅니다. 선택받은 재활용쓰레기는 재활용 생산업체를 거쳐 섬유로 재탄생합니다. 생환의 조건은 무엇일까요? 재활용쓰레기를 되살리는 분리배출 방법을 문답으로 소개합니다.

Q 재활용쓰레기를 잘 배출하는 방법은 무엇인가요?

A 재활용쓰레기가 도착하면 선별장은 부피가 큰 것을 먼저 골라냅니다. 종이와 스티로폼, 비닐이 대표적이지요. 나머지는 컨베이어벨트로 올려 품목별로 나눕니다. 그래서 가정에서 재활용품을 내놓을 때도 큰 품목별로 나누는 게 좋습니다. 단독주택이라면 종이·스티로폼·비닐봉지를 한 봉지에, 컨베이어벨트에 올리는 페트병·플라스틱·유리·캔을 한 봉지에 담습니다. 따로따로 작은 봉지로 나눠 담으면 선별할 때 봉투를 뜯어내야 하니까 번거로워집니다.

Q 플라스틱도 재활용되는 것과 안 되는 것이 있다던데요.

A 플라스틱 재질은 수백 가지 됩니다. 가장 많이 쓰이는 건 폴리에틸렌(PE)·폴리프로필렌(PP)·폴리스티렌(PS)·폴리에틸렌테레프탈레이트(PET)·폴리염화비닐(PVC) 등 5가지인데요. 재질로 선별하면 폴리염화비닐(PVC)을 제외하고는 재활용이 가능합니다. 같은 재질끼리 모아서 녹이면 재활용할 수 있는 재생원료가 되니까요. 하지만 재질이 섞이면 재생원료의 품질이 떨어집니다. 복합재료는 아예 재활용이 어렵고요.

Q 복합재료라면 어떤 게 있나요?

A 플라스틱 식기류에 쓰이는 멜라민 수지가 대표적이죠. 밥그릇, 접시, 물컵, 식

플라스틱 쓰레기 7종류	페트	플라스틱 HDPE	플라스틱 PVC	플라스틱 LDPE	플라스틱 PP	플라스틱 PS	플라스틱 OTHER
이름	폴리에틸렌테레프탈레이트(PET)	고밀도 폴리에틸렌	폴리염화비닐	저밀도 폴리에틸렌	폴리프로필렌	폴리스티렌	그 밖의 종류
많이 쓰이는 곳	생수병, 음료수병	생수병 뚜껑, 세제 용기	업소용 랩, 카드, 벽지, 호수	비닐봉지, 막걸리병, 포장용 비닐	요구르트병, 파이프	상품 포장용	복합 포장재
분류	투명 페트병	플라스틱	일반쓰레기	비닐, 플라스틱	플라스틱	스티로폼	일반쓰레기
재활용 여부	가능	가능	불가능	가능	가능	열이 가해지면 발암 물질 발생. 열 없이 펠릿(알갱이)으로 만들어 일부 재활용	불가능

플라스틱 배출 5대 원칙

판에 쓰입니다. 실리콘도 재활용업체가 없어서 종량제봉투에 넣어야 합니다. 특히 폴리염화비닐(PVC)인 업소용 랩은 다른 비닐의 재활용까지 방해하므로 분리배출하지 말아주세요. 반면 가정용 랩은 폴리에틸렌(PE) 재질이라 비닐류로 배출해도 됩니다. 고무 제품도 재활용이 안 됩니다. 고무장갑, 고무줄은 종량제봉투로 직행.

Ⓠ 분리배출 표시가 있는 플라스틱 중 재질이 'OTHER'는 뭔가요?

Ⓐ 국제표준화기구는 플라스틱 분리수거와 재활용률을 높이기 위해 플라스틱을 7가지로 나눕니다. 폴리에틸렌테레프탈레이트(PET), 고밀도 폴리에틸렌(HDPE), 저밀도 폴리에틸렌(LDPE), 폴리프로필렌(PP), 폴리스티렌(PS), 폴리염화비닐(PVC), 다른 것(OTHER)입니다. 앞서 6가지 플라스틱 재질이 아닌 것은 모두 OTHER입니다. 커피음료·식품·화장품 용기 등이 그렇죠. 흔히 쓰는 재질이 아니라서 분리배출해도 재활용이 어렵습니다. 재활용이 어렵더라도 분리배출 표시가 있으면 분리배출하는 게 원칙입니다. 개선책은 정부와 생산자가 마련해야죠.

Ⓠ 재질 말고 다른 기준은 없나요?

Ⓐ 부피가 너무 작아 선별장에서 골라내기 어려운 것도 종량제봉투에 버려주세요. 빠르게 돌아가는 컨베이어벨트에서 재활용 가능한 것을 손으로 일일이 집어내니까 칫솔, 빨대, 볼펜, 레고 블록, 끈, 샘플 용기처럼 작은 것은 선택되지 않습니다. 선별장에 들어온 플라스틱 가운데 절반 정도만 재활용되고 나머지는 소각장과 매립지로 보내지는 이유입니다. 정부와 지방자치단체가 크기에 따른 분리배출 기준을 마련해야 합니다.

Ⓠ 음식물이나 세제 등 내용물이 남아 있으면 어떻게 하나요?

Ⓐ 분리배출의 5대 원칙은 간단합니다. ①비웁니다 ②헹굽니다 ③분리합니다 ④압축합니다 ⑤안 섞이게 내놓습니다. 이 중에서도 내용물을 비우고 물로 헹궈 깨끗이

씻는 작업이 필수적입니다. 페트병이든 과자봉지든 마찬가지입니다. 무엇보다 사람의 손을 거쳐 선별하기에 내용물이 있으면 노동자가 고생스럽습니다. 냄새나고 곰팡이 피니까 위생환경에도 좋지 않습니다. 재생원료를 만들 때 이물질이 많으면 세척비용이 많이 드는데다 잘 씻기지도 않습니다. 재활용 생산공장을 가보니 공장 기계의 절반이 씻는 일을 하더군요. 고추장, 된장 용기를 그냥 버리시나요? 배출 전에 씻어주세요.

Q 비닐류에 테이프 등이 붙었을 때가 있는데요.

A 그 부분을 가위로 제거해주세요. 과자봉지, 라면봉지도 깨끗이 씻어서 비닐류로 배출합니다. 제품을 포장한 뽁뽁이, 일회용 비닐도 마찬가지입니다. 하지만 앞서 말했듯이 업소용 랩과 소시지 포장재로 쓰이는 비닐은 폴리염화비닐(PVC) 재질이니 종량제봉투로 버리세요. 참, 비닐류를 접어서 분리배출하기도 하는데 선별장에서 일일이 펴서 확인할 수 없으니 그냥 내놓으세요.

Q 스티로폼도 마찬가지인가요?

A 스티로폼도 비닐테이프, 운송장을 모두 제거한 뒤 분리배출합니다. 과일 포장에 쓰는 완충재나 요가 매트, 휴대용 방석 등은 스티로폼이 아닙니다. 이것은 종량제봉투에 넣어야 합니다. 색깔 있는 스티로폼도 양이 적어서 재활용이 어렵습니다. TV 등 전자제품을 살 때 따라오는 발포합성수지 포장재는 구매처로 반납하세요.

Q 컵라면 용기는 씻어도 빨간 자국이 남는데요.

A 컵라면 용기를 물로 헹군 뒤 이틀 정도 햇볕에 말려보세요. 고추의 붉은색을 내는 카로티노이드가 햇볕과 공기에 노출돼 산화되면서 색이 사라져요. 컵라면 용기도 종이류와 스티로폼류가 있는데 잘 구분해서 분리배출해야 합니다. 그래도 지워지지 않는다면 종량제봉투에 넣어주세요.

Q 투명 페트병은 라벨을 떼고 뚜껑과 따로 버리나요?

A 2020년 12월부터 공동주택에서는 투명 페트병 분리배출이 의무화됐습니다. 플라스틱 쓰레기 가운데 가장 재사용이 쉬운 게 투명 페트병이거든요. 근데 재활용률이 낮아서 우리나라는 2019년에 폐페트병을 10만1900t이나 수입했답니다. 페트병 재활용률을 높이려고 환경부가 지침을 만들었고, 단독주택도 2021년 12월부터 폐비닐(색상·종류 무관)과 투명 페트병만 배출·수거하는 요일제가 생깁니다. 투명 페트병도 분리배출 5대 원칙에 따릅니다. 내용물을 비우고 물로 깨끗하게 헹군 뒤 라벨을 제거하고 압착해 부피를 줄입니다. 여기까지 했다면 뚜껑은 닫고 분리배출하세요. 뚜껑을 닫아서 버리면 페트병 안에 이물질이 들어갈 가능성이 줄어드니까요. 뚜껑을 따로 버렸다가 바다로 들어가면 해양생물이 삼킬 수 있습니다.

Q 샴푸의 펌프 뚜껑은 어떤가요?

A 뚜껑은 떼어내 일반쓰레기로 버리고 몸체만 플라스틱 수거함에 배출합니다. 펌프식 뚜껑 안쪽을 보면 플라스틱 관이 있는데, 그 안에 철스프링이 있습니다. 그 부분이 재활용 과정에서 파쇄기 칼날을 훼손하기 때문입니다.

Q 요구르트병에 붙은 알루미늄 뚜껑은요?

A 앞서 설명했듯이 플라스틱은 재질로 선별한 뒤 세척 과정을 거쳐 재생원료가 됩니다. 요구르트병은 폴리스티렌(PS)이라서 세척할 때 물에 가라앉는데요, 알루미늄도

재활용쓰레기인 척하는 쓰레기

마찬가지랍니다. 둘 다 가라앉으면 녹이는 과정에서 뒤섞여버려 재생원료의 품질이 낮아집니다. 따라서 알루미늄은 요구르트병에서 깨끗이 떼어내주세요.

Q 아이스팩은 어떻게 버리나요?

A 통째로 종량제봉투에 넣습니다. 내용물이 물이라면 팩을 뜯어서 물은 버리고 팩만 비닐류로 배출하세요. 내용물이 물이 아니라면 절대 변기에 버려서는 안 됩니다. 미세플라스틱이라서 바다로 흘러가면 해양생물을 위협합니다. 종이 아이스팩도 있는데, 코팅지로 만들어져서 역시 재활용되지 않습니다. 종량제봉투가 정답입니다.

Q 우유팩도 코팅돼 있잖아요.

A 네, 우유팩을 일반 종이와 함께 배출하면 결국 쓰레기가 되는 이유입니다. 씻고 말려서 가급적 끈을 묶어 배출하는 게 좋습니다. 그러면 우유팩만 모아 재활용업체에서 티슈로 만들 수 있습니다. 하지만 우유팩 재활용률은 20%에 그칩니다. 자원 낭비를 막으려면 전용수거함을 활성화해야 합니다. 그래서 일회용컵 보증제가 2022년에 부활하는 건 다행스러운 일입니다. 종이컵만 모아 배출할 통로가 생기는 것이니까요.

Q 감자칩 용기도 종량제봉투로 가겠네요?

A 딩동댕. 감자칩 용기 안쪽에 알루미늄이 붙어 있죠? 일반 종이와 섞이면 역시 재활용이 어렵습니다. 광고지, 전단지, 사진 등 코팅된 종이도 종량제봉투에 버립니다.

Q 유리병은 분리배출하면 되는데요, 깨진 경우에는 어떻게 하나요?

A 유리 조각은 반드시 신문지 같은 종이로 두껍게 싸서 종량제봉투에 넣어야 합니다. 환경미화원이 수거할 때 다칠 수 있어요. 만약 큰 유리가 깨지면 특수규격 마대를 주민센터에서 사서 넣어주세요. 빈용기보증금 대상인 소주병도 뚜껑을 닫아서 편의점이나 마트에 반환해주세요. 병 입구를 보호하고 이물질이 들어가지 않도록 말이죠.

Q 발광다이오드(LED) 전등이나 백열전구는요?

A 신문지로 싸서 종량제봉투에 버립니다. 폐형광등 수거함에 넣거나 유리병과 함께 분리배출하는데 잘못된 방법입니다. 일부 지방자치단체에서 LED 전등을 수거해 재활용하는데, 아직은 시범 단계입니다.

Q 페인트통은 어떻게 버리나요?

A 내용물이 남았다면 큰 통은 대형폐기물, 작은 통은 종량제봉투에 버립니다. 페인트가 통 안쪽에 살짝 묻은 정도라면 캔·고철류로 배출할 수 있습니다.

참고 문헌
〈그건 쓰레기가 아니라고요〉, 슬로비, 2020
〈오늘부터 조금씩 제로웨이스트〉, 비즈니스맵, 2021
재활용 분리배출 가이드라인, 환경부, 2018

정확하게 재활용 해봅시다

1. 페트병 등 플라스틱 재활용품에서 재활용 표시를 살펴봅시다.(29쪽 그림 참조)

제품	재활용 표시	재활용 방법

2. 28~31쪽 재활용 분리배출 요령을 참조해, 집 안의 쓰레기를 분리배출해봅시다.

일시	쓰레기	분리배출 요령

3. 재활용품을 분리배출하면서 느낀 어려운 점이나 개선해야 할 점은 무엇인가요.

4. 일주일간 나온 재활용 쓰레기는 얼마나 되나요. 특히 많이 나온 쓰레기는 무엇인가요. 왜 그런가요. 정부·제조사·유통사 등에 요구할 일은 무엇인가요.

재활용 쓰레기 ○× 퀴즈

분리배출은 언제나 알쏭달쏭?

《한겨레》 뉴스레터 휘클리팀

분리배출은 늘 알쏭달쏭하다고? 그럴 거야. 애초부터 제품 재질이 다양한데다 재활용 방법도 계속 변화(혹은 진화)하고 있거든. 최소한 지금, 어떻게 버려야 쓰레기가 하나라도 더 살아남아 재활용될 수 있을까? 답을 맞히면서 쓰레기를 구하자! 모든 문제는 ○×야.

① 컵라면 용기는 종이와 스티로폼을 구분해 분리배출한다

② 젖병 같은 실리콘 제품은 분리배출한다

③ 플라스틱 중 카드·벽지 같은 PVC(폴리염화비닐) 종류는 재활용이 가능하다

④ 업소용 랩은 비닐로 배출하고, 가정용 랩은 종량제봉투에 버린다

⑤ 칫솔이나 볼펜처럼 부피가 작은 것은 분리배출하지 않는다

⑥ 과일 포장에 쓰는 완충재와 요가매트는 스티로폼으로 버린다

⑦ 페트병은 깨끗하게 씻은 뒤 뚜껑을 꼭 닫아서 분리배출한다

⑧ 비닐류는 부피를 최대한 줄여 접어서 버리는 것이 좋다

⑨ 햇반 같은 즉석밥 용기는 재활용이 불가능하다

⑩ 음식물쓰레기 분리·배출 기준은 지방자치단체마다 다르다

⑪ 앞 문제들의 정답은 아래와 같이 정해져 변하지 않는다.

답과 해설

① ○ '분리'라 함은 한 제품이라도 재질이 다르다면 분리해야 한다는 뜻이야.

② × 실리콘은 양이 적어서 아직은 제대로 선별하고 재활용하기 어려워.

③ × PVC는 다른 플라스틱과 한데 섞어 재활용할 경우 재활용품 강도를 떨어뜨리거나 유해화학물질이 발생해.

④ × 랩은 보통 PE(폴리에틸렌)로 만드는데 어떤 업소에서는 PVC 랩을 쓰기도 해. ③과 같은 문제가 벌어지는 거지.

⑤ ○ 작은 플라스틱은 제대로 선별되지 않아서 재활용이 안 돼.

⑥ × 과일 포장재나 요가매트는 폭신폭신 스티로폼처럼 생겼지만 비닐 같은 여러 소재가 섞여 있어 재활용이 어려워.

⑦ ○ 깨끗이 씻어서 이물질이 묻지 않게 해줘. 뚜껑은 따로 배출하면 '⑤ 작은 플라스틱'이 되니까, 뚜껑을 닫아서 함께 배출!

⑧ × 비닐 내부가 깨끗한지 선별장에서 판별해야 하니까, 접어서 버리면 선별장 노동자들이 힘들어.

⑨ ○ 즉석밥 용기 역시 여러 플라스틱이 섞인 복합재질이야. 같은 재질의 플라스틱만 모으지 않는 한 재활용하기 어렵단 말이지.

⑩ ○ 맞아. 각 지자체가 가진 시설에 따라 사료·퇴비·연료화가 가능한지 등을 따져 다른 기준을 적용해.

⑪ × 그럴 리가. 현재! 일반적인 경우!의 정답일 뿐이야. 실리콘이나 작은 플라스틱, 복합재질 플라스틱 등도 따로 모으는 수거 시설이 주변에 흔히 있고, 재활용 기술이 충분하고 재활용해서 돈이 되는가 같은 기준에 휘둘리지 않는다면 재활용이 가능해. 우리 모두 간절히 바라고 행동하면 그런 날은 오고 말 거야.

재활용에도 '완결'이 중요하다

국내 생산·유통·소비 연결하는 선순환 구조 필요
소비자가 재활용 제품 사면 인센티브 주는 '그린카드' 도입해야

배재근 서울과학기술대 환경공학과 교수

폐기물 발생량이 계속 늘어나는데도 처리 기반이 확립되지 않아 쓰레기 불법 투기와 방치가 자주 일어난다. 이런 현상을 해결하려면 기본적으로 '4R'이 필요하다. 쓰레기를 줄이고(Reduce), 재사용하고(Reuse), 재활용하고(Recycle), 그래도 남는 것은 에너지로 회수하는(Recovery) 정책을 펼쳐야 한다. 하지만 재활용 등이 원활하지 않아 정맥산업(폐기물을 재생·재가공하는 산업)이 활성화되지 않는다. 게다가 최종적으로 폐기물은 소각 또는 매립이 필요한데 '님비 현상'에 따라 신규 시설 설치가 불가능한 상태다. 그 결과 폐기물 처리 비용이 최근 3년간 300% 올랐다.

폐비닐이 갈 곳을 잃은 이유는

플라스틱 재활용 방식은 '물질 재활용'(Material Recycling)과 '에너지 회수'(Energy Recovery)로 나뉜다. 물질 재활용을 위해서는 플라스틱이 분리 선별이 가능한 단일 소재로 만들어져야 한다. 문제는 제품 제조 단계에서 다원화(복합)한 소재를 주로 쓰고, 분리배출 단계에서도 혼합물이 섞여 재활용이 어렵다는 사실이다.

물질 재활용이 어려운 대표적 종류는 폐비닐(필름류 플라스틱)이다. 가정이나 사업장에서 폐비닐을 분리배출하지만, 복합소재이거나 이물질 등으로 오염된 경우가 많다. 공동주택은 종이·플라스틱·비닐 등을 분리배출하기에 상대적으로 양호한 편이다. 반면 단독주택은 종류가 다른 재활용품을 섞어 배출해 선별하는 데 어려움이 많다. 예컨대 오염된 비닐이 다른 재활용품까지 더럽히거나, 폐비닐끼리 엉키는 일이 생긴다. 그래서 단독주택의 쓰레기 수거를 맡은 재활용 선별장에서는 약 50%가 재활용되지 못한다. 이렇게 남은 것은 소각장으로 옮겨져 폐기된다.

폐비닐은 대부분 파쇄해 SRF(폐기물 고형연료) 제조로 활용된다. 에너지 회수 방식이다. 그러나 폐자원 에너지화 정책 후퇴, 고형연료 규제 강화 등으로 화력발전소 같은 대규모 수요처에서 폐비닐 사용을 중지했다. 이제는 갈 곳을 잃었다.

재활용 제품 구매에 대한 그린카드 제도의 연계 방안

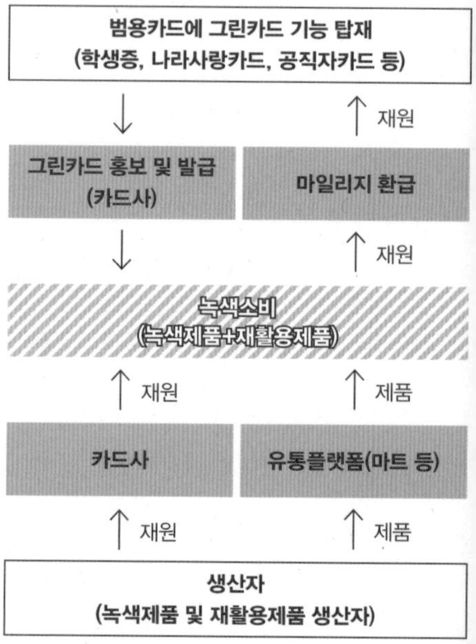

GR(Good Recycled Products)마크는 국가기술표준원이 폐자원을 재활용해 제조한 우수한 제품에 부여하는 마크(왼쪽). 환경마크는 환경부가 같은 용도의 다른 제품에 비해 '제품의 환경성'을 개선한 제품에 부여하는 마크.

우리나라는 산업구조상 플라스틱 신재(석유에서 추출한 원료를 결합해 만듦)를 우선해 제품을 만들고 물질 재활용은 꺼렸다. 국내에서 생산된 물질 재활용 원료를 중국 또는 동남아로 수출했던 이유다. 특히 중국에 대부분을 수출했는데 2018년 중국이 재활용 선별품의 수입을 금지하고, 점진적으로 물질 재활용 원료의 수입을 금지하면서 폐비닐 수거 거부, 즉 쓰레기 대란이 발생했다. 당시 재활용 수거업체들은 폐비닐 수요가 없어지자 처분비 상승을 감당하지 못해 수거를 포기했다.

마트 구석에 진열된 환경마크 제품들

물질 재활용으로 재활용 제품을 만들고 그 재활용 제품을 국내에서 유통해 소비로 연결하는 과정을 '완결형 재활용'이라고 한다. 우리나라는 물질 재활용 원료를 수출에 의존한 탓에 완결형 재활용 체계를 구축하지 못했다. 분리배출된 재활용 가능 자원을 선별 가공해 원료를 만드는 기술은 확보했지만, 그 원료를 이용해 재활용 제품을 만드는 기반은 확립하지 못한 상태다. 그 결과 일반 소비자가 재활용 제품을 구매할 기회는 좀처럼 주어지지 않는다. GR(우수재활용)마크, 환경마크를 인증받은 제품은 의무구매나 우선구매제도라는 테두리 안에서 비싼 값으로 공공기관에 판매될 뿐이다. 특정 재활용 제품만 특정 구매자들 사이에서 유통되는 셈이다. 현재 대형마트의 한적한 구석에 환경마크 제품이 진열돼 있지만 소비자의 관심은 받지 못한다. 소비 의욕을 불러일으키는 데 한계가 있다.

완결형 재활용이 가능해지려면 제조·유통·소비 과정에서 소비자가 쉽게 접근해 제품을 살 수 있는 사회시스템이 만들어져야 한다. 예를 들어 소비를 유도하기 위해 인식 제고와 함께 재활용 제품을 사면 인센티브를 주는 제도를 도입할 수 있다. 재활용 제품을 사면서 환경보호와 자원 절약에 대한 성취감을 맛보도록 하는 것이다.

선순환 구조로 가는 길

이런 시스템을 구축하는 데 범정부 차원에서 제도 정비가 필수적이다. 일반 소비자에게 시행하는 방식으로 '그린카드 제도'를 검토할 만하다.(그림 참조) 온실가스 배출을 줄이기 위해 실시하는 탄소마일리지 제도와 연계하는 방식인데, 재활용으로 절감하는 온실가스량을 산출해 재활용 제품을 사는 소비자의 그린카드에 인센티브를 적립한다. 이렇게 누적된 포인트로 재활용 제품 등을 다시 사도록 유도한다면 재활용 선순환 구조를 만들어낼 수 있다.

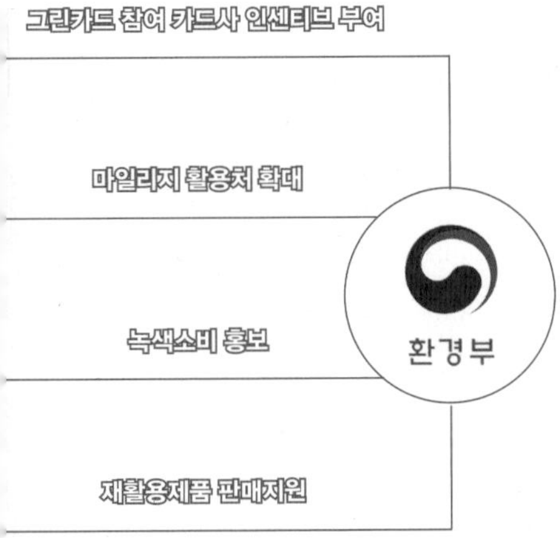

재활용 제품을 대량 소비하는 건축 분야를 대상으로 삼는 것도 방법이다. 지금도 다량의 재활용 원료가 사용되지만 장려 정책이 없는 실정이다. 특정 용도의 재활용 제품을 인정하는 제도를 도입하고, 이런 재활용 제품을 쓰는 사업장에 '그린빌딩인증'을 부착한다. 또한 부가가치세 등 일부 세원을 감면해주는 제도를 마련해 재활용 제품 이용을 촉진할 수 있다.

△소비자가 재활용 제품에 쉽게 접근할 수 있는 체계 △재활용 제품을 사면 성취감과 동시에 이득을 얻는 구조 △재활용 제품을 신재보다 선호하는 사회 분위기 조성이 완결형 재활용으로 가는 길을 열어줄 것이다. 그러면 폐기물의 원천적 문제인 정맥산업 경화를 완화할 수 있다. 21

스페인 발렌시아의 그래픽디자이너 그룹 콰트레 캅스가 21세기 식품을 17세기 아브라함 판 베이예런의 그림 〈연회 정물〉 구도대로 늘어놓았다.
콰트레 캅스, 〈낫 롱거 라이프〉, 2019, 디지털 프린트, 가변 크기, 작가 제공, 〈냉장고 환상〉 전시 설치 전경, 2021, 사진: 김진호, © 국립아시아문화전당

2

죄책감을 좇아서

코로나19로 집콕 하며 배달음식, 많이도 시켜 먹었다. 배부르게 먹고 남은 '음식'을 바라볼 때, 이 냄새나고 끈적거리는 '쓰레기'를 눈앞에서 얼른 치워버리고 싶은 마음뿐이다. 내다버리면서 죄책감도 같이 버린다. 냉장고에 넣어뒀다가 버리면 그 죄책감은 좀더 가벼워질지 모른다. 버리고 온 쓰레기는 잊히고 끼니때는 또 다가온다.

뒤돌아선 그때, 음식물쓰레기의 여정은 시작된다. 매일 새벽 집 앞을 오가는 누군가의 손에 실려 한데 모인다. 컨베이어벨트에 실려 찢고 털고 부수고 말리고 쪄서 갈색 가루가 돼 먹이로, 퇴비로 쓰인다. 잊어버리려 했던 죄책감을 좇아갔다.

고한솔 기자 sol@hani.co.kr

한눈에 보는 음식물쓰레기

1인당 하루 음식물류폐기물 배출량

자료: 2016년 9월~2017년 7월, 전국 폐기물 통계조사

생활계폐기물 중 음식물류폐기물 점유율

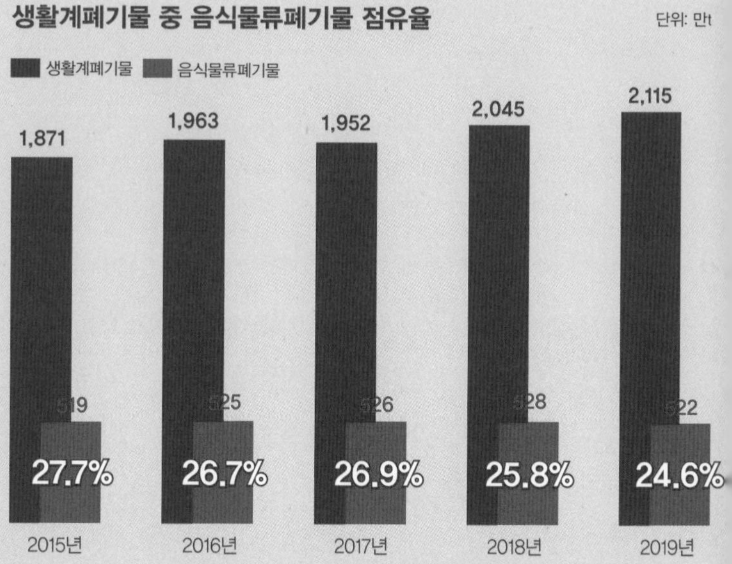

자료: 환경부

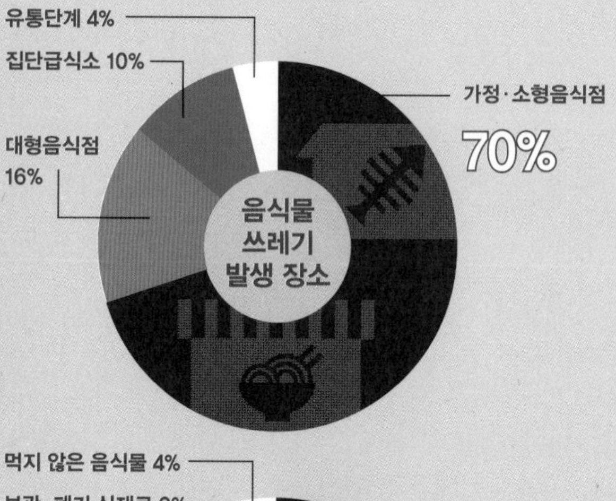

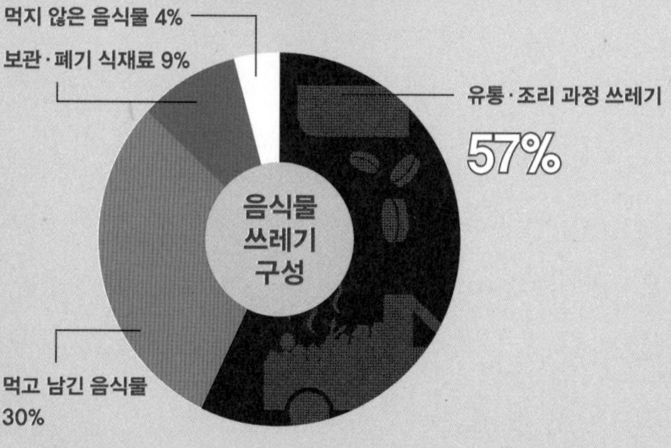

자료: 환경부, '음식물쓰레기 줄이기! 하나뿐인 지구를 지키는 위대한 실천입니다', 2013

처리 방식

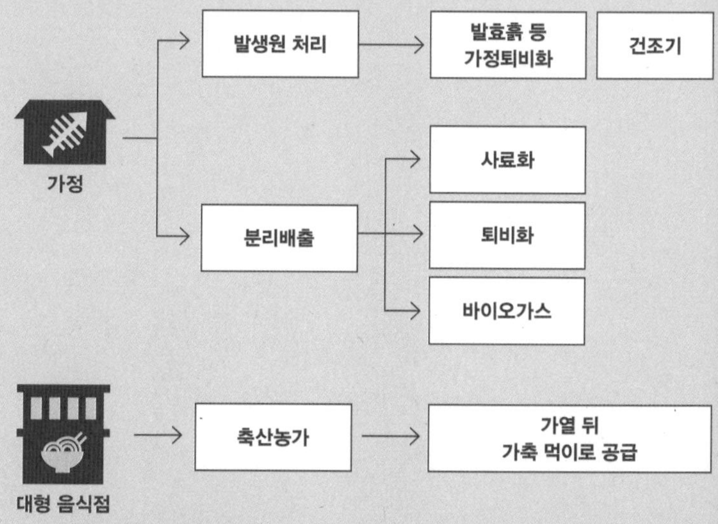

자료: 한국자원순환사회적협동조합

전국 자원화 시설 개요

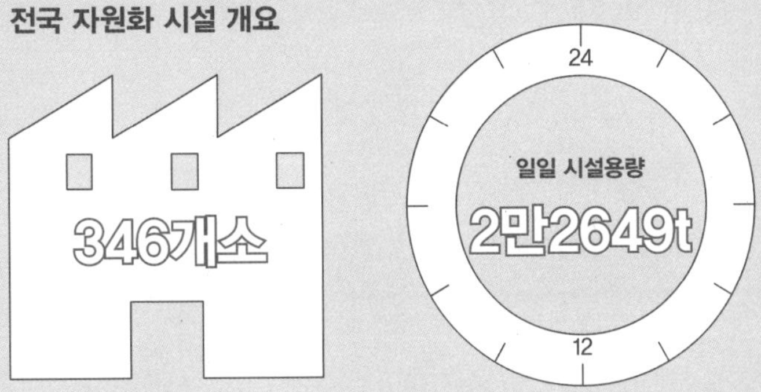

*2019년 4월 기준

분리배출 음식물류폐기물 처리 방식별 분류

단위: t/일

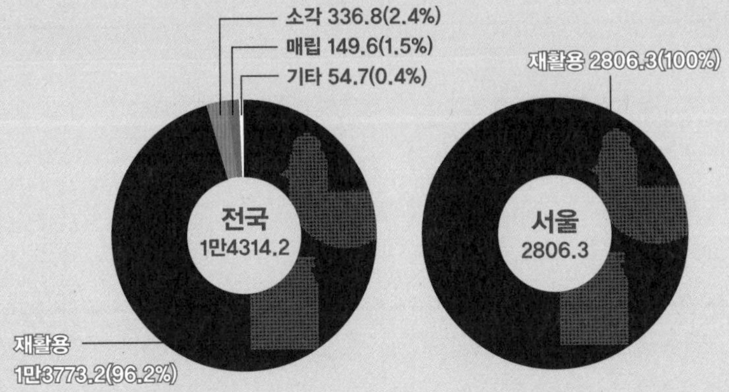

*2019년 발생량, 자료: 환경부

도봉구 자원화센터의 폐수 처리 비율

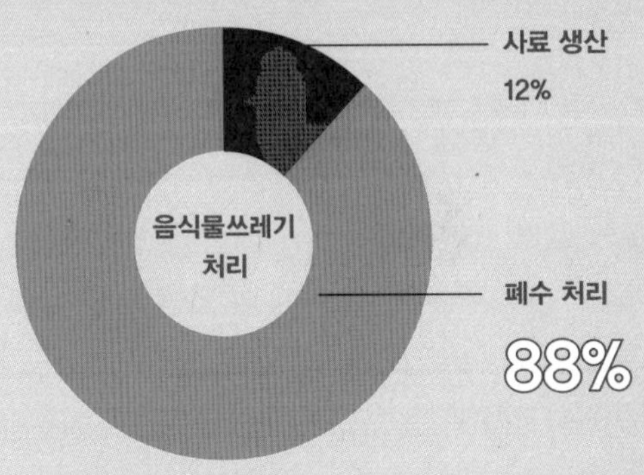

자료: 서울 도봉구 음식물자원화센터

자원화 시설 처리 방식별 점유률

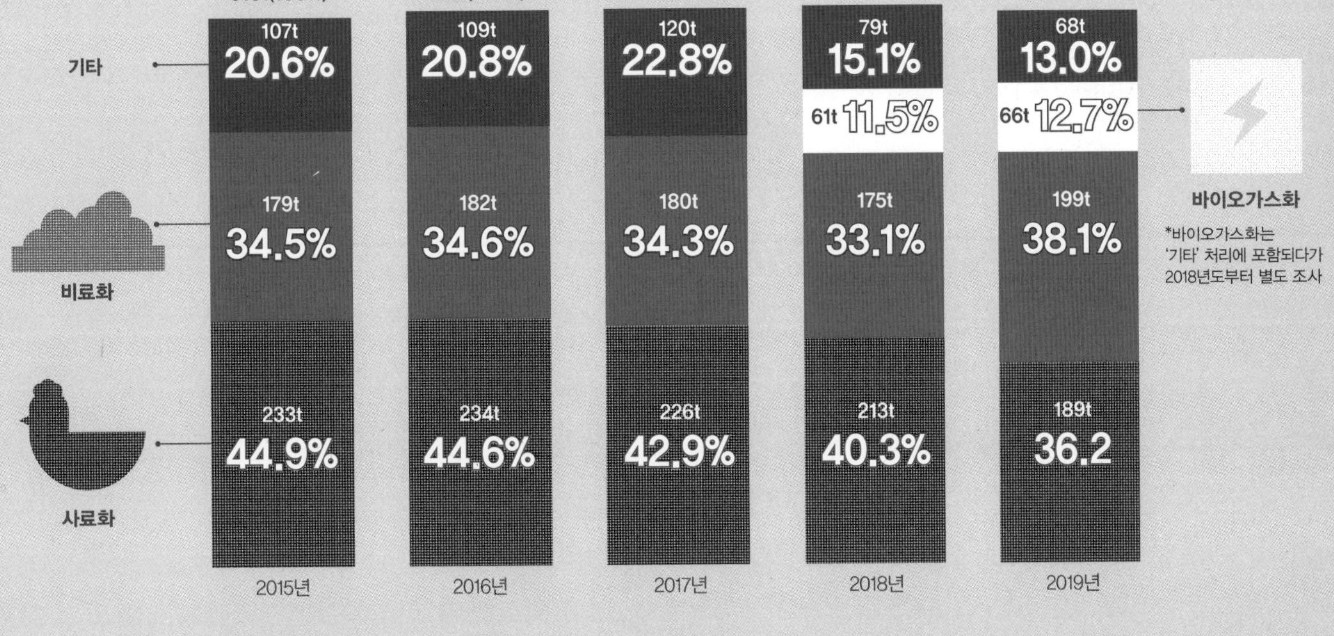

*바이오가스화는 '기타' 처리에 포함되다가 2018년도부터 별도 조사

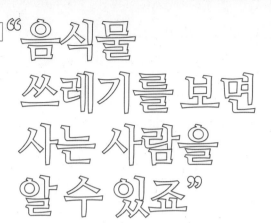

"음식물 쓰레기를 보면 사는 사람을 알 수 있죠"

서울시 도봉구 주민이 내놓은 음식물쓰레기가 사료가 되기까지… '정확한 용량을 물기 없이 비닐에 싸지 않고' 어렵네

글·사진 고한솔 기자 sol@hani.co.kr·구둘래 기자 anyone@hani.co.kr

"콱."

음식물쓰레기로 가득 찬 비닐이 물기의 무게를 이기지 못하고 터져버렸다. 불어 터진 밥알과 배추 쪼가리 사이로 선홍색 액체가 길바닥에 줄줄 흘러내렸다. 물기에 숨어 있던 달걀 껍데기도 모습을 드러냈다. "아이고." 지켜보던 기자의 탄식이 절로 나왔다. 음식물쓰레기 수거업체에서 일하는 홍아무개(36)씨는 익숙한 듯 목장갑 낀 손으로 내용물을 벅벅 긁어 그의 허리까지 오는 전용 수거 용기에 몇 번을 옮겨 담았다. "이렇게 물 많은 쓰레기가 많~아요. 이 정도는 아무것도 아니에요."

수거통 끌고 하루 2만~3만 보 걸어

2021년 7월5일 서울 도봉구 음식물쓰레기 수거업체를 따라다니며 음식물쓰레기 수거 현장을 살폈다. 도봉구는 음식물쓰레기 수집·운반 대행업체 3곳이 가정에서 나오는 음식물쓰레기를 수거해간다. 〈한겨레21〉이 만난 ㄱ업체는 도봉 1·2동, 방학 1·2동을 담당한다.

음식물쓰레기 종량제의 수거 방법은 ①버리는 양에 따라 수수료를 부과하는 RFID 계량 방식 ②버리는 양이 적힌 납부필증을 슈퍼나 편의점에서 사서 전용 용기에 부착한 뒤 배출하는 방식 ③전용 봉투 방식 크게 세 가지가 있는데(그림 참조), 지자체 상황에 맞는 방식을 선택하게 된다. 도봉구는 RFID 계량 방식과 납부필증을 부착한 전용 수거 용기 배출 방식을 사용한다. 이렇게 버려진 음식물쓰레기를 수거하기 위해 ㄱ업체의 수거차는 일요일을 제외한 매일 새벽 6시부터 오후 5시까지 주택가 골목과 아파트 단지를 훑는다.

낮 최고기온 28도를 기록한 이날 오전, 음식물쓰레기 수거차가 도봉1동 다세대·다가구주택 밀집 지역에 정차했다. 차에서 내린 홍씨가 120ℓ짜리 수거통을 끌고 길을 나섰다. 이 지역은 납부필증을 부착한 전용 수거 용기를 집집마다 돌아다니며 비워내야

한다. 그는 수거통을 끌고 좁은 골목길을 빠른 걸음으로 통과했다. 짧은 시간 안에 최대한 많은 집을 돌아야 하기에 속도를 높이고 동선을 잘 짜는 게 중요하다. 홍씨는 앞선 지역에서는 하루 3만~4만 보씩 걸었는데 동선이 잘 짜인 '팀장님' 구역으로 넘어왔더니 하루 2만~3만 보만 걷게 됐다.

납부필증에 적힌 양보다 쓰레기를 넘치게 내놓는 곳이 많은지 홍씨에게 물었다. "여기에는 별로 없어요. 저쪽으로 가면 바로 보실 수 있을 거예요." 아니나 다를까 다음 골목에서 홍씨가 주머니에서 수거가 불가하다는 경고장을 꺼내 붙이는 일이 잦아졌다. "한 구역을 오래 돌다보니 집집마다 쓰레기 버리는 방식을 자연스럽게 기억하게 돼요."

홍씨는 지역주민들과 마주치는 일이 별로 없다. 새벽 6시에 출근하도록 업무 일정이 짜였지만 이날도 새벽 4시에 나와 수거를 시작했다. 출근길 차량 혼잡을 피하고, 음식물쓰레기 수거차를 반기지 않는 사람도 있어서다. 주민 얼굴을 보지 못하지만 그 집에 사는 음식물쓰레기의 얼굴은 잘 안다. 어떤 식당은 납부필증을 비닐에 붙이고 어떤 이는 수거함에 붙이고 어떤 곳은 물이 많다. 어떤 곳은 구더기가 자주 끓고 어떤 곳은 정량에 넘치게 쓰레기를 내놓는다.

물 때문에 터져버린 음쓰 봉투

"2ℓ짜리 납부필증을 붙여놓고 3ℓ를 버리기도 하고요. 웬만하면 다 수거하려는데, 한 번씩 경고장을 붙여놔야 다음에 이렇게 안 내놔요." 경고장을 붙인 뒤에는 주소와 함께 사진을 찍어 남겨둔다. 나중에 주민이 "수거하지 않았다"고 민원 전화를 걸 경우 증거로 제시하기 위해서다.

서울 도봉구 도봉1동 단독주택 단지의 음식물쓰레기를 ㄱ업체 홍아무개씨가 수거하고 있다.

동네를 한 바퀴 돈 지 15분 만에 전용 수거 용기 턱밑까지 음식물쓰레기가 가득 찼다. 참외 껍질, 밥알, 상추 등이 뒤섞인 가운데 족발로 추정되는 돼지뼈, 송이버섯 포장지, 달걀 껍데기 등도 보였다. 물기도 많았다. 이런 물기는 음식물쓰레기의 약 80%를 차지한다. 여름철에는 악취와 해충을 유발하고, 겨울철엔 음식물쓰레기를 꽝꽝 얼게 해 용기에 들러붙거나 용기를 깨지게 하는 원인이 된다. ㄱ업체 박명주(41) 팀장은 말한다. "요즘 싱크대 개수대에 탈수 기능이 있는 경우가 많습니다. 그걸 이용해주는 게 좋죠."

도봉구는 2016년 8월 음식물쓰레기 종량제 대신 전용 수거 용기를 보급하기 시작했다. 음식물쓰레기 양은 물론 일회용 비닐 사용도 줄이자는 취지다. 종량제봉투는 2차 폐기물로, 비닐 조각이 혼합돼 들어가 음식물쓰레기 자원화(사료화·퇴비화)를 방해한다. 2012년 6월 환경부는 음식물류폐기물 재활용 제품의 품질 제고를 위해 비닐봉지 사용을 단계적으로 금지하기로 했다. 그러나 현실에선 음식물쓰레기를 비닐째 전용 수거 용기에 넣어둔 경우가 대부분이었다. "여름에 냄새도 심하고 용기를 그때그때 세척하기 힘들어서 그런지 아직은 비닐째 버리는 경우가 많아요." 30분간의 골목 작업에서 음식물쓰레기를 전용 수거 용기에 그대로 버린 경우는 손가락으로 꼽을 정도였다.

수거차량은 2천 가구가 모여 사는 대형 아파트 단지로 이동했다. 먼저 아파트 단지 내 식당가로 향했다. 7월1일부터 식당도 납부필증 방식으로 바뀌었다. 이전에는 수거차량에 수거통을 올려 계량한 무게대로 부과하는 방식이었다. 상가 관리소장이 나와 수거 현장을 지켜보면서 불만을 제기했다. "수거를 이랬다가 저랬다가, 뭐가 어떻게 되는지 도통 모르겠어." 쓰레기장에는 납부필증 용량을 초과해 통을 삐져나온 음식물쓰레기가 여럿 보였다. "쓰레기가 얼마나 나올지 어떻게 알아. 어떤 때는 적게 나오는데 100ℓ짜리를 붙여야 해?" 납부필증을 어디에서든 살 수 있으며 여러 용량의 납부필증이 있다고 답해줬지만 관리소장은 계속 불만을 제기했다. 홍씨는 오늘은 경고장을 안 붙이고 모두 수거해 가겠다고 말했다.

지상엔 투입구, 지하엔 사료화 시설

아파트 단지는 세대별 종량제(RFID)를 통해 음식물쓰레기를 모아 버린다. 음식물쓰레기를 버릴 때마다 용량에 따른 비용이 부과되는 방식으로, 도봉구 '공동주택' 상당수(95.7%)가 이런 세대별 종량제 방식을 이용한다. 아파트, 빌라, 다세대주택에 현재 984개(2021년 1월 기준)가 설치됐다. 도봉구 관계자는 "이전에는 많게 버리든 적게 버리든 관리비 고지서에 정해진 금액이 찍혔다. 그러다 버릴 때마다 무게와 금액이 표시되다보니 자연스럽게 음식물 감량 효과가 나타난다. 음식물 물기라도 더 짜서 버리게 되지 않겠느냐"고 설명했다. 세대별 종량제는 공동주택 지역에서 점차 확대되고 있다. 서울 지역 공동주택의 RFID 보급률은 95% 정도다.

3.5t 크기의 수거차가 꽉 차면 서울 도봉구음식물자원화센터에 가서 비워내고 다시 수거 현장으로 돌아오는데, 수거량이 많은 월요일은 3~4번 오가야 한다. 계절의 흐름도 있다. 여름에는 매일 버리는 주민이 많아 양이 일정하고 겨울은 상대적으로 들쭉날쭉하고 양이 적다. 그렇게 도봉구에서 업체 3곳이 수거해 오는 음식물쓰레기의 총량은 하루 평균 81t(2021년 상반기 기준)에 달한다.

음식물쓰레기 관련 중요 역사

1995년 쓰레기종량제 실시
수도권매립지 주민들, 쓰레기 반입 반대운동

1998년 음식물쓰레기 분리배출 시작

2003년 서울시 음식물쓰레기 종량제 시작

2005년 음식물쓰레기 직매립 금지

2010년 음식물쓰레기 종량기(RFID 기반 음식물쓰레기 관리 시스템) 도입

2013년 음식물쓰레기 종량제 전면 실시(군 지역 제외, 전국 95%)
음폐수 해양 방출 금지

수거 방식

RFID(Radio Frequency Identification·무선인식) 계량 방식 아파트 등 공동주택 지역에 설치된 종량기·감량기 등을 통해 상시 배출하는 방식. 배출자별로 쓰레기 무게를 측정해 부과. 단지별로 계량하고 세대가 공동 부담하는 단지별 종량제도 가능.

납부필증 방식 납부칩이나 스티커를 슈퍼마켓·편의점 등에서 산 뒤 수거 용기에 부착해 배출하는 방식. 수거 용기는 시나 구가 지정한 곳에서 배부한다. 평소 배출하는 양을 가늠해 배부.

전용 봉투 방식 음식물쓰레기 전용 봉투를 사서 배출하는 방식.

*가격은 지자체 홈페이지 참조

음식물쓰레기 수거에서 사료가 되기까지

① 차량을 세워두고 수거업체 직원 두 명이 큰 통을 가지고 좌우 골목을 돌며 수거 용기를 비운다.

② 재활용 쓰레기 사이에 음식물쓰레기통이 숨겨져 있다. 이 골목을 잘 아는 직원은 주저 없이 다가가 수거 용기를 찾았다.

③ 납부필증 스티커를 떼서 모은다.

④ 납부필증의 용량 표시와 달리 넘치게 쓰레기를 담는 경우 경고장을 붙인다.

⑤ 수분이 많이 든 비닐이 찢어지면서 음식물쓰레기가 바닥에 쏟아졌다.

⑥ 음식물쓰레기가 가득 찬 수거통을 수거차 리프트에 올려 비운다.

⑦ 아파트 단지의 상가 식당 음식물쓰레기. 도봉구는 2021년 7월1일부로 식당 역시 납부필증 방식으로 바뀌었지만 제도를 숙지 못한 곳이 많았다.

⑧ 지역의 아파트를 둘로 나눠 격일로 수거한다. 아파트 경비원들이 내놓은 쓰레기통을 비우면 돼 상대적으로 수월하다.

⑨ 수거차량이 음식물자원화시설 호퍼에 쏟아놓고 간 음식물이 컨베이어벨트를 통해 나온다. 큰 뼈나 돌 등을 손으로 골라낸다.

⑩ 비닐봉지는 바람에 날려 떨어진다.

⑪ 기계를 통과하며 균과 냄새가 없어진다.

⑫ 털고 부수고 말리고 찐 데다 밀기울 등 부자재를 혼합해 만든 사료가 포대로 떨어지고 있다.

⑬ 갈색 가루의 사료가 만들어졌다.

(왼쪽부터) 선별장 노동자들은 장갑을 끼고 음식물을 만지며 큰 덩어리를 건져낸다. 음식물쓰레기에 섞여 나온 것. 선풍기와 각종 병, 그릇, 폐전선 등이 보인다.

음식물자원화센터는 서울시 도봉구와 경기도 의정부 경계 지역 도봉산 자락에 있다. 지상의 호퍼(투입구)에서는 보이지 않는 지하에 사료화 설비 시설이 마련돼 있다. 지상의 호퍼에 쏟아진 음식물쓰레기는 지하 시설로 떨어진다.

2005년 매립 금지로 자원화 대책 세워

이 자원화 시설을 간단히 정리하면, 음식물쓰레기를 털고 쪄서 사료로 만드는 시설이다. 2005년 음식물을 땅에 묻는 게 법으로 금지되면서 분리배출 시대가 열렸고, 분리배출된 폐기물의 배출, 수집·운반, 자원화 대책도 차례로 구성됐다. 음식물쓰레기는 사료·퇴비·바이오가스화 세 가지 방식으로 재활용된다.(그림 참조) 퇴비화는 음식물을 썩혀 식물이 흡수할 수 있는 양분으로 만드는 방식이고, 바이오가스화는 음식물쓰레기를 혐기성 분해해 메탄가스 생산에 활용하는 방식이다. 2019년 기준 퇴비(38.1%) → 사료(36.2%) → 바이오가스(12.7%) 순서로 음식물쓰레기가 자원화됐다.

서울시에는 △송파구 △도봉구 △강동구(3개 사료화 시설) △동대문구(바이오가스화) △서대문구(위치는 경기도 고양시, 현재 가동 중지) 등 5개 공공시설이 있어 발생하는 음식물쓰레기의 34%를 처리한다. 일부 자원화 시설은 언론에 알려진 뒤 아파트값 하락을 우려한 주민의 항의를 받기도 했다.

서울 지역 나머지의 음식물을 처리하는 민간업체는 모두 경기 지역에 있다. 인구는 서울과 경기도가 거의 1 대 1이지만, 서울 지역 대 경기 지역 처리 용량은 1 대 6에 이른다(1423t 대 8764t, 2020년 12월31일 기준, 환경부). 도봉구 주민의 모든 음식물쓰레기는 도봉구음식물자원화센터로 모인다. 자신이 먹은 것의 '종말'을 정확하게 알 수 있다. 도봉구음식물자원화센터의 하루 최대 처리량은 150t이다. 2021년 일일 평균 처리량(81t)은 2019년(90.9t), 2020년(88.9t)보다 줄어들었다. 음식물쓰레기가 줄어든 걸까? 도봉구 인구도 감소 추세라고 한다.

일일이 손으로 이물질을 골라내도

"공정을 거칠수록 냄새가 없어져요. 음식물 악취가 마지막에는 거의 나지 않죠. 시설 옆을 지나다니는 사람도 잘 모릅니다." 심윤식 자원순환과 주무관이 시설을 안내하면서 말한다. 도봉구음식물자원화센터의 지상에는 △음식물쓰레기를 투입하는 호퍼

자원화시설 종류

습식사료화시설	음식물류 폐기물을 수분이 있는 상태에서 이물질을 제거한 뒤 파쇄하며, '80도에서 30분 가열' 등 적절한 처리를 거쳐 사용하는 방식
건식사료화시설	습식사료화시설과 유사하며, 건조·가열 공정이 추가된 방식
퇴비화시설	음식물류 폐기물에 톱밥, 미생물 등을 적절히 첨가해 호기성 또는 혐기성 공정으로 퇴비를 생산하는 방식
에너지화시설	음식물(음폐수 포함)로 에너지를 생산하는 방식

△시설의 열을 식히기 위한 냉각탑 △악취나 유해가스를 정화하는 3단 약액세정탑만 서 있다. 지하 1층에 사료화 설비가, 지하 2층에 음폐수 저장시설이 있다. 음폐수는 음식물쓰레기에서 나오는 폐수다.

건물 지하 1층에서 정진희(62)씨가 컨베이어벨트 위로 실려나오는 음식물 옆에 서 있었다. 노란 고무장갑을 낀 손으로 칼로 비닐을 푹 찢어 헤집고, 음식물을 고루 펴서 만져보다가, 커다란 돼지뼈를 골라냈다. 한데 뒤얽혀 형체를 알아보기 힘든 부산물 사이로 뜯지도 않은 과자봉지, 하얀 달걀 껍데기가 보였다. 한쪽에선 골라낸 덩어리를 수거하고 다른 한쪽에서 기계에서 떨어져 내리는 비닐을 지켜보면서 정리했다.

자원화센터로 들어온 음식물은 컨베이어벨트를 통해 기계설비로 들어간다. 기계설비로 투입되기 전 몇 가지 정지 작업이 있다. 사료가 될 수 있는 음식물만 기계에 들어가도록 '불순물'을 선별하는 작업이다. 자원화센터가 생긴 2000년부터 줄곧 일해온 정진희씨는 옛날보다 일이 많이 수월해졌다고 말한다. "옛날에는 비닐봉지를 빼는 게 일이었어요. 그런데 지금은 자동으로 선별되니까. 선별 기계에 들어가기 전 뼈다귀, 벽돌, 쇳덩이 등 기계에 무리가 가는 것을 골라내면 돼요." 고양이, 너구리, 돼지머리 등 동물 사체가 나올 때가 제일 끔찍하다. 동물 사체가 나오면 수거해 묻어준다. 직원들은 음식물을 손으로 집어야 하기 때문에 비닐장갑 안에 면장갑을 끼고 작업한다. 정씨는 새로 들어오는 직원에게는 파상풍 주사를 맞으라고 권한다.

고양이, 너구리 사체에 파상풍 주사까지

선별된 음식물은 이제 기계가 맡는다. 분쇄 및 자동선별→탈수→건조→부자재(소맥피, 발효제) 혼합 과정을 거쳐, 반입량이 많은 날(주로 월요일)을 제외하면 바로 그날 사료로 만들어진다. 상한 음식도 섞여 있을 텐데 괜찮을까. 이런 우려에 대한 시설 쪽 설명이다. "식중독을 일으키는 균 중 가장 강한 아플라톡신도 100도에서 30분 가열하면 사멸하는데, 그것보다 더 긴 시간 가열하기 때문에 모든 균이 없어집니다."(심윤식 주무관) 악취 역시 700도에서 태워 없앤다. "악취도 화학물질이니까요." 탈수 뒤 나오는 물(음폐수)은 지하 2층으로 내려가 중랑구 하수처리장에 연계된다. 중랑구 하수처리장은 분뇨와 생활하수를 처리하는 시설이다. 음폐수는 음식물쓰레기의 88%를 차지한다. 하루 발생량만 71.7t이다.

탈탈거리며 갈색의 가루가 1t짜리 자루에 담겼다. 사료를 한 주먹 쥐어 만져봤다. 라면 냄새가 났다. 현재 사료는 닭과 개 농장 13곳에 공급된다. 관공서에서 만든 제품이라 무상이라고 했다. 이 사료를 두고 음식물쓰레기를 '태워' 만든다, 동물들의 기호도가 낮다는 우려 또한 있다. "타면 색깔이 검은데 그렇지 않다. 농장에서 다른 배합사료와 섞여 먹인다고 한다. 동물들이 먹지 않으면 오지 않을 텐데 계속 공급받고 있다."(심 주무관)

음식물쓰레기로 만든 사료에 대한 반응은 극과 극이다. 가난한 농장에는 구원이다. 동물단체에는 '동물학대 쓰레기 사료'다. 전문가들은 "원칙적 금지, 조건 충족(엄격한 관리 체계)시 허용으로 가는 것을 검토할 필요가 있다"(한국자원순환사회적협동조합)고 말한다. 21

수박 껍질은 '음쓰', 된장은 '일쓰'

[도와줘요, 겨리]
헷갈리는 음식물쓰레기 Q&A

고한솔 기자 sol@hani.co.kr

먹음직스러웠던 음식은 수저를 내려놓는 순간, 쓰레기가 되죠. 음식을 남겼다는 죄책감에 괴롭고, 이를 모아 꽁꽁 싸매고 얼리고 밀폐하는 보관은 번거롭습니다. 헷갈리기도 하죠. 채소를 손질하다, 찌개를 끓이다 남은 부산물을 음식물쓰레기로 버려도 되는지 멈칫한 적 누구나 있을 것입니다. 음식물쓰레기 앞에서 떠올려봄직한 대표적인 궁금증 여섯 가지를 정리해봤습니다. 이것저것 따지다보면, 결론은 하나로 좁혀지는 것 같습니다. 역시 음식물쓰레기는 최대한 생기지 않도록 해야 한다는 것으로요.

Q ○○○은 음식물쓰레기인가요, 아닌가요?

A 음식물쓰레기 일부는 가축 사료로 재가공되기 때문에 '동물이 먹어도 괜찮은가' 고민하는 게 도움된다고 알려져 있죠. 그렇게 생각하면, 딱딱하고 뾰족한 동물뼈와 생선뼈는 일반쓰레기로 버려야 한다는 것을 어렵지 않게 추론할 수 있습니다. 복숭아·살구·감의 딱딱한 씨, 콩·쌀·보리 등 곡식의 왕겨, 고추씨도 일반쓰레기로 분류해야 합니다. 커피나 차, 한약 찌꺼기도 재사용이 어려워요. 껍질은 껍질 나름인데요. 바나나, 고구마, 감자, 귤, 수박은 부드럽고 얇아 음식물쓰레기로 분류되지만 파뿌리나 옥수수·파인애플·양파 껍질은 일반쓰레기로 버려야 합니다. 견과류나 갑각류, 달걀 껍데기도 일반쓰레기입니다.

성분을 살펴봐야 하는 것도 있습니다. 쌈장, 고추장을 비롯한 장류는 염분이 많기 때문에 가축 사료나 비료로 사용할 수 없고요. 돼지비계와 내장은 포화지방산이 많

음식물쓰레기가 아닌 것

깨지지 않는 것			복합적인 것		유해한 것
핵과류의 씨	껍데기 (갑각류, 어패류)	뼈 (닭 등의 뼈다귀, 생선뼈)	티백	한약재	폐의약품

인천 부평구에 설치된 음식물쓰레기 감량기.(위) 2019년 6월11일 동물해방물결 회원들이 서울 광화문광장에서 개와 돼지 등 동물에게 음식물쓰레기 사료 급여를 전면 금지할 것을 촉구하는 퍼포먼스를 하고 있다.

아 가축 사료로 부적합합니다. 독성이 있는 복어의 내장이나 알도 마찬가지겠죠.

Q 어떤 지자체는 동물뼈, 과일씨도 음식물쓰레기라던데요.

A 음식물쓰레기는 중간처리 과정을 거쳐 사료·퇴비·연료화되는데, 지자체마다 방식이 다르기 때문에 분리배출 기준도 달라질 수 있습니다. 정확한 배출 기준은 지자체 누리집을 참조해야 합니다.

전남 순천은 2014년부터 뼈다귀, 어패류 껍데기, 달걀 껍데기, 과일씨도 음식물류폐기물로 분류합니다. 순천은 일반쓰레기로 고형연료제품(SRF)을 만드는데, 일반쓰레기로 분류된 동물뼈나 달걀 껍데기 등이 기기 효율이나 제품의 질을 떨어뜨려서 이를 아예 음식물류폐기물로 분류한 것입니다. 그러나 음식물쓰레기 자원화 과정에서도 기기 고장이 빈번하게 발생해 방침을 변경해야 한다는 논의가 나오고 있습니다.

음식물쓰레기 분류를 전적으로 시민들에게 떠맡기는 대신, 공정을 개선해 기준을 단순화해야 한다는 지적도 있습니다. 대신 이쑤시개나 철사 등 누가 봐도 음식물쓰레기가 아닌 것이 배출되지 않도록 홍보에 집중해야 한다는 거죠.

Q 음식물쓰레기로 만든 사료를 동물에게 먹여도 괜찮은가요?

A 유기물이 섞인 음식물쓰레기는 자원으로서 재활용 가치가 크다는 게 행정 당국의 시각입니다. 사료화도 남은 음식물을 먹여 가축을 기르던 과거에서 기계와 공정을 개선해 지금에 이른 것으로, 정해진 규정을 지킨다면 문제없다고 설명하지요. 썩은 음식물이나 곰팡이가 핀 음식물을 버려도 음식물쓰레기를 일정 온도, 시간에 맞춰 가열한다면 (사료의 질은 떨어질지언정) 동물에게 무해하다고 설명합니다. 그러니까 음식물쓰레기를 사료로 만들려면 농림축산식품부 고시에서 정한 공정을 준수해야 합니다.

그러나 동물권리를 옹호하는 시민단체는 이를 강하게 비판합니다. 동물은 음식물쓰레기 처리기가 아니라는 거죠. 동물권행동단체 카라(KARA)의 전진경 대표는 "동물의 정상적인 섭생을 존중해줘야 한다. 건식 사료는 동물이 줘도 안 먹는 경우가 대부분이다. 먹지 않고 남은 음식물을 주는 것도 아니고, 오염된 폐기물을 모아서 동물에게 준다는 발상 자체가 잘못됐다"고 말했습니다. 음식물쓰레기 재활용보다 배출량 감소에 정책 역량을 집중해야 한다는 이야기입니다.

현재 돼지에게 음식물쓰레기 사료 사용은 전면 금지됐습니다. 2019년 9월 아프리카돼지열병(ASF)이 발병하면서 아프리카돼지열병을 유발할 만한 원인을 원천 차단하기 위해 음식물쓰레기로 만든 사료 급여도 전면 중단한 것입니다. 아프리카돼지열병은 돼지나 멧돼지에게 발생하는 바이러스성 질병으로 치료 방법이 없답니다.

Q 폐식용유, 폐의약품은 어떻게 버려야 하나요?

A 생활계 유해폐기물이란 생활폐기물 중 질병을 유발하거나 신체를 손상시키는 등 인간과 환경에 피해를 주는 폐기물을 말하는데, 폐의약품도 여기에 포함됩니다. 2021년 5월 식수원인 한강에서 발기부전 치료제 성분이 검출됐다는 한 대학 연구진의 연구 결과가 발표돼 충격을 주었지요. 이런 의약품을 변기나 하수구에 버리면 하수처리장을 거쳐도 제대로 분해되지 않습니다. 의약품은 동네 약국이나 보건소 등에 가져다줘야 합니다.

폐식용유는 음식물이나 일반쓰레기와 분리해 버려야 합니다. 변기나 싱크대로

흘려보내면 안 되고 휴지나 종이에 흡수시켜 종량제봉투에 버려야 합니다. 동주민센터에 폐식용유 수거함이 있으면 이물질이 섞이지 않게 모아뒀다가 이곳에 버리면 되고요. 폐식용유 수거함을 마련해둔 대규모 아파트 단지도 있는데 수거의 비효율성을 이유로 제대로 운영되지 않는 일이 많다는군요.

Q 가정용 음식물 건조기 등을 사용하면 환경에 도움되나요?

A 음식물쓰레기는 냄새나고 지저분하다는 인식 때문에 건조기 같은 감량기를 인터넷에서 검색해보게 되죠. 건조기는 미생물, 바람 등을 이용해 음식물쓰레기를 건조·분해하는데 가격이 수십만원을 호가합니다. 사용자에게는 편리할 법한 이 제품이 환경에 도움되는지는 전과정평가(LCA·Life-Cycle Assessment)나 소비자 반응 등 여러 기준을 적용하고 검토해 종합적으로 판단해봐야 할 것 같습니다. (전과정평가는 제조부터 폐기물 관리까지 전 과정이 환경에 미치는 영향을 종합적으로 평가하는 방법입니다.)

홍수열 자원순환사회경제연구소 소장은 "발생원에서 퇴비화해 해당 지역에서 퇴비로 활용할 수 있는 모델(발생원 자원순환 모델)을 고려해볼 수 있다"고 말합니다. "수분이 많은 음식물쓰레기를 악취가 나는 상태로 장거리 운반해 자원화하는 것보다 발생원에서 수분을 증발, 발효시켜 그 지역에서 순환시키는 게 에너지를 절약하는 방법이 되지 않겠는가. 이런 구도에서 (음식물쓰레기) 감량기 사용을 고려해봄직하다"는 이야기입니다.

Q 가정용 오물분쇄기, 생분해 거름망은 왜 논란이 되나요?

A 주방용 오물분쇄기는 1995년 하수도에 미칠 영향을 고려해 판매·사용을 고시로 금지했지만 2012년 법적으로 인증받은 제품에 한해 사용이 허용됐습니다. 제대로 된 주방용 오물분쇄기는 음식물 찌꺼기의 20% 미만만 하수도로 배출되고, 남은 음식물 찌꺼기는 80% 이상 회수통으로 거둬들여 음식물 종량제봉투로 배출해야 합니다.

그러나 회수통이나 내부 거름망을 제거·훼손한 불법 제품이 횡행한다는 지적이 커졌죠. 음식물 찌꺼기가 100% 하수도로 배출되면, 관로가 막혀 악취가 나거나 하천 수질이 악화되는 문제가 발생할 수 있어요. 윤준병 더불어민주당 의원(국회 환경노동위원회) 의원실이 인증업체 판매실적을 종합해보니 누적 판매량(2020년 12월 기준)이 약 18만 개에 이른다고 하는데, 그렇다고 집집마다 돌며 단속할 수도 없는 노릇이어서 골치가 아픕니다. 2021년 5월 윤 의원은 주방용 오물분쇄기의 제조·판매·사용을 금지하는 하수도법 개정안을 대표 발의했습니다.

음식물쓰레기를 처리하기 싫어서 활용하는 제품에 생분해 거름망도 있습니다. 싱크대 거름망에 이 거름망을 덧씌워 음식물쓰레기가 쌓이면 그대로 음식물 쓰레기봉투에 갖다버리는 식인데요. 이 제품도 논란이 분분합니다. 음식물쓰레기 자원화 과정에서 실제 생분해되는지 장담하기 어렵기 때문입니다. 서울환경연합의 조민정 활동가는 "어떤 조건에서 생분해되는지가 중요하다. 생분해는 국내에서는 보통 58(±2)도에 6개월 정도 묵혀야 하는데, 음식물쓰레기 자원화 방식(사료화나 퇴비화, 바이오가스화)과 그 생분해 조건은 맞지 않는다"고 말합니다. "생분해라고 하면 친환경적일 것이라는 인상을 주기 때문에 일회용품 사용을 부추기는 문화를 만들 수 있다"는 우려도 제기하네요. 21

참고 문헌
서울시 음식물류폐기물 분리배출 기준(서울시 적용 기준 2020년 4월)
먹깨비가 알려주는 '음식물쓰레기' 분리배출법, 서울시, 2020년 7월
환경부, 〈생활폐기물 처리 및 재활용 관련 규정집〉, 2017년 12월
〈그건 쓰레기가 아니라고요〉, 홍수열, 슬로비, 2020년 9월,
〈오늘부터 조금씩 제로 웨이스트〉, 장서영(그린라이프), 비즈니스맵, 2021년 5월

음식물쓰레기 어떻게 줄여나갈까

1. 집에 보관하는 음식을 떠올려 기록해봅시다. 그 옆의 칸에는 실제 열어보는 음식물을 기록해봅시다.

	열기 전	열어본 후
냉장고		
냉동고		
실온 보관		

2. 장을 보면서 생기는 재활용 쓰레기 등을 생각해봅시다. 대형마트와 슈퍼마켓, 시장에서 산 물품은 어떤 점에서 차이가 있을까요.

날짜	장 본 장소	장 본 것	장 보면서, 장 본 뒤 한 생각

3. 일주일간 생긴 음식물쓰레기의 양을 기록해봅시다.

월 일(월)	월 일(화)	월 일(수)	월 일(목)	월 일(금)	월 일(토)	월 일(일)

4. 어떤 음식물이 가장 많이 쓰레기로 나왔나요. 음식물쓰레기를 줄일 방법은 무엇일까요. 이를 위해 사회에 필요한 것은 무엇일까요.

다 먹었습니다, 끄윽

'제로웨이스트 키친-회복되는 부엌' 2주 참가기… 냉장고에 넣고 우리가 잊은 것, 우리가 쓰레기봉투에 넣고 잊은 것

구둘래 기자 anyone@hani.co.kr

(왼쪽부터 시계방향) 토마토, 양파 등 식재료를 걸어서 보관하는 류지현 작가의 이탈리아 부엌. 자투리 채소를 모아 육수를 만든다. 남는 채소를 이용해 잼, 피클, 식초 등을 만들면 장기 보관할 수 있다. 광주 국립아시아문화전당에서 '냉장고로부터 음식을 구하라' 특강을 하는 류지현 작가. 옆에 선 이가 '지현다비드'로 함께 활동하는 남편 다비드 아르투프.

2021년 7월11일 일요일 저녁, 첫 줌 회의 첫 만남

2010년의 독일 다큐멘터리 〈테이스트 더 웨이스트〉, 농부가 "농사를 아무것도 모르는 사람(슈퍼마켓 실무진)들이 와서 나에게 크기는 이래야 한다, 색깔은 이래야 한다고 가르친다"며 화낸다. 다큐멘터리는 멀쩡한데도 규격에 맞지 않는다고, 유통기한이 지났다고 버려지는 먹거리 실태를 고발한다. 이탈리아에서 활동하는 아티스트 류지현씨(당시 네덜란드 거주)도 보인다. 그는 다큐멘터리에서 부엌 곳곳에 보관해놓은 달걀, 사과, 감자, 당근 등을 보여준다. 사과와 감자는 같이 보관하면 사과가 감자 싹이 돋는 것을 방지한다. 그의 부엌이 특별한 것은 냉장고를 맹신하지 않아서다. "냉장고에다 음식을 넣으면 눈에 보이지 않으니 무슨 일이 벌어지는지 신경 쓰지 않게 된다." 그의 프로젝트 이름은 '냉장고로부터 음식을 구하라'.

그의 첫 저서 〈사람의 부엌〉(2017)의 부제는 '냉장고 없는 부엌을 찾아서'이다. 사바나, 안데스, 쿠바, 이탈리아 등 전통 부엌을 찾아다녔다. 2021년 6월 말 그의 두 번째 책 〈제로웨이스트 키친〉(테이스트북스 펴냄)이 출판됐다. 철학을 실천하는 레시피가 함께하는 실용서이다. 출판을 계기로 '밑미'(생활 변화를 목표로 하는 플랫폼 https://nicetomeetme.kr)를 통해 '제로웨이스트×기록' 미션 실천팀이 꾸려졌다. 제로웨이스트 매장인 피커 송경호 대표가 리추얼 메이커(활동에 도움말을 주는 이)로 참여했다. 나를 포함한 18명이 2주간 리추얼 프로젝트를 시작하면서 줌(인터넷 화상회의 플랫폼) 만남을 가졌다. 첫 번째 주(7월12~18일)에 자신의 식재료 보관법을 검토해보고 두 번째 주(19~25일)에 보관법과 장기 음식 보관 레시피 등을 실행해보는 일정이다.

7월12일 월요일 냉장고란 뭘까

이사하기 위해 보러 간 집에 냉장고 5개가 있는 걸 봤다. 부엌에 마주 보는 입식 냉장고가 2개 있고(하나는 김치냉장고), 뒤베란다에 1개, 앞베란다에 김치냉장고 2개가 있었다. 집주인은 자식들을 독립시킨 뒤 반찬을 일일이 해주는 정 많은 분인 것 같았다.

나에게 냉장고는 '예수님'이다. 나의 죄를 대신 사해준다. 일단 먹고 남은 것을 냉

장고에 넣어둔다. 그리고 잊어버린다. 다음에 열면 냉장고에 남았던 음식은 먹을 수 없게 돼 있다. 먹고는 바로 버리기에 미안했던 음식을 그제야 버린다.

나에게 냉장고는 '걱정인형'이다. 된장국을 끓였다가 내일 먹어도 괜찮을까 걱정되면 냉장고에 넣는다. 그러고는 잊어버린다. 류지현 작가 말대로 그렇게 잊는데, 다른 한편으론 그것이 '생활의 편의'다. 걱정을 안고 있는 것만으로도 냉장고는 든든하고 고맙다.

2021년 7월13일 화요일 냉장고 안 쓰는 사람들

일본의 '퇴사한 아사히 기자'로 유명한 이나가키 에미코는 냉장고 없이 산다. 이나가키가 저서 〈먹고 산다는 것에 대하여〉에 밝힌 바에 따르면 그는 일본의 원전 의존에 대한 걱정과 함께 절전을 시작해, 퇴사 뒤에는 냉장고와 밥솥이 전기를 많이 먹는다는 것을 알고는 아예 코드를 뽑아버렸다. 그는 텔레비전 드라마를 보면 냉장고가 없던 에도시대 사람들이 단순소박한 식사에도 언제나 웃으면서 식사를 마친다며(드라마라서?), 밥과 국 그리고 쓰케(절임) 종류의 반찬 하나라는 단순한 식사를 시작한다. 그날 먹는 밥은 모두 그날 짓고, 쓰케 종류는 된장에 박아놓는 거라 냉장고가 필요 없는 식사가 됐다. 그런데! "밥을 먹기 위해 집으로 돌아간다"고 할 정도로 단순하게 살아가면서 밥이 맛있어졌다고 말한다.

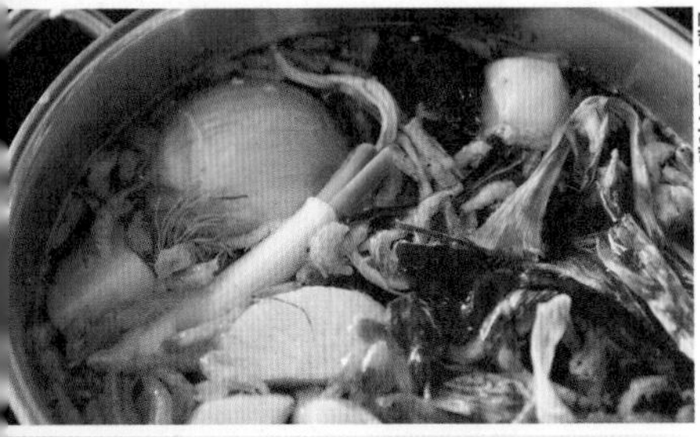
테이스트북스 제공

독일에 거주하는 김이수씨는 남편의 제안에 따라 냉장고 코드를 뽑았다(《생태부엌》). 냉장고는 친척들이 집에 왔을 때 켤 정도로 손에 꼽힌다. 그가 냉장고를 쓰지 않게 된 것은 독일 집에 있는 '켈러'라는 저장 공간이 큰 구실을 한다. 집의 지하 혹은 반지하에 있는 켈러는 온도 10도 정도를 유지한다.

2021년 7월14일 수요일 냉장고 재고를 적다

미션 참가자들의 카드를 유심히 읽었다. 오늘의 미션은 냉장고, 냉동고, 실온 등에 보관하는 식재료를 적는 것이다. 나는 엽서 칸이 좁아 '등등, 그 외 다수' 등으로 적어 넣었다. 으아악, 다들 "냉장고에 든 게 많아 놀랐다"고 하는데… 내가 제일 많다.

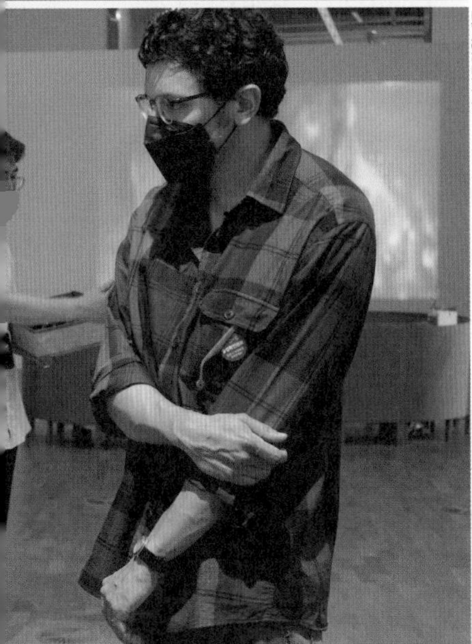
아시아문화원 제공

2021년 7월16일 금요일 냉장고 환상

"아따, 알뜰하네. 버리는 게 하나도 없어."

그렇다. 다른 말로 '제로웨이스트 키친'이다. 광주의 국립아시아문화전당에서 전시회 '냉장고 환상'(2021년 9월26일까지) 부대행사로 이루어진 류지현 작가의 특강을 듣던 참가자가 말한다. 금방 류지현 작가는 잘 안 마른다 싶은 것이 있으면 더 가늘게 썰어서 말리라고 말한 참이다. 찻잎을 말려서 소금을 만들고, 사과 껍질을 깎아 식초를 부어 사과식초를 만들고, 자투리 채소를 모아 미네스트로네(이탈리아 요리로 파스타나 쌀을 넣은, 채소가 많은 수프)를 만들고, 커피 찌꺼기도 모아 요리에 활용한다. 파와 쪽파 등은 먹다가 남으면 부엌에 마련한 작은 텃밭에 심는다.

〈낭비와 욕망〉(수전 스트레서 지음, 이후 펴냄)에 나오는 옛날 부엌과 비슷하다. 19세기 살림 매뉴얼에 따르며, 찻잎 찌꺼기는 카펫에 먼지가 덜 앉게 하는 데 활용됐다.

"먹을 수 있는 것을 재항아리나 돼지통에 버리는 사람은 헤퍼서가 아니라 그것을 활용할 줄 모르는 사람"이라고 비난받았다. 곰팡이가 필 것인가, 상한 것이 우려되느냐 등 고기의 '상한' 정도('신선한' 정도가 아니라)에 따라 대처하는 방법도 달랐다. 시간이 경과한 케이크, 상한 버터, 상한 돼지기름에도 재활용 방법이 있었다. 알뜰한 주부는 남은 기름을 튼 손에 발랐다. 그래도 남은 쓰레기는 겨울 아궁이에 태워서 열을 내는 데 쓰고 여름에는 묻었다. 어떤 경우든 '버린다'고 할 만한 경우는 없었다. 영어의 쓰레기는 개러지(garage), 러비시(rubbish), 리퓨즈(refuse), 트래시(trash) 등 여러 가지가 있는데 '개러지'는 특별했다. 동물성 쓰레기와 채소 쓰레기를 지칭하는데 냄새가 나지만 여러 쓸모가 있기 때문에 구분할 필요가 있었다고 한다.

강의 뒤 '냉장고 환상' 전시를 기획자인 심효윤 아시아문화원 연구원과 함께 둘러봤다. 심효윤씨는 전시를 준비하면서 알아가던 냉장고를 칼럼으로 정리하고 있다('심효윤의 냉장고 이야기'). 전시회에서 가장 감동적인 작품은 문화원이 기획한 '일인가구·무연고자 부엌 조사 및 스토리텔링'과 연관돼 있다.

몸이 불편해지면서 요양원에 입원하게 된 김씨 할머니의 냉장고는 음식이 뭐가 들어갈 틈 없이 빽빽하다. 심효윤씨에게 가장 인상적인 것은 술을 못 마시는 김씨 할머니 집의 담금주였다. 놀랍게도 거의 모든 무연고자 유품으로 담금주가 있었다. 프로젝트 사진을 찍은 사진작가가 이렇게 말했다고 한다. "혼자가 되어 떠나간 이들도 한때는 자신과 누군가를 위해 냉장고를 채우고, 채워진 냉장고를 비우며, 또 담금주를 담그고 누군가와 함께 마시기를 기원하며 살았을 것이다." 작가들은 이야기에 영감을 얻어 냉장고 꽃무늬 그림, 냉장고 속 음식을 그렸다. 소비 칼로리별로 냉장고를 분류한 설치작품도 만들었다.

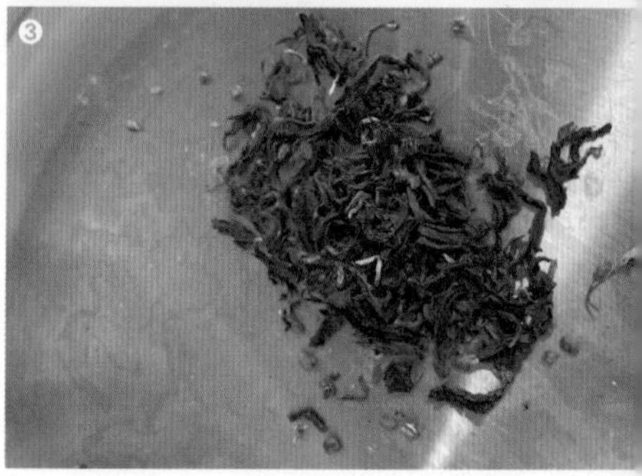

7월20일 화요일 관리비 고지서를 들여다보다

미션 첫째 주, 냉장고를 비우고 주말에 물김치를 해서 아파트 RFID(음식물쓰레기 개별계량기)에 2kg을 넘긴 숫자를 두 번 찍었다(2.15kg과 2.25kg). 다른 날은 여름이라 출근하면서 갖고 나가 버렸다(150~250g). 지난달의 관리비 내역 고지서가 날아왔다. 6월에 모두 7.5kg을 버렸다고 표시됐다. 한국 1인 음식물쓰레기 폐기량은 하루 368g, 1년 134kg, 한 달 11kg이다. 식당 등의 폐기물을 고려하면 평균 이상 수준이다. 놀라운 것은 딴 데 있다. 음식물폐기물 7.5kg의 처리비용은 970원에 불과하다.

7월21일 수요일 미나리 하나

미국에서 냉장고는 대공황기에 가격이 낮아졌는데, 판매회사들은 냉장고를 마련해 '절약'하라고 마케팅했다. "500g을 사면 15센트지만 750g은 19센트이고, 750g을 사서 냉장고에 넣어 보관하라"는 것이다(《낭비와 욕망》). 한국에서는 금성사가 1965년 처음 냉장고를 선보였다. 짧은 기간 우리는 냉장고에 보관하는 방법 외엔 모르는 바보가 됐다.

"'밖에 둬야 맛있는데 왜 냉장고에 넣죠?' (…) 좋은 토마토의 비밀이(여기에) 숨어 있다."(《사람의 부엌》) 바나나는 냉장고에 넣으면 안 되는 대표적인 과일이다. 남쪽 태생인 고구마도 마찬가지다. 그리고 냉장고에 넣지 않으면 훨씬 더 맛있다. 달걀도 실온에 둬도 한 달을 먹을 수 있다. 열대야와 함께 리추얼이 시작됐다. 밖에 내놓는 것이 망설여졌다. 싱크대 밑에 양파, 달걀, 당근, 감자, 토마토를 넣었다가 다음날 달걀은 냉장고에 넣었다. 냉장고 속에 있던 미나리를 꺼내 뿌리 쪽을 물에 담갔다. 저녁에 무침을 해먹기 전에 보니 미나리 하나가 고개를 빳빳이 들고 있다. 너, 산 거니?

7월24일 토요일 이엠을 주문하다

7월 초 기사를 준비하면서 음식물쓰레기 수거와 처리시설을 다녀왔다. 음식물쓰레기는 거의 100% 재활용된다. 100%는 여전히 의심스러운 숫자다. 하지만 재활용 수치에는 음폐수가 포함된다. 서울 도봉구 음식물자원화센터의 자료에 따르면 88%가 음폐수다. 12%는 살아난 걸까? 음식물로 만들어진 사료는 가열되고 분쇄되고 건조돼 원래의 형태를 찾아볼 수 없다. 모든 것이 섞여서 가장 낮은 질로 변했다. 에너지를 가해봤자 엔트로피 법칙(열역학 제2법칙), 음식물은 되돌아올 수 없는 길을 떠난다.

예전에 취재했던 '똥의 극과 극'과 비슷하다. 집에서 재활용한다면 땅에 유익한 퇴비가 되지만, 시설로 들어가는 순간 냄새나고 소독해야 하고 멀리해야 하는 물질이 된다. 버리면 그냥 가루가 된다. 최선은 쓰레기가 되기 전 음식일 때 다 먹는 것이다.

"물건들은 추하기 때문에 버려지는 것인가 아니면 쓰레기장으로 향하기 때문에 추한 것인가?"(지그문트 바우만, 〈쓰레기가 되는 삶들〉) 판단 이전에 버리는 행위로 추함은 결정된다. 버리면 추한 것이다. 행위는 물질을 결정한다. 쓰레기가 되기 전에 음식물을 구해야 한다. 음식물쓰레기 위에 이엠(EM·발효액)을 뿌리는 것이 가정에서 가장 많이 쓰는 '퇴비화' 방법이다. 이엠을 사기로 했다(대형마트를 돌아다녔는데도 안 보여서 인터넷으로 주문했다).

7월26일 월요일 결산 줌 회의

2주간 무엇을 할 수 있을까 생각했는데, 의외로 한 일이 많다. "과소비가 확실히 줄었다."(주연) "기분 좋은 반성문이었다."(하딸) "냉장고 정리에서 나아가 물건들도 정리했다."(고은)

"부엌은 차가운 냉장고에서 식재료를 꺼내 뜨거운 불로 익혀 먹는 공간일 뿐만이 아니라 다른 생명을 통해 우리의 생명을 이어가는 곳"이라는 류지현 작가의 말처럼 많은 이가 부엌에 서서 많은 생각을 했다. "순환에 대해 고민하기 시작했다. 부엌이 반려공간이 됐다."(김미화) "보관을 잘한다는 것보다 생명이란 것을 많이 생각하게 됐다."(초롱) "살아 있는 생명에 기한이 있다는 생각을 하게 됐다. 이런 생각이 다른 물건의 '생명력'에 대한 생각으로도 이어졌다."(은진)

송경호 대표는 정리하는 말을 덧붙이면서 "'연결성'이란 단어가 많이 떠올랐다"고 말했다. 인간과 인간의 모임에서 인간과 자연의 연결. 참가자의 "바나나가 새까매져서 다시 냉장고에 넣었다"는 데 대한 송 대표의 말. "밖에 매달아 시커메진 게 제일 맛있어요. 불안하더라도 이 방법이 옳다는 것을 믿으면 더 해보세요. 실패했다고 하더라도 생명 있는 것을 들여다본 것이니까요." 21

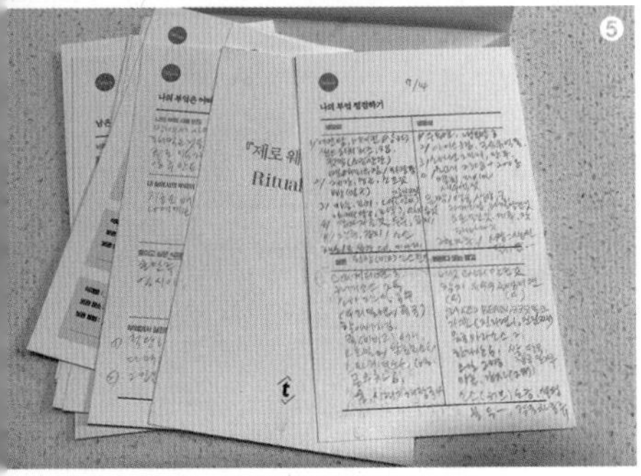

① 냉장고에 넣는 대신 물에 담가 보았다.
② 싱크대 밑에 보관한 감자와 토마토, 애호박.
③ 먹고 남은 뒤 말린 찻잎.
④ 장기간 보관법, 양파잼.
⑤ 매일 작성한 미션 카드, 냉장고 물건을 적은 미션 카드가 빽빽하다.

봄에는 속을 턴 배추김치로 장아찌를

옛사람들은 냉장고 없이 어떻게 살았던 걸까

전순예 1945년생 작가 · 〈강원도의 맛〉 〈내가 사랑한 동물들〉

냉장고 없이 자연 그대로 살던 시절 쓰레기 걱정이 없었습니다. 아버지는 부지런한 농사꾼이었습니다. 봄이면 잠시도 쉬지 않고 많은 씨앗을 뿌리고 가꾸셨습니다. 산과 들에는 심고 가꾸지 않아도 많은 먹거리가 있었습니다. 먹고 여유가 있을 때 부지런히 말려서 겨울을 준비했습니다. 자연은 방대한 슈퍼마켓인 셈이었습니다.

자연은 거대한 슈퍼마켓

철 따라 심는 채소와 곡식은 언제나 새로운 맛으로 먹을 수 있었습니다. 뜨거운 여름날에도 검은 무쇠솥에 불을 때서 밥해야 했습니다. 식구끼리 일할 때는 아침에 밥을 많이 해놓고 일하다 들어와서 점심을 먹었습니다. 겨울에는 놋양푼에 밥을 담아 따뜻한 아랫목에 묻어놓고 먹었습니다. 여름에는 보리밥을 해서 아침에 먹고 남은 밥은 커다란 바가지에 담아 삼베 보자기로 덮어 부엌 한쪽 구석에 매달아놓은 광주리에 넣었습니다. 바가지에 밥을 담으면 밥이 쉬지 않았습니다. 불도 때지 않았는데 물을 흡수한 바가지에는 누룽지가 앉아서 긁어 먹는 것이 신기했습니다.

그때는 집집마다 냉장고가 달랐습니다. 산골 도랑가에 사는 집들은 물가 얕은 곳에 그릇 크기에 따라 작은 웅덩이를 만들어 김치 항아리를 담가놓고 먹고 과일은 그릇에 담아서 물에 담가 단물이 빠지는 것을 막았습니다. 강물은 아침 일찍 길어 큰 두멍, 버럭지(버치: 큰 그릇)에 담고 그 속에 음식을 저장해 먹었습니다.

어머니 하면 항아리가 먼저 떠오릅니다. 어머니는 늘 항아리와 함께였습니다. 장독간에서 장독을 매만지고 가을이면 김장독을 관리했습니다. 가을엔 많은 독을 땅에 묻어 저장했습니다. 가을이면 할머니는 "야야, 김장은 반양식이란다" 하십니다. 어머니는 할머니와 함께 가을엔 여러 날에 걸쳐 김장을 많이 했습니다. 양념을 과하게 하지 않

장독은 음식물을 보관하는 중요한 도구다. 가을에는 땅에 묻어 겨울 양식이 되도록 했다. 장독에 담긴 호박김치.(오른쪽) 먹고 여유가 있을 때 잘 말린다. 생명을 내는 것도 생명을 유지하는 것도 자연이다. 자연은 울트라슈퍼마켓이다.

은 배추김치부터 한 독 채워넣습니다. 배추를 잘 절여 배추 한 켜 놓고 아버지 두 손으로 잡을 만큼 큰 무를 큼직하게 토막을 툭툭 쳐 배추 위에 올립니다. 이때 소금 간을 잘 맞추는 것이 김치 맛을 좌우합니다.

집 주위 양지바른 곳에 항아리를 많이 묻습니다. 갓김치, 배추김치, 백김치, 석박김치, 깍두기까지 많은 김치를 해서 묻습니다. 눈이 내릴 때까지 김장하다 생긴 것은 다 거둬들여 시래기도 매달아놓고 먹습니다. 김치가 많으니 겨우내 원 없이 만두를 해 먹습니다. 김치찌개, 김치볶음 등 김치로 해 먹을 수 있는 음식도 많았습니다.

껍질째 놔두면 벌레가 나지 않는 쌀

봄이면 햇볕 좋은 날을 골라 동치미 무를 물에 헹궈 발에 널어 말립니다. 배추김치도 속을 털어내고 물에 헹궈 빨랫줄에 쭉 널어 꾸들꾸들 마르면 된장독에 넣어 장아찌를 만듭니다. 맛이 잘 든 무장아찌는 국솥에 넣어 끓이다 건져 먹으면 짜지 않고 아주 별미였습니다.

시장에서 생선을 사올 때는 새끼줄로 묶어 들고 왔습니다. 여자들은 함지박 같은 데 담아 이고 다니기도 하고 남자들은 지게 쇠뿔에 달아매 지고 와 먹었습니다. 정육점 고기나 생선은 비료 포장 종이에 싸서 짚으로 묶어 가져와 먹었습니다. 이렇게 포장지가 짚이나 새끼줄, 고작 비료 포장 종이였기에 부엌 아궁이에 태웠습니다.

한겨레 박미향 기자

가을이면 '와롱 기계'(낟알을 터는 기계로 와롱와롱 소리가 났다)로 여러 사람이 모여 벼를 털었습니다. '탕탕 방아'를 부르면 소형 방아를 여럿이 목도로 메고 벼를 찧으러 다녔습니다. 소형 방아는 탕탕거리며 아주 시끄러운 소리를 내서 탕탕 방아라 불렀습니다. 탕탕 방아가 한번 마당에 정착하면 보통 삼사일을 사람들이 먼지를 뒤집어쓰며 북적대고, 밥을 먹고, 탕탕거리는 소리를 들어야 했습니다. 마당이 넓고 벼가 많은 집에서 불러 마당에 설치하면 주위의 벼가 적은 집들도 와서 쌀을 도정해 갔습니다. 쌀은 열두 가마니들이, 열 가마니들이, 여덟 가마니들이 나무 뒤주에 담아 보관했습니다. 그게 아니면 큰독에 담아놓고 먹었습니다. 벼는 껍질째 놔두면 천년이 가도 벌레가 나지 않는다고 합니다. 조는 싸릿가지로 만든 커다란 채독에 보관했습니다. 채독은 틈새에 소똥을 발라 말리면 시멘트처럼 단단하게 굳어 좁쌀도 새지 않았습니다.

한겨레 윤운식 기자

나무주걱은 못 쓰게 되면 연료로

투박하고 자연 그대로 살던 시절에는 후일 쓰레기 걱정을 하고 살 줄은 꿈에도 몰랐습니다. 부엌살림이 질그릇이나 놋그릇, 무쇠솥, 사기그릇이었습니다. 저장하는 큰 그릇은 짚으로 만든 가마니나 짚봉생이, 멍석, 주루먹 같은 것이었습니다. 쌀 저장고로 쓰던 뒤주, 함지, 밥구박, 주걱에 이르기까지 나무로 만들었기에 쓰다가 낡아 못 쓰게 되면 유용한 연료가 됐습니다. 싸릿가지로 만든 큰 채독이나 다래끼, 광주리를 쓰다가 다 낡아서 못 쓰게 되면 발로 빠지작 빠지작 밟아서 아궁이에 불쏘시개로 쓰고 남은 재는 밭에 거름이 됐습니다.

자연 그대로 살았던 그 시절 사람들은 불편한 줄도 몰랐던 것 같습니다. 무엇이나 만들면 구수하고 맛있던 기억이 새록새록 날 뿐입니다.

쓰레기가 활활 타고 있는 '소각로' 모습. 그 아래에는 쓰레기를 소각로에 공급하는 '투입 호퍼'가 보인다. 2021년 7월6일 서울 마포 자원회수시설 2층 중앙제어실에서 소각로를 비추는 폐회로텔레비전(CCTV) 화면을 찍었다. 김진수 선임기자

3

불과 재

이제 발걸음이 소각장, 아니 '자원회수시설'에 닿았다. 2026년부터 수도권에선 쓰레기 직매립이 금지된다. 소각 비중이 더욱 높아질 수밖에 없다. 자원회수시설은 소각 과정에서 나오는 위험물질을 안전하게 처리하고 있다. 하지만 기후위기를 재촉하는 온실가스 배출에 대해선 뾰족한 대책이 없는 실정이다. 최근 세계 곳곳에서 기후위기가 생각보다 빠르고 거세게 진행되는 모습이 속속 감지된다. 이제 우리는 '다음 세대에게 물려줄 지구'가 아니라, '우리 세대가 살아남을 지구'를 위해 절실하게 고민해야 할 시점을 맞았다.

김규남 기자 3strings@hani.co.kr

한눈에 보는 소각장

서울시 자원회수시설과 종량제봉투 쓰레기 처리 권역

※구로구: 경기 광명 자원회수시설에서 처리
금천구: 인천 수도권 매립지에 매립
※강남·노원·양천·마포 자원회수시설은 서울시 운영
은평 자원회수시설은 은평구 운영

마포 자원회수시설 쓰레기 소각과 연소가스 처리 흐름도

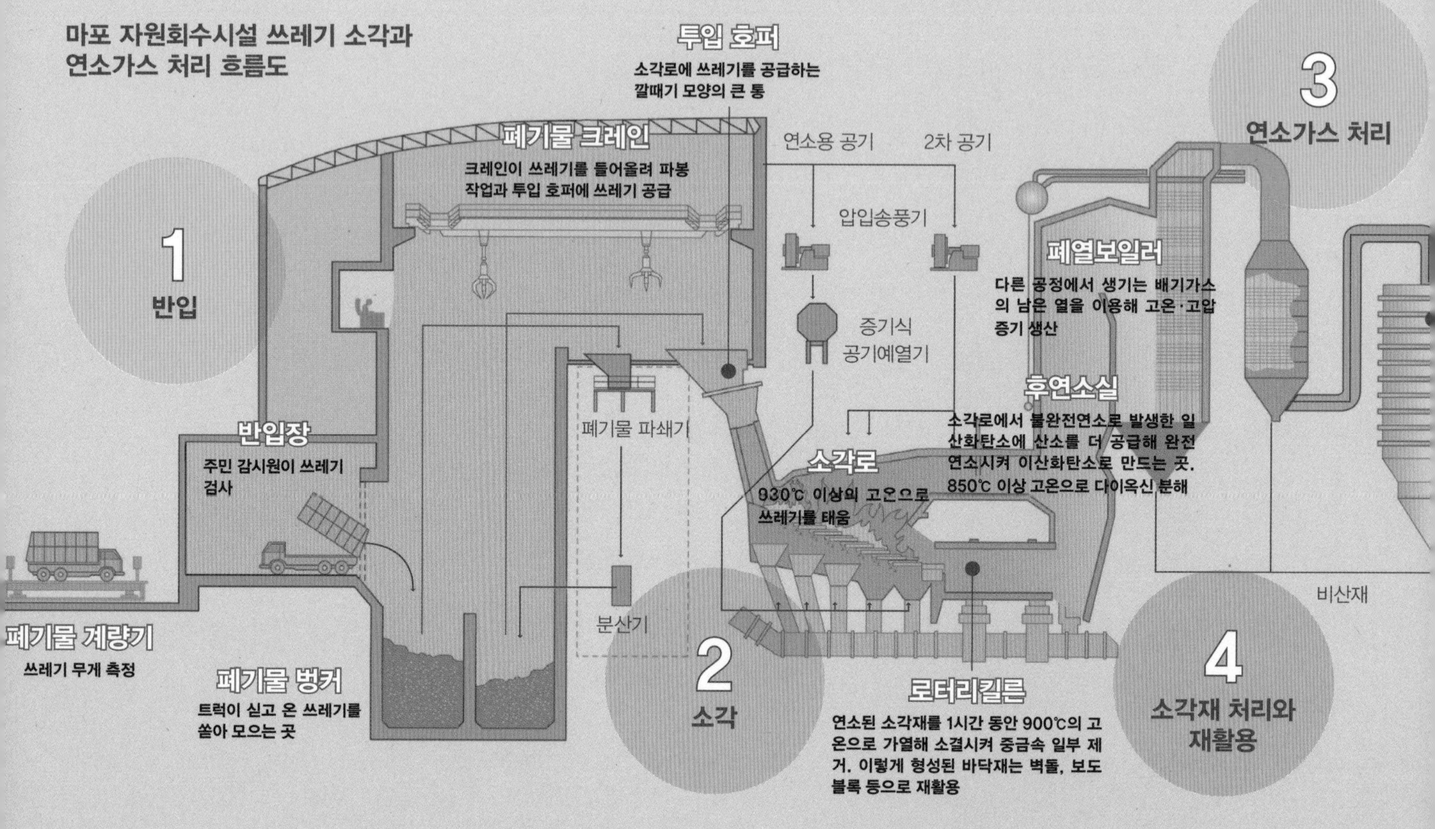

생활폐기물 하루 발생과 처리 현황(2019년)

자료: 환경부·한국환경공단
※최종 처리가 아닌 첫 배출자 발생량 기준. 최종 처리 통계는 없음

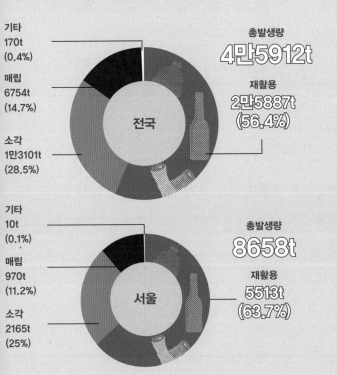

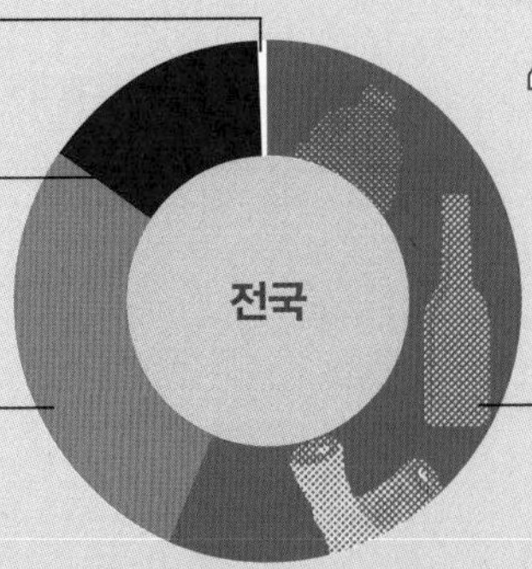

기타 170t (0.4%)
매립 6754t (14.7%)
소각 1만3101t (28.5%)
총발생량 4만5912t
재활용 2만5887t (56.4%)

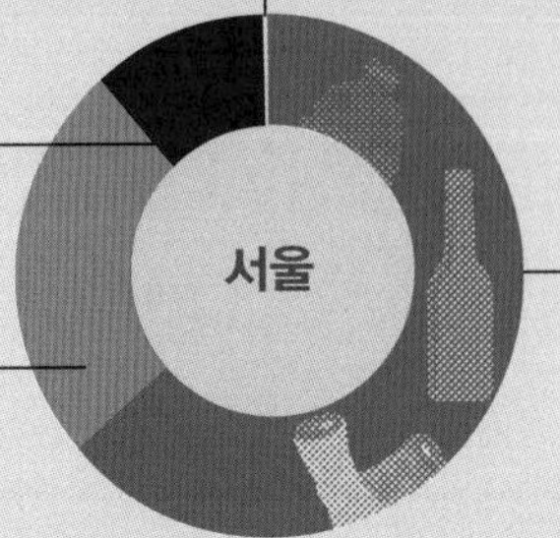

기타 10t (0.1%)
매립 970t (11.2%)
소각 2165t (25%)
총발생량 8658t
재활용 5513t (63.7%)

전국 생활폐기물 공공소각시설 현황과 처리량(2019년)

현황 단위: 개소, 처리량 단위: t/년

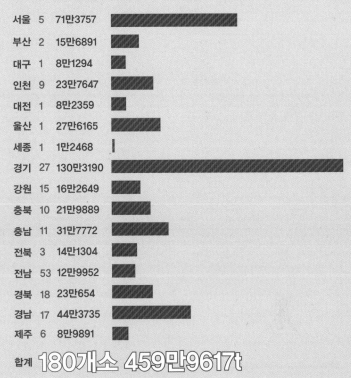

	현황	처리량
서울	5	71만3757
부산	2	15만6891
대구	1	8만1294
인천	9	23만7647
대전	1	8만2359
울산	1	27만6165
세종	1	1만2468
경기	27	130만3190
강원	15	16만2649
충북	10	21만9889
충남	11	31만7772
전북	3	14만1304
전남	53	12만9952
경북	18	23만654
경남	17	44만3735
제주	6	8만9891
합계	180개소	459만9617t

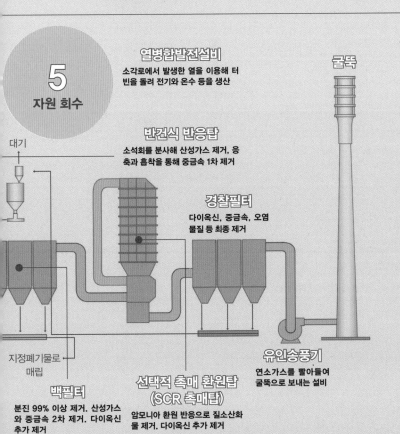

5 자원 회수

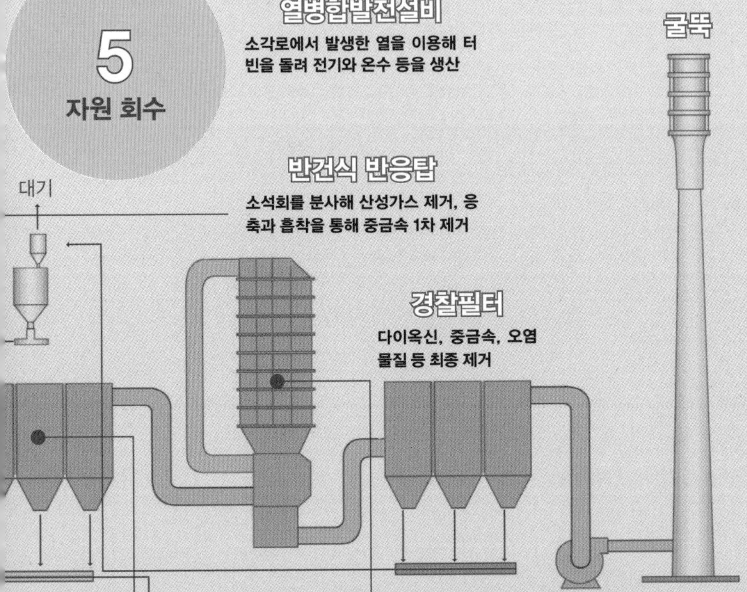

소각로에서 발생한 열을 이용해 터빈을 돌려 전기와 온수 등을 생산
굴뚝
반건식 반응탑
소석회를 분사해 산성가스 제거, 응축과 흡착을 통해 중금속 1차 제거
대기
경찰필터
다이옥신, 중금속, 오염물질 등 최종 제거
지정폐기물로 매립
유인송풍기
연소가스를 빨아들여 굴뚝으로 보내는 설비
백필터
분진 99% 이상 제거. 산성가스와 중금속 2차 제거. 다이옥신 추가 제거
선택적 촉매 환원탑 (SCR 촉매탑)
암모니아 환원 반응으로 질소산화물 제거. 다이옥신 추가 제거

서울 마포 자원회수시설 개요

처리용량 750t/일 (250t/일, 소각로 3기)

연소각량 20만t

열병합발전설비(2011년부터 설치·운영)

연간 3100만kWh의 전력 생산 (1만400여 가구 전력 사용량)

소각은 재 4%와 탄소를 남기고

마포 자원회수시설(소각장) 가보니 서울 5개 자치구 종량제봉투 쓰레기 처리, 소각 뒤 남은 재는 매립

김규남 기자 3strings@hani.co.kr

후끈 열기가 끼쳐왔다. "이곳이 1천℃ 넘는 위치거든요. 내화 벽돌로 열을 차단하기는 하지만, 워낙 고온이라 열기가 이렇게 나오는 거죠." 유리 격벽 너머 소각로를 가리키며 '마포 자원회수시설' 이희복 기술팀장이 말했다. 연평균 3만 명(코로나19 발생 이전)이 방문하는 2층 견학 램프에는 더운 공기가 가득했다. 거대한 설비들이 내는 '웅웅웅' 육중한 소음이 달궈진 공기를 흔들었다.

2021년 7월6일 오후 2시, 서울 마포구 상암동에 있는 마포 자원회수시설을 찾아갔다. 도자기를 굽는 도예 가마의 모습을 닮은 마포 자원회수시설 외부는 활발히 돌아가는 내부 소각로와는 다른 세상처럼 고요했다. 하늘공원과 노을공원 사이에 자리한 녹색 환경과 잘 어울려 보였다. 이 시설 내부에서는 3기의 고온 소각로가 24시간 쓰레기를 태우고, 그 열로 전기·온수를 생산해 에너지를 회수한다. 쓰레기를 소각해서 없애는 동시에 쓰레기가 '연료'가 되는 것이다. 그래서 '소각장'이 아니라 '자원회수시설'이라고 이름 지었다. 녹지로 둘러싸인 이 시설의 바깥에서는 쓰레기의 모습도, 냄새도, 소각하는 소리도 감지되지 않았다.

소각은 '쓰레기 처리'인 동시에 '연료 공급'

전국 지방자치단체가 운영하는 첫 소각시설은 1984년 준공된 경기도 의정부 자원회수시설(일일 50t 처리, 2021년 현재 200t 처리)이다. 서울에서는 1986년 양천 자원회수시실(일일 150t 처리, 2021년 현새 400t 처리)이 처음 준공됐다. 환경부가 제1차 국가폐기물관리종합계획(1993년 발표)의 수정계획을 발표한 1996년, 전국 공공 소각시설은 9개에 그쳤다. 부족한 매립지의 대안으로 주목받으며 공공 소각시설은 2000년 19개, 2019년 180개로 증가했다. 이에 따라 1993년 2.4%(매립 86.2%/ 재활용 11.5%)에 불과하던 생활쓰레기 일일 소각 비율이 2000년 11.7%(매립 47%/ 재활용 41.3%), 2019년 28.5%(매립 14.7%/ 재활용 56.4%)로 높아졌다.

이날 방문한 마포 자원회수시설은 2005년 완공됐다. 쓰레기 매립지로 사용됐던 난지도(1978~1993년) 위에 세워진 마포 자원회수시설의 3기 소각로에서는 하루 평균 600t(총처리용량은 750t)의 쓰레기를 처리한다. 서울시 생활쓰레기는 2019년 기준 일평균 총 8658t이다.(환경부·한국환경공단 집계) 이 중 2165t(25%·최종이 아닌 첫 배출자 발생량 기준)을 소각한다. 마포 자원회수시설에서는 서울 5개 자치구(마포·종로·중구·용산·서대문구)에서 발생하는 종량제봉투 쓰레기를 태운다.

① 반입

마포 자원회수시설의 쓰레기 반입 시각은 월~토요일 자정(밤 12시)부터 아침 8시까지다. 인적이 드문 시간대에 쓰레기를 가득 실은 3~10t 트럭이 하루 평균 130대 정도 들어온다. 트럭은 먼저 계량대 위에 올라 쓰레기 무게를 잰다. 하루 평균 총반입량은 740t이다. 이어 악취 확산 방지 시설을 갖춘 문을 통과해 반입장에 닿는다. 이곳에서 주민 감시원이 쓰레기를 표집해 검사한다. 종량제봉투 안에 음식물쓰레기나 플라스틱·비닐 등 재활용이 가능한 쓰레기가 각각 5% 이상 혼합배출됐는지를 살펴보는 절차다. 위반한 차량은 3일, 5일 반입 금지 등 제재를 받는다. 검사를 마친 트럭은 폐기물 벙커로

김진수 선임기자

서울 마포 자원회수시설에서 폐기물 크레인이 쓰레기를 한 움큼(약 3t) 집어 30m 정도의 천장 높이까지 들어올렸다가 떨어뜨리는 '파봉 작업'을 하고 있다.

이동해 쓰레기를 쏟아낸다.

반입된 쓰레기, 주민 감시원이 검사

이날 마포 자원회수시설 5층 크레인 조종실에서 내려다본 쓰레기 벙커는 가로 54m, 세로 18m, 깊이 12m의, 그야말로 거대한 쓰레기통이었다. 유리 격벽으로 차단돼 있어 쓰레기 냄새는 전혀 나지 않았다. 6개의 집게가 달린 크레인 2대가 종량제봉투에 담긴 쓰레기를 한 움큼(약 3t) 집어 30m 정도의 천장 높이까지 들어올렸다가 떨어뜨렸다. '꽈르릉' 천둥 치는 듯한 소리가 유리창을 통과해 전해져왔다. 낙차를 이용해 쓰레기를 잘게 부수고, 습기를 마르게 하는 '파봉 작업'이다. 쓰레기를 균질화해 잘 타도록 하기 위한 과정이다.

② 소각

크레인이 파봉된 쓰레기를 들어올려 '투입 호퍼'(소각로로 이어지는 깔때기 모양의 큰 통)에 올려놨다. 소각로 1기당 하루 200t씩 쓰레기를 태우고 있으니 1시간에 약 8.3t의 쓰레기가 이곳으로 빨려 들어가는 것이다. 쓰레기가 처리되는 과정을 눈으로 직접 볼 수 있는 과정은 여기까지다. 이제 쓰레기는 경사로를 따라 '화격자식 소각로'로 향하는데, 소각로의 내부 온도는 930℃ 이상이라 두꺼운 격벽으로 둘러싸여 있다. 시뻘건 화염에 휩싸여 쓰레기가 활활 타오르는 모습은 2층 중앙제어실에서 소각로에 설치된 폐회로텔레비전(CCTV)을 통해 간접적으로 지켜봤다.

③ 연소가스 처리

연소가스 처리 과정은 자원회수시설의 핵심이다. 자원회수시설을 세울 때 국내외를 막론하고 지역주민의 반대가 거세다. 독성물질을 뿜어내는 혐오시설이라는 이유에서다. 이에 자원회수시설은 위험물질을 기준치 아래로 배출하는 고도의 기술력을 갖

연소가스 처리 어떻게

다이옥신과 유해가스, 겹겹의 여과 거쳐 안전 배출

쓰레기를 태우면 발암물질인 다이옥신과 많은 유해가스가 나온다. 이 물질들의 처리 과정을 따라가보면 소각시설의 안전성을 가늠해볼 수 있다. 서울 마포 자원회수시설의 경우 쓰레기가 타면서 배출된 연소가스를 ①'후연소실'(소각로에서 불완전연소로 발생한 일산화탄소에 산소를 공급해 완전연소시켜 이산화탄소로 만드는 곳)로 보낸다. 이곳은 850℃ 이상의 고온을 항상 유지한다. 다이옥신이 850℃ 이상에서 분해되기 때문이다. 이어 연소가스는 ②'폐열보일러'(다른 공정에서 생기는 배기가스의 남은 열을 이용해 고온·고압 증기를 생산하는 설비) 후단에서 200℃ 정도로 온도를 낮춘다. 200℃ 이상 온도에서는 다이옥신이 재합성되기에 급랭시키는 것이다.

연소가스는 이제 ③'반건식반응탑'으로 들어간다. 이곳에서 염산·황산·질소산화물 등 산성가스에 강한 염기성을 띠는 소석회(수산화칼슘)를 공급해 중화한다. 또 응축과 흡착 과정을 통해 납·수은·비소 등 중금속을 1차로 제거한다. 그다음엔 ④'백필터'(길이 5m짜리 여과포 1080개가 있는 집진 설비)가 발생한 분진의 99% 이상을 제거한다. 백필터에서 산성가스와 중금속을 2차 제거하고 다이옥신도 추가로 없앤다.

다음 코스는 ⑤'선택적 촉매 환원탑'(SCR 촉매탑)이다. 여기서는 암모니아수를 뿌려 질소산화물을 추가로 제거하고 촉매를 통해 남은 다이옥신을 제거한다. 끝으로 앞서 거쳐온 백필터와 같은 역할을 하는 ⑥'경찰필터'라는 2차 필터를 통해 다이옥신과 중금속, 각종 대기오염 물질을 최종적으로 걸러낸다.

겹겹의 여과 과정을 거친 연소가스가 ⑦'유인송풍기'(연소가스를 빨아들여 굴뚝으로 보내는 설비)를 통해 최종적으로 150m 높이의 굴뚝으로 배출된다. 연기 성분은 대기오염 분석 장비인 '굴뚝자동측정기기'(TMS)로 2층 중앙제어실과 환경부 산하 한국환경공단에서 실시간으로 모니터링한다. 이 데이터는 마포 자원회수시설 앞 전광판과 누리집에도 공개해 주민들이 볼 수 있다.

마포 자원회수시설 2층 중앙제어실 한가운데 화면에서 굴뚝으로 배출되는 연소가스 수치가 법적 기준에 맞는지 모니터링한다. 화면 왼쪽 상단에 3기의 소각로에서 불타고 있는 쓰레기 모습이 보인다.

김진수 선임기자

춰야 한다. 마포 자원회수시설은 쓰레기를 태우면 나오는 발암물질 다이옥신과 많은 연소가스를 걸러내기 위해 고온·급랭·중화·응축 등 겹겹의 여과 과정을 거친다. 그 결과 한 예로 "다이옥신을 법적 규제치인 0.1나노그램(ng)보다 10배 강화된 0.01ng으로 배출한다"고 이희복 팀장이 말했다.

다이옥신은 법 기준치보다 10배 적게 배출

다이옥신과 연소가스 등 위험물질 관리가 잘되는 것은 마땅하다. 하지만 최근 한국을 포함해 전세계에서 수많은 목숨을 앗아가는 기후위기의 주범인 이산화탄소 등 온실가스 배출은 여전히 풀어야 할 숙제다. '제로웨이스트유럽'(제로웨이스트를 위해 노력하는 활동가·전문가들의 비영리 유럽 네트워크)은 2020년 3월 "연소되는 고체쓰레기 1t당 거의 1.1t의 이산화탄소가 대기로 방출돼 전세계적으로 온실가스 배출을 더한다. (쓰레기 소각은) 단기적으로는 폐기물 문제를 없애는 것처럼 보이지만 장기적으로는 심각한 기후 문제를 야기한다"고 밝혔다.

재활용 100%를 달성할 수 없는 상황에서 재활용이 불가능한 쓰레기는 소각과 매립, 둘 중 하나로 처리해야 하는 것이 현실이다. 홍수열 자원순환사회경제연구소 소장은 "매립보다는 에너지를 회수하는 방식의 소각이 더 낫다는 것이 국제적인 컨센서스다. 다만 소각도 기후위기 문제를 안고 있다. 쓰레기를 태웠을 때 온실가스가 배출되는 게 화석연료로 만든 플라스틱류 때문이다. 장기적으로는 '바이오 플라스틱'(옥수수·콩 등으로 만들어 미생물에 분해되는 플라스틱)이 기존 플라스틱을 대체하는 '탈플라스틱' 전략으로 가야 한다"고 지적했다. 환경부도 2020년 12월 "'2050 탄소중립 사회'를 이루기 위해 2050년까지 산업계와 협력해 '석유계 플라스틱'을 '100% 바이오 플라스틱'으로 전환"하겠다는 목표를 제시한 바 있다.

④ 소각재 처리와 재활용

소각은 재를 남긴다. 반입된 종량제봉투 쓰레기를 100%라고 보면, 소각이 끝난 뒤엔 '바닥재' 16%, '비산재' 3% 정도가 남는다. 마포 자원회수시설에서는 바닥재의 대부분을 재활용한다. 그러면 최종적으로 처음 쓰레기의 4% 정도만 남는다. 96%에 해당하는 매립지 공간이 절약되는 셈이다. 소각이 각광받는 이유다.

바닥재는 주로 불연성인 철, 유리, 도자기 등의 재다. 마포 자원회수시설에는 '로터리킬른'이라는 설비가 있어, 가루 형태의 바닥재를 한 시간 남짓 900℃ 고온으로 가열해 덩어리로 만든다. 이희복 팀장은 "이 과정을 통해 중금속 배출이 억제되는 등 상대적으로 안정된 물질로 바뀐다"고 설명했다. 견학 램프에서 유리창 너머로 보이는 긴 원통형의 로터리킬른은 10분에 한 바퀴를 도는 속도로 아주 천천히 움직이고 있었다. 이런 처리 과정을 거친 바닥재의 95% 정도는 벽돌, 보도블록 등으로 재활용되고 나머지는 일반폐기물로 매립된다.

16% 나오는 바닥재도 벽돌 등으로 재활용

반면 비산재는 납과 수은 등 중금속 함량이 높은 위험한 물질이다. 소각과 여과 과정에서 바닥으로 떨어지는데 컨베이어벨트를 통해 한곳에 모인다. 비산재는 지정폐기물(사업장폐기물 중 환경과 인체에 유해한 폐기물)로 전량 매립지로 보내진다. 지정폐기물 매립 비용은 t당 40만원 정도로 비싸다. 게다가 지정폐기물 매립지 공간이 줄어들어 최근 10년 사이 매립 비용이 4~5배 정도 올랐다. 이에 서울의 자원회수시설들은 비산재에 중금속 억제제를 첨가해 일반폐기물로 만드는 설비를 설치했거나(양천), 설치를 추진 중이다(노원·마포·강남).

⑤ 자원 회수

자원회수시설에서 쓰레기는 전기와 증기, 온수를 생산하는 에너지원이 된다. 소각 때 발생하는 열로 물을 끓여 증기를 생산하고, 이 증기를 '열병합발전설비'(발전용 터빈을 돌려 전기와 온수 등을 생산하는 설비)에 보내 전기 생산과 지역난방을 위한 열공급에 사용한다. 마포 자원회수시설에는 시간당 5천㎾ 전기를 생산하는 열병합발전설비가 있다. 전기를 자체 생산해, 사용하고도 남아 판매한다. 이 팀장은 "우리가 시간당 3천㎾를 사용하고, 2천㎾는 한국전력에 판다. 소각로 3기 중 2기만 가동해도 자체 사용하고 남을 정도로 전기가 많이 생산된다"고 말했다. 생산된 증기와 온수는 마포 자원회수시설 바로 옆에 있는 한국지역난방공사로 보낸다. 지역난방공사는 이를 이용해 인근 상암동 일대의 공동주택과 상업지구에 냉난방을 공급한다.

생산한 전기 남아 한전에 판매도

두 시간 남짓한 취재를 마치고 마포 자원회수시설을 나섰다. 쓰레기를 태우고 나오는 위험물질이 기술적으로 잘 걸러지고, 감시되고 있다는 느낌을 받았다. 한국의 소각장은 오스트리아 수도인 빈 시내 중심에 있는 슈피텔라우 소각장을 모델로 했다고 한다. 슈피텔라우 소각장(1971년 설립·1991년 리모델링)은 저명한 건축예술가 프리덴스라이히 훈데르트바서가 디자인했고 연소가스 배출 기준 준수, 소각 여열 회수와 활용에서 모범 사례로 널리 알려졌다. 그 소각장에 견줘 마포 자원회수시설도 △안전한 관리 △에너지 회수 △주민친화적 환경 등에서 부족하지 않아 보였다. 다만 기후변화에 영향을 끼치는 온실가스 배출 문제와 관련해 우리 사회가 좀더 지혜를 모아야 할 때라는 생각이 들었다. 21

소각장에서 손사래 치는 쓰레기는?

[도와줘요, 겨리]
종량제봉투 배출방법 Q&A

김규남 기자 3strings@hani.co.kr

자원회수시설(소각장) 반입장에서는 트럭이 싣고 온 종량제봉투 속 쓰레기를 주민감시원이 감시합니다. 일정 비율 이상 반입하면 안 되는 음식물이나 재활용 가능 쓰레기가 담겼는지 조사하기 위해서입니다. 종량제봉투로 배출하지 말아야 하거나 종량제봉투에 담지 않는 것이 바람직한 쓰레기를 알아봅니다.

Q 자원회수시설에서 원치 않는 쓰레기가 있나요?

A 불에 타지 않는(불연성) 쓰레기요. 수저·병뚜껑·철사·못 등 고철류와 유리류, 타일·도자기류, 금속캔 등입니다. 고철류와 금속캔은 봉투에 넣거나 끈으로 묶어 재활용품으로 분리배출해야 합니다. 유리·타일·도자기류는 양이 많을 경우, 종량제봉투가 아닌 특수규격봉투(주민센터에 문의)에 담아서 배출합니다. 소량의 이런 물질이 소각장에 반입되지 않도록 하기 위해선 일본처럼 주민센터에서 소량의 불연성 쓰레기를 수합하는 등의 방안을 정부와 지방자치단체가 강구할 필요가 있습니다.

그리고 음식물쓰레기도요. 수분 함량이 높아 소각로의 발열량을 떨어뜨리기 때문이에요. 특히 음식물에 포함된 염화나트륨의 성분인 염소는 독성물질인 다이옥신 합성에 주요하게 작용하는 원소이기도 합니다.

Q 플라스틱·비닐류는 어떤가요?

A 석유로 만들어진 플라스틱·비닐류는 발열량이 매우 높습니다. 이것들이 활활 타느라 다른 쓰레기가 덜 탑니다. 그만큼 소각로의 효율을 떨어뜨립니다. 깨끗한 플라스틱·비닐류는 재활용으로 분리배출해야 합니다. 다만 오염된 플라스틱·비닐류는 종량제봉투에 넣어 버리는 것이 맞습니다.

Q 너무 긴 물건도 문제라고요?

A 긴 원단, 끈 등이 엉켜서 '투입 호퍼'(소각로로 이어지는 깔때기 모양의 큰 통)가 막힐 때가 있습니다. 심지어 20~30m의 긴 천도 들어와요. 투입 호퍼가 막히면 쓰레기가 소각로로 내려가지 못해 소각 작업이 중단됩니다. 뚫는 데 시간과 인력이 투입됩니다. 원단 등을 종량제봉투에 버릴 때 1m 정도 길이로 잘라주세요.

Q 폐건전지나 폐형광등도 종량제봉투에 담을 때가 있어요.

A 장난감류에 들어가는 건전지나 휴대전화·노트북 등에 사용하는 배터리에는 수은, 납, 망간 등 중금속이 함유돼 있습니다. 형광등에도 수은이 들어 있고요. 자원회수시설에서는 이런 중금속을 기술적으로 여과하지만 애초에 종량제봉투에 넣지 않는 게 바람직합니다. 21

서울 마포 자원회수시설 반입장에서 주민감시원들이 쓰레기를 검사하고 있다.

마포 자원회수시설 제공

다이옥신, 기준치보다 훨씬 적지만

[도와줘요, 겨리]
소각장을 둘러싼 사실과 오해 Q&A

김규원 선임기자 che@hani.co.krr

쓰레기 처리 방식 가운데 소각은 쓰레기의 부피를 가장 짧은 시간에, 가장 많이 줄일 수 있다는 점에서 효율적입니다. 그러나 발암물질인 다이옥신 등 최소 27개 오염물질을 배출하는, 위험할 수도 있는 방식입니다. 소각장이 들어설 때 거의 모든 지역에서 반대운동을 벌이는 쓰레기 소각장과 관련한 사실과 오해, 그리고 대안에 대해 전문가들의 의견을 들어봤습니다.

Q 소각장은 건강에 해로운가요?

A 대기환경보전법 시행규칙과 잔류성 오염물질 관리법 시행규칙을 보면, 생활폐기물 소각시설에서 배출되는 대기오염 물질을 27개로 정리해놓았습니다. 가스 형태의 물질은 암모니아와 일산화탄소 등 16가지이며, 입자 형태의 물질은 먼지와 매연 등 10가지입니다. 잔류성 오염물질엔 다이옥신이 있습니다. 2020년 1월부터 27개 오염물질 가운데 암모니아 등 18개 기준이 강화됐고, 1개 기준은 신설됐습니다. 오염물질 관리가 한층 엄격하게 이뤄지고 있습니다.

다만 배출량이 기준치보다 낮다고 해도 소각장이 없는 것보다 좋다고 말하기는 어렵습니다. 예를 들어 오염물질을 법정 기준에 맞게 관리한 충북 청주시 북이면 사업장 폐기물 소각장 주변에선 주민들의 암 발병 등 여러 건강상 문제가 일어났다는 보고가 있었습니다. 환경부는 앞으로 5년간 이 소각장이 주변 주민들의 건강에 주는 영향을 연구하겠다고 밝혔습니다.

Q 소각장에서 나오는 발암물질 다이옥신은 위험하지 않나요?

A 모든 소각장에서 다이옥신은 기준치 이하로 관리되고 있습니다. 다이옥신 배출량은 법정 기준치보다 훨씬 낮은 경우가 많습니다. 수도권 주요 소각장을 보면 서울

수도권 주요 소각장 오염물질 배출 허용 기준과 실제 배출량(2021년 7월기준)

오염물질	배출 허용 기준	경기 부천	경기 하남	서울 강남	서울 마포
다이옥신	0.1ng/㎥	0.0015	0.001	0.0002	0.003
일산화탄소	45ppm	5.26	4.11	2.93	2.17
질소산화물	42.5ppm	19.92	27.55	12.43	18.28
먼지	12mg/S㎥	0.89	1.7	0.75	1.99
황산화물	16ppm	0	0	0.86	0

자료: 부천시 대장동 소각장 시민협의회

강남은 기준치의 500분의 1, 경기 하남은 100분의 1, 경기 부천은 67분의 1, 서울 마포와 양천은 33분의 1, 서울 노원은 25분의 1 수준입니다.

Q 소각장은 기초지방정부들이 각자 설치해야 하나요, 아니면 광역화하나요?

A 소각장 규모와 관련해 주민과 지방정부·전문가 사이엔 큰 이견이 있습니다. 대체로 주민은 해당 지역(기초지방정부) 쓰레기만 처리하라고 요구하고, 다른 지역의 쓰레기 반입에 반대합니다. 따라서 해당 지역의 쓰레기 처리 수요를 초과하는 대용량 소각장 설치에 반대합니다.

그러나 전문가들은 소각장 규모를 키우고 광역화해야 한다고 말합니다. 오세천 공주대 교수(환경공학)는 "규모가 커야 더 높은 환경기준을 적용할 수 있고, 소각장의 경제성을 높이며, 자원 회수도 가능하다"고 말합니다. 적어도 하루 200t 이상의 소각 규모가 돼야 한다는 것이지요. 소각장 규모가 하루 48t 이상이어야 가장 높은 대기오염물질 처리 기준이 적용됩니다.

Q 반대하는 주민들을 어떻게 설득하나요?

A 민주적인 방법으로 접근해야 합니다. 소각장 시설은 아무리 잘 만들어도 지역주민들이 반대하는 것이 일반적입니다. 환경에도, 집값에도 영향을 준다고 보기 때문입니다. 따라서 사업 추진 초기부터 주민들에게 잘 설명하고 최선의 방안을 찾는 것이 필수적입니다. 최진우 대장들녘지키기 시민행동 정책위원장은 "소각이나 음식물 처리, 재활용 등 시설을 이웃 지역들이 서로 공유하거나 쓰레기양을 줄여서 소각장 규모를 줄이려는 노력을 해야 한다"고 말합니다.

Q 소각장 지역 주민들에겐 어떤 지원을 하나요?

A 소각장을 설치하는 경우, '폐기물 처리시설 설치 촉진 및 주변지역 지원 등에 관한 법률'에 따라 그 주변 지역에 산업 유치, 기간시설 확충 등을 지역개발계획에 반영합니다. 또 주민을 위한 편의시설을 설치하거나 주민의 소득·복리를 위한 주민지원기금을 조성합니다. 주변 지역의 피해를 줄이기 위해 조경이나 먼지·소음 방지 시설을 하고, 지역주민이 폐기물 반입·처리 과정을 감시할 수 있습니다.

오길종 한국폐기물협회장은 "경기 하남시 유니언파크처럼 비용이 들더라도 지하화하는 것이 필요하고 공원이나 지하철역, 쇼핑몰처럼 주민들이 선호하는 시설을 마련해야 한다. 주민 지원을 효율적으로 하기 위해 국토교통부, 환경부 등 중앙정부와 기초·광역 등 지방정부가 모두 협력해야 한다"고 말합니다.

Q 배출 전에 쓰레기를 어떻게 줄여야 하나요?

A 전문가들은 쓰레기를 소각·매립하기 전에 쓰레기양 자체를 줄여야 한다고 지적합니다. 아무리 재활용을 잘한다고 해도 마지막엔 쓰레기를 소각·매립하는 수밖에 없습니다. 결국 배출 전에 쓰레기를 줄이는 것이 가장 중요합니다. 그러나 생활쓰레기만 줄인다고 되는 건 아닙니다. 생활쓰레기의 3.5배가량 되는 사업장쓰레기를 줄여야 전체 쓰레기양을 줄일 수 있습니다. 오길종 회장은 "소득 증가가 생활쓰레기 증가를 가져오듯, 경제 발전은 사업장쓰레기의 증가를 가져오므로 쉬운 일은 아니다"라고 말합니다. 21

기존 소각장 시설의 대규모 개선에 주민들이 반대운동을 벌이고 있는 경기도 수원 소각장(자원회수시설).

환경부 제공

우리 동네에 소각장이 들어온다면

신·증설 지역 대부분 주민 반대… 소각장 지하화, 지상은 공원화, 체육시설 등 주민 지원 확대 필요

김규원 선임기자 che@hani.co.kr

“소각장을 신설하거나 증설하는 경우 거의 대부분 지역에서 주민과의 갈등이 일어납니다.”

정부의 한 관계자가 말했다. 이 말에 따르면, 현재 소각장 신·증설을 둘러싼 갈등은 적어도 전국 60곳에서 벌어지는 것으로 볼 수 있다. 생활쓰레기 소각장 39곳과 사업장 쓰레기 소각장 21곳이 신설·증설 중이기 때문이다. 2021년 6월부터 두 달 동안 불거진 소각장 분쟁만 해도 10건이 넘는다. 세종, 충북 청주·괴산, 경기도 부천·수원·구리·남양주, 전북 완주, 대전, 광주, 부산 등지다.

하남시 제공

부천시 제공

전국 소각장 분쟁 두 달간 10건

이 많은 소각장 갈등 가운데 가장 눈길을 끄는 곳은 경기도 부천시 대장동 소각장이다. 이 소각장은 △기존 시설을 3배로 크게 늘린다는 점이나 △주변의 3개 지역을 포함해 광역화한다는 점 △시민협의회를 구성해 협치를 추구한다는 점 등에서 모두 주목받는다.

2000년 문을 연 기존 부천시 소각장은 하루 처리 용량이 300t이다. 그러나 내구연한이 2015년으로 이미 지난데다 인천의 수도권 매립지 이용이 2025년에 끝나고 대장동 3기 신도시도 2028년께 입주가 시작돼 개선이 필요하다.

이에 따라 부천시는 기존 시설 터에 새 자원순환센터를 건설하는 방안을 2020년부터 추진해왔다. 새 소각장은 하루 처리 용량이 900t으로 기존의 3배로 커졌다. 부천의 쓰레기 470t 외에 서울 강서, 인천 계양·부평의 쓰레기 430t을 추가로 처리할 계획이기 때문이다. 부천시는 단독으로 소각장을 지으면 사업비가 5616억원이지만, 인천 계양·부평, 서울 강서와 함께 지으면 3082억원으로 2500억원 이상 줄일 수 있다고 밝혔다. 부천시의 부담도 2153억원에서 886억원으로 1200억원 이상 감소한다. 주변 주민들은 즉각 반대했다. 기존 소각장의 피해를 20년 넘게 겪었는데, 앞으로는 다른 지역 쓰레기 피해까지 봐야 하느냐는 비판이었다. 발생지 처리 원칙에 따라 다른 지역 쓰레기를 받으면 안 된다는 주장이다.

거센 반발에 부딪힌 부천시는 ‘자원순환센터 현대화 시민협의회’라는 민관 협의체를 제안했다. 이 협의회는 시민 대표 22명, 시의원 3명, 사회단체 1명, 전문가 4명, 공무원 2명 등 모두 35명으로 꾸렸다. 이들은 2021년 7월까지 두 차례 회의를 열었고 2022년 4월까지 활동한다. 시민 대표인 이상화 부천시 시민협의회 위원장은 "막 활동을 시작해 좋은 사례들을 공부하고 있다. 일단 시설을 지하화하는 것은 필요해 보인다. 충분히 검토해 의견을 내겠다"고 말했다. 역시 시민 대표인 이강인 시민협의회 운영위원은 "다른 지역 쓰레기를 받지 말아야 한다. 주민들이 기존 소각장으로 20년 동안 고통을 겪었으니 입지를 다시 검토해야 한다. 또 소각장 규모를 늘리지 말고 쓰레기양을 줄여야 한다"고 했다.

'시민협의회' 가동, 부천 대장동 협치 모델 주목

이에 대해 권광진 부천시 자원순환과장은 "광역화해야 비용을 1천억원 이상 줄일 수 있고 인천과 서울의 소각장이 주변에 새로 들어서는 것을 막을 수 있다. 주민 의견을 최대한 반영해 2021년 9월까지 방안을 마련하는 것이 목표"라고 말했다.

부천시 시민협의회가 주목하는 대표 사례는 경기도 하남시 유니언파크다. 유니언파크는 6개 쓰레기 처리시설을 모두 지하로 넣었고 지상을 공원과 체육시설, 물놀이장으로 조성했다. 가스를 배출하는 굴뚝까지 전망대로 만들었다. 주변엔 대형 쇼핑몰이 들어섰고 아파트 단지도 많다.

유니언파크는 소각장의 부정적 이미지를 크게 바꿨다. 개장 뒤 시민 200만 명이 지상 공원을 방문했고 다른 지역의 견학 인원도 3만5천 명에 이른다. 임국남 하남시 자원순환과장은 "모든 시설을 지하로 넣어 부정적 이미지를 없애고 냄새를 잡는 데 최선을 다했다. 지상을 공원으로 만든 것이 좋은 반응을 얻었다"고 말했다.

(위부터) 경기도 하남시 소각장 '유니언파크'는 소각장을 지하에 짓고 지상에 공원을 만들어 주민들에게 환영받음으로써 성공 사례로 꼽힌다. 경기도 부천시 대장동 소각장은 주민과의 갈등을 시민협의회에서 논의해 해소하려 한다. 좋은 갈등 해결 모델이 될지 관심을 모은다.

"소각장 광역화가 효율적이고 환경 기준도 높아져"

그러나 유니언파크는 소각장 규모가 하루 48t으로 작고 다른 지역의 쓰레기를 받지 않는다는 점에서 광역 소각장의 참고가 되는 데 한계가 있다. 광역 소각장과 관련해선 서울 사례를 참고할 만하다. 서울 강남·노원·양천·마포 등의 소각장은 모두 하루 처리 규모가 400~900t의 대용량으로 3~8개 구의 쓰레기를 처리한다. 오세천 공주대 교수(환경공학)는 "서울처럼 광역화하면 경제적으로 효율적이고 환경 기준도 높아진다. 협의 과정에서 더 좋은 조건으로 주민들을 설득할 수 있다"고 말했다.

시민들의 수용성이 높은 편이다. 2021년 6월 서울시가 한국리서치에 맡겨 서울 시민 1500여 명을 상대로 조사한 결과를 보면, 시민의 70%가 거주지 근처에 소각장이 들어서는 것을 찬성했다. 반대는 26%였다. 가장 좋은 주민 설득 방법으로는 '소각장 지하 설치, 지상엔 공원·체육시설 설치'(77%·중복 답변)가 꼽혔다. 또 지역주민에 대한 혜택으로는 '난방요금과 관리비 지원'(70%)이 가장 많았다. 오히려 구청장 20명(응답자) 가운데 17명이 소각장 설치에 반대해 대조를 이뤘다.

오길종 한국폐기물협회장은 "소각장 지하화, 지상 공원화가 바람직하다. 쇼핑몰·지하철역 설치, 주민 지원 확대 등 혜택도 확실해야 한다. 시민협의회가 가동된 대장동에서 좋은 모델을 기대해본다"고 말했다. 21

2021년 7월14일 오후 인천 서구 수도권 매립지 제 3-1매립장에서 쓰레기 운반 차량이 매립 작업을 하고 있다. 류우종 기자

4

선택받지 못한 것들의 자리

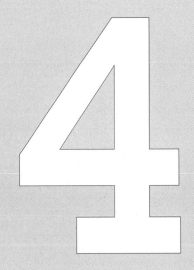

여기는 쓰레기의 무덤이자 최종 종착지다. 재활용 선별장에서 선택받지 못한 쓰레기, 소각장에서 타고 남은 재, 음식물쓰레기를 탈수하고 남은 국물까지 종국엔 매립장으로 온다. '쓰레기 무덤'을 무한정 늘릴 순 없다. 땅이 좁은 국내에선 더 그렇다. 새 매립장을 들이려는 지방자치단체는 나오지 않는다. 기존 매립장 이용 기한을 놓고 지자체마다 입장이 엇갈린다. 희미하게 공통분모가 보인다. '매립량 최소화'다. 매립장 밖엔 또 다른 매립장이 있다. 법과 윤리의 사각지대에서 마구 버린 쓰레기로 만든 '쓰레기 산'과 '플라스틱 바다'다.

김선식 기자 kss@hani.co.kr

한눈에 보는 매립지

2020년 수도권 매립지 종류별 반입량

2020년 수도권 매립지 지역별 반입량

*단위: t

*반입 허용 지역: 서울 25개 구, 경기 30개 시군, 인천 8개 구와 강화군 등 총 64곳 기초지방자치단체(경기 연천군, 인천 옹진군 제외)

자료: 수도권매립지관리공사

제1매립장

(1992년 2월~2000년 10월 매립 종료)

매립부지 251만m^2

매립용량 6425만t

연도별 국내 재활용·매립·소각 폐기물 하루 반입량

자료: 2019년 전국 폐기물 발생 및 처리 현황
(환경부, 한국환경공단)

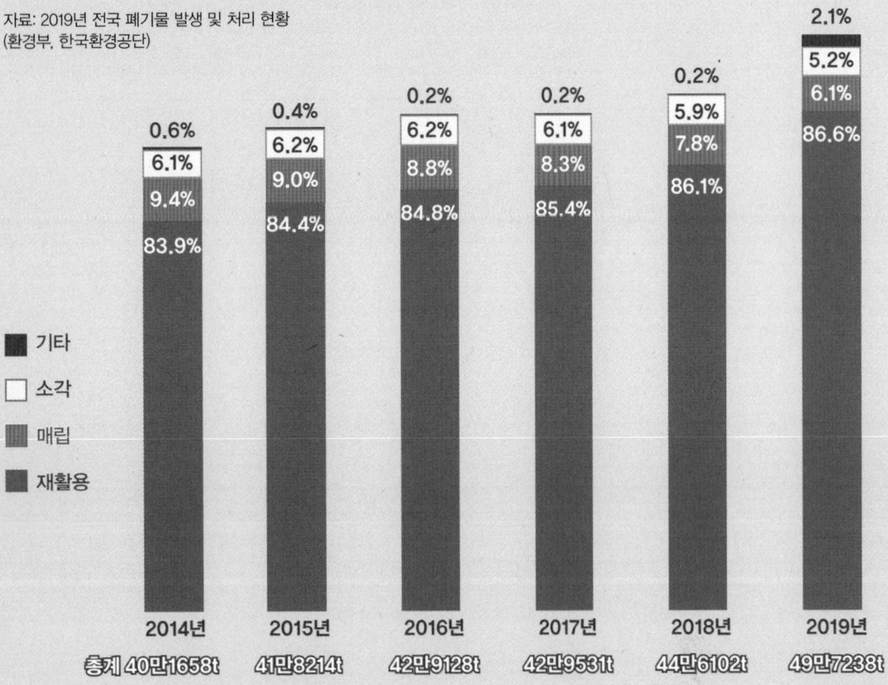

2019년 3월~2020년 12월 불법 폐기물 발생 및 처리 현황

*2019년 2월 환경부 전수조사 당시 전국 불법 폐기물 120.3만t, 2020년 12월 말 처리 후 잔량 6만t, 그 외 추가 발생 불법 폐기물 현황 지도에 표시.

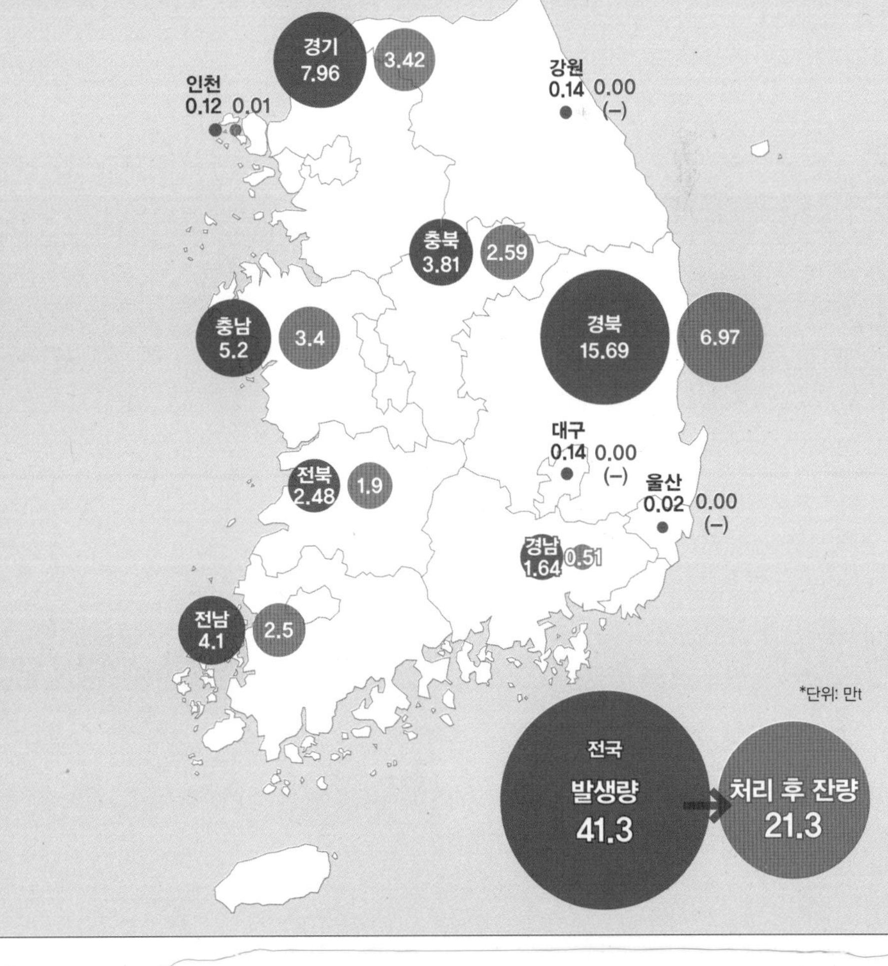

내 쓰레기 무덤이 갈라졌다

30년 쓰레기 묻은 수도권 매립지
종료냐 재연장이냐 갈등하는 사람들

인천=글 김선식 기자 kss@hani.co.kr · 사진 류우종 기자 wjryu@hani.co.kr

푸른 언덕을 오르는 시멘트길은 갈라져 있었다. 중앙선을 그리듯 길고 깊게 파였다. 균열보다는 지각변동이란 말이 더 어울렸다. 수도권매립지관리공사 홍보부 김종현 주임은 "땅속 쓰레기가 썩으면서 지반이 내려앉아 갈라진 것"이라고 설명했다. 2021년 7월 14일 인천 서구 수도권 매립지 제2매립장에 올라갔다. 2000년 10월~2018년 10월 서울, 인천, 경기도에서 배출한 온갖 쓰레기가 묻힌 곳이다. 땅 262만㎡(79만여 평)에 쓰레기 8018만t이 쌓였다고 한다. 잡초 무성한 언덕을 거닐며 땅속 깊은 곳에 잠든 쓰레기를 생각했다. 서울살이 21년차, 그동안 습관처럼 버린 무수한 쓰레기가 그 안에 있을 것이다. 붉게 물든 컵라면 용기, 손쉽게 뽑아 쓴 물티슈, 종량제봉투에 욱여넣은 온갖 잡동사니.

숨 쉬고 배설하는 쓰레기

쓰레기 언덕에 올라 제3-1매립장을 내려다봤다. 2021년 7월29일 현재 수도권 쓰레기는 이곳에 매립 중이다. 허허벌판엔 트럭(쓰레기 운반차량)들이 분주히 오갔다. 어제 내가 버린 쓰레기도 여기 묻힐 것이다. 앞서 1992년 2월~2000년 10월 제1매립장(매립 면적 251만㎡)부터 수도권 쓰레기를 들였다. 현재 매립을 종료하고 골프장과 야생화 단지로 변신했다. 그 뒤 2018년 10월까지 쓰레기를 매립한 제2매립장은 아직 그 쓰임새를 정하지 못했다. 제3-1매립장은(매립 면적 83

만㎡)은 매립률 41.1%를 넘겼다.(2021년 6월30일 기준) 매립용량 1819만t 중 748만t가량이 찼다. 제3매립장 나머지 부지와 제4매립장이 남아 있지만 지방자치단체 간 입장 차이로 그곳까지 매립할 수 있을지는 불투명하다. 제3-1매립장이 다 차고 나면 내가 버리는 쓰레기는 어디로 가야 할까.

도시가 팽창하면 쓰레기 매립지는 점점 외곽으로 밀려난다. 서울 쓰레기 매립지 입지가 딱 그렇다. 1960년대 초반 서울은 이렇다 할 쓰레기 처분장이 없었다. 1964~77년엔 전용 매립지 10곳에 쓰레기를 묻었다. 인구는 급증하고 각 매립지도 가득 찼다. 1960~70년대 곳곳에 아파트 단지가 들어섰다. 쓰레기를 몰아놓을 곳이 필요했다. 서울 외곽, 교통도 나쁘지 않은 난지도(현 상암동 일대)를 매립지로 정했다. 1978년 3월~1993년 3월 서울시 쓰레기를 거기 그냥 놓았다. 이른바 '비위생 단순매립'이었다. 땅 272만㎡(82만여 평)에 쓰레기 9197만2천㎥를 쌓았다. 먼지, 악취, 파리가 많아 '삼다도'라 불렸다. 난지도도 한계가 왔다. 쓰레기로 가득 찼고 오염이 심했다. 정부가 나서 서울, 인천, 경기 쓰레기를 매립할 대형 매립장 부지를 물색했다. 수도권 내륙에선 찾지 못했다. 결국 인천 서구와 경기 김포 일대 해안을 매립해 수도권 매립지를 조성했다.

쓰레기도 숨 쉬고 배설한다. 매립장마다 원통 갈색 고철이 수백 개 꽂혀 있다. 포탄이 수직으로 박힌 것 같은 모습이다. 쓰레기가 썩을 때 배출하는 매립 가스를 포집하는 장치(수직 포집정)다. 제2매립장에만 포집정 699개가 솟아 있다. 1, 2, 3-1 매립장에서 1년간 나오는 매립 가스는 총 1억9647만여㎥에 이른다.(2020년 기준) 구성 성분은 메탄 52%, 이산화탄소 37%, 질소 10%, 산소 1% 순이다.(2021년 1~6월 제3-1매립장 기준) 매립장에서 포집한 매립 가스는 발전시설로 보내 전력 생산에 쓴다. 쓰레기도 썩으면 물이 나온다. 하루 평균 총 3100㎥(2020년 기준·1, 2, 3-1 매립장 포함) 침출수가 발생한다. 침출수는 생물학적·화학적 방법을 써서 정화한다. 정화수를 발전용 냉각용수, 조경·청소용수 등으로 쓰고 나머진 방류한다. 수도권매립지관리공사는 침출수를 외부로 내보내지 않고 내부에서 순환·재이용하는 설비(침출수 무방류 시스템)를 2023년 말 완비할 예정이다.

2021년 7월14일 인천 서구 수도권 매립지 제2매립장에서 바라본 제3-1매립장.

8층으로 쌓는 250만811t

제3-1매립장은 한창 매립 작업 중이다. 빨간 트럭(운반차량)은 건설폐기물을, 초록 트럭은 나머지 폐기물(생활폐기물 등)을 실어나른다. 하루 평균 820대가 드나든다.(2020년 기준) 수도권 총 64개 기초지자체(서울 25개 자치구, 인천 8개 자치구와 강화군, 경기도 30개 시·군)가 여기에 쓰레기를 들일 수 있다.(반입 허용 지역 기준·인천 옹진군, 경기 연천군 제외) 지정폐기물만 빼고 다 온다. 지정폐기물은 폐유, 폐산 등 환경오염을 일으키는 사업장폐기물이나 의료폐기물처럼 인체에 해로운 폐기물이다.

2020년 한 해 수도권 매립지에 들어온 쓰레기는 총 299만5119t이다. 종류별로 보면 건설폐기물이 127만6956t(42.63%)으로 가장 많다. 그다음으로 생활폐기물 76만830t(25.40%), 사업장 배출시설계 폐기물 56만5767t(18.89%·공공폐수처리시설이나 분뇨처리시설 등에서 배출하는 폐기물), 음폐수 36만3514t(12.14%), 사업장 비배출시설계 폐기물 2만8052t(0.94%) 순이다. 지역별로는 서울시 쓰레기가 119만4824t(38.9%)으로 가장 많다. 경기(115만712t·38.4%), 인천(64만9582t·21.7%)이 뒤를 잇는다. 반입한 쓰레기를 모두 매립하는 건 아니다. 수도권매립지관리공사에 따르면 2020년 반입한 전체 폐기물 299만5119t 중 250만811t을 매립했다. 나머진 자원화 시설 등에서 재활용했다.

매립장은 8층 언덕으로 쌓는다. 1층과 2층은 16개 블록(블록당 240×220m)으로 나눴다. 8개 블록은 건설폐기물을, 나머지 8개 블록은 나머지 폐기물을 매립한다. 3층부터는 블록 수와 넓이가 점점 줄어든다. 매일 매립한 쓰레기는 두께 20㎝가량 흙으로 덮는다.(일일 복토) 악취를 줄일 목적이다. 블록 하나가 다 채워지면 상부에 두께 50㎝가량 흙을 덮는다.(중간 복토) 그렇게 높이 5m씩 한 개층을 완성한다.

수도권 매립지 제2매립장에 박혀 있는 매립 가스 포집 장치.

상반기에 1년치 반입량 초과한 7개 시·군·구

제3-1매립장을 조성할 때 포화 시점을 2025년 8월로 추산했다. 다만 수도권매립지관리공사는 쓰레기 감축 정책에 따라 포화 시점이 2027~2028년으로 늦춰질 수 있다고 내다본다. 반입 쓰레기양과 정책 효율에 따라 유동적이다. 수도권 매립지는 2020년 1월부터 생활폐기물 반입총량제를 시행했다. 지자체들이 2018년 연간 생활폐기물 반입량 대비 90%만 반입해야 하는 제도다. 위반시 반입수수료(t당 7만56원) 100%를 가산금으로 물리고 5일간 폐기물 반입을 금지했다. 시행 첫해 수도권 지자체 58곳 중 43곳(서울 20곳, 경기 14곳, 인천 9곳)이 위반했다. 수도권매립지관리공사는 "반입수수료 가산금을 2021년 3월31일까지 모두 징수했고, 6월25일까지 반입 정지 조치를 이행했다"고 밝혔다. 2021년엔 기준을 강화했다. 반입 총량은 2018년 기준 85%로 줄이고 반입수수료 가산금은 최대 150%, 반입 금지 기간은 최대 10일로 늘렸다. 하지만 집계 결과 상반기(2021년 6월30일 기준)에 이미 1년치 반입 총량을 초과·위반한 지자체가 서울 구로구, 경기 화성시, 인천 강화군 등 7곳에 달했다.

2022년 1월1일부터는 대형 건설폐기물 직반입을 금지한다. 공사장에서 나오는 5t 이상 대형 건설폐기물은 중간처리시설 등에서 재활용이 가능하거나 태울 수 있는 자재를 솎아낸 뒤 그 잔재물만 받겠다는 뜻이다. 2026년 1월1일부터는 법령에 따라 종량제 생활쓰레기 직매립도 금지한다. 수도권 지자체들은 종량제봉투에 든 쓰레기를 선별해 재활용하거나 소각한 뒤 잔재물만 매립해야 한다.

매립은 끝이 정해져 있다. 영원한 매립은 없다. 특히 수도권은 발등에 불이 떨어졌다. 매립용량 포화 시점 때문만은 아니다. 수도권 매립지엔 제3-1매립장 외 잔여부지(매립용량 6538만t·제3매립장 잔여부지와 제4매립장)도 있다. 하지만 인천시는 2020년 11월 자체 폐기물 매립시설 조성 계획을 발표하며 "2025년 안에 수도권 매립지 문을 닫겠다"고 했다. 넉 달 뒤 인천시는 영흥도를 자체 매립지 최종 후보지로 선정했다.

논란의 역사는 2015년 6월28일로 거슬러 올라간다. 그날 환경부 장관, 서울시장, 인천시장, 경기도지사는 수도권 매립지 정책 최종 합의문을 발표했다. '잔여 매립부지(제3, 4매립장) 중 제3-1매립장만 사용한다'고 했다. 다만 논란의 불씨로 이어질 단서 하나를 달았다. '대체 매립지 조성이 불가능해 확보하지 못할 경우엔 (제3-1매립장 외) 잔여부지 최대 15%(106만㎡)까지 추가 사용한다.' 수도권 매립지 조성 당시 사용기한은 2016년 말이었다. 마감 시기가 임박해 연장 사용을 합의했다. 그동안 경제·환경 피해를 감수해온 인천시 지원사항도 합의문에 넣었다.

매립량 최소화엔 한마음

서울시와 경기도는 다른 방법이 없으면 수도권 매립지 사용을 재연장할 수밖에 없다고 주장한다. 경기도 권혁종 자원순환과장은 "2025년 이후 반입 중단은 합의 위반"이라며 "대체 매립지 공모에 신청하는 지자체가 끝내 나오지 않으면 합의문 단서 조항에 따라 수도권 매립지를 추가 사용할 수밖에 없다"고 말했다. 인천시 '수도권 매립지 매립종료 추진단' 김은진 팀장은 "그동안 매립지 사용을 최소화하려고 노력했는지, 대체 매립지 조성이 과연 불가능했는지 같은 단서 조항 앞에 있는 전제조건도 봐야 한다"며 "인천시는 정부의 매립 최소화 정책 방향에 맞춰 2025년 이후 수도권 매립지 쓰레기 반입을 중단할 것"이라고 밝혔다. 인천시는 '발생지 처리 원칙'에 따라 각 지자체가 배출한 쓰레기는 자체 처리해야 한다고도 주장한다. 이에 대해 서울시 정미선 자원순환과장은 "수도권 매립지는 3개 지자체가 공동으로 부지를 조성해 공동 사용해온 곳"이라며 "폐기물관리법을 보더라도 지자체들은 폐기물을 광역적으로 처리할 필요가 있을 경우 광역 처리 시설을 공동으로 설치·운영할 수 있다"고 설명했다.

첨예한 입장 차이에도 공통분모가 없진 않다. 앞으로 '쓰레기 매립량 최소화'에는 뜻을 같이했다. 현재 서울, 경기, 인천은 쓰레기 매립량을 줄일 목적으로 소각장 또는 재활용 선별장 확충을 준비하고 있다. 서울시는 광역자원회수시설(소각장) 입지선정위에서 소각장 후보지를 찾는 작업을 진행 중이다. 경기도는 소각장 4곳 신설, 5곳 증설, 재활용 선별시설 6곳 신설, 6곳 증설 계획을 세웠다. 인천시는 소각장 2곳을 신설하고 2곳을 개선(현대화)할 예정이다. 환경부 홍경진 폐자원에너지 과장은 "(2015년 합의 내용에 대해선) 환경부와 지자체 세 곳이 협의를 통해 풀어갈 문제"라며 "향후 생활폐기물 직매립 금지 정책(수도권 2026년 시행 예정)과 함께 건설폐기물도 재활용, 소각 등을 거쳐 매립량을 최소화하는 방향으로 가야 한다"고 말했다.

용감한 지자체는 나오지 않았다

매립지는 수도권만의 문제가 아니다. 전국 매립시설 잔여 용량은 40.17%(전국 공공·민간 매립시설 302곳 총 매립용량 6억9713만여㎥ 대비 잔여 용량 2억8001만여㎥·2019년 기준) 수준이다. 최근 논란 중인 수도권 매립지 제3-1매립장(잔여 용량 약 59%)보다 비율상 적게 남았다. 쓰레기를 버리긴 쉬워도 매립지 구하긴 어렵다. 환경부, 서울시, 경기도, 수도권매립지관리공사는 2021년 1월14일~7월9일 두 차례 대체 매립지를 공모했지만 결국 무산됐다. 2022년 대선과 지방선거를 앞둔 시기, 용감하게 손드는 지자체는 나오지 않았다.

한여름 제2매립장 언덕에 노란 금계국이 도드라지게 빛났다. 갈라진 길 따라 출구로 향했다. '(서울에 사는) 내 쓰레기를 여기에 얼마나 더 묻을 수 있을까?' 누군가는 되물을 것이다. '너희 쓰레기를 여기다 언제까지 묻을 수 있을 것 같아?' 2021년, 땅은 좁고 시간은 없다. 21

[도와줘요, 겨리]
달라지는 쓰레기 줄이기 정책 Q&A

2022년 일회용컵 보증제 부활

김선식 기자 kss@hani.co.kr

국내 하루 평균 49만7238t(2019년 기준) 쓰레기가 쏟아진다. '쓰레기 대란'을 경고하는 이들은 '시간이 얼마 없다'고 강조한다. 정부도 경각심을 느낀 걸까. 2021년 이후 쓰레기를 줄이기 위한 정책을 쏟아내고 있다. 일회용품을 줄이고 정확한 분리배출을 유도하며 매립장으로 직행하는 쓰레기를 줄이려는 방편이다. 향후 바뀌는 정책을 알아보자.

Q 종량제봉투에 담은 쓰레기는 모두 매립장으로 가는 것 아닌가요?

A 지금까지는 각 지방자치단체 기준에 따라 일부는 소각장으로, 나머지는 매립장으로 갔습니다. 2021년 7월6일부터 시행한 폐기물관리법 시행규칙에 따라 '종량제쓰레기'는 앞으로 매립장에 바로 묻을 수 없습니다. 먼저 재활용 선별장에서 종량제쓰레기봉투를 뜯어 재활용할 수 있는 폐기물을 선별합니다. 이후 남은 폐기물 중 비가연성 폐기물은 매립장으로, 가연성 폐기물은 소각장으로 보냅니다. 소각 뒤 남은 재도 매립장으로 갑니다. 물론 바로 시행하는 건 아닙니다. 서울, 인천, 경기도 등 수도권은 2026년 1월1일부터, 나머지 지역은 2030년 1월1일부터 시행합니다. 산간 오지, 도서 등 예외 지역은 향후 환경부 고시로 정할 예정입니다. 환경부는 생활폐기물 직매립 금지에 따라 수도권 매립지에 반입되는 생활폐기물이 10~20%로 줄어들 것으로 내다봅니다.

Q 분리하기 어려운 재활용품을 잘 버리는 방법이 있을까요?

A 분리배출이 가능한지 불명확하다면 종량제봉투에 넣어야 합니다. 예를 들어 샴푸에 달린 플라스틱 펌프의 금속 스프링을 분해하기 어렵다면 펌프는 따로 종량제봉투에 버리는 게 좋습니다. 몸체인 플라스틱 통은 깨끗이 씻어 재활용품으로 분리배출합니다. 2022년 1월1일부터 단일 제품이라도 일부분이 분리할 수 없는 복합재질이라면 해당 부분(펌프)에 '도포·첩합' 표시를 할 예정입니다. 그 부분만 따로 떼어 종량제봉투에 넣으라는 의미입니다. 이는 2021년 7월9일 개정안이 발령된 '분리배출 표시에 관한 지침'에 따른 것입니다. 살충제 스프레이처럼 분리되지 않는 플라스틱에 알루미늄캔이 붙어 있는 경우 통째로 '도포·첩합' 표시를 합니다. 이와 함께 재질·구조가 다른 냉장보관용 우유

김진수 선임기자

한겨레신문사 구내 카페에서 일회용 컵을 대체하려고 준비 중인 트래쉬버스터즈의 다회용 컵.

팩 등 살균팩(펄프+합성수지)과 상온보관용 두유팩 등 멸균팩(펄프+합성수지+알루미늄)을 각각 '일반팩'과 '멸균팩'으로 구분해 분리배출 재질 종류를 표시할 예정입니다. 재활용 과정에서 다른 재질이 섞이는 문제를 최소화할 목적입니다. 환경부는 기존 생산 공정 등을 고려해 2022년 1월1일 이후 출시하는 제품부터 '도포·첩합' 표시와 '일반·멸균팩' 표시를 적용하고, 기존 출시 제품이나 포장재는 유예기간(2024년 1월1일 적용)을 둡니다.

Q 커피전문점 '일회용컵 보증금 제도'(이하 보증금제)는 언제부터 시행하나요?

A 보증금제는 2002년 정부와 업계가 자율 협약으로 시행(1컵당 50~100원)하다가 2008년 폐지했습니다. 하지만 2022년 6월10일부턴 '자원재활용법'(자원의 절약과 재활용 촉진에 관한 법률)에 따라 의무화합니다. 커피전문점에서 일회용컵을 산 뒤 보증금제 적용을 받는 어느 점포에든 반납하면 보증금을 돌려받을 수 있습니다. 환경부는 보증금제를 운영할 '자원순환보증금관리센터'를 2021년 6월10일 신설했습니다. 2021년 하반기 보증금제를 적용할 사업자 범위를 고시로 정할 예정입니다. 보증금 액수는 연구용역을 통해 2022년 결정합니다.

Q 플라스틱 빨대와 막대(젓기 용도)는 없어지지 않나요?

A 앞으로는 플라스틱 빨대와 막대가 커피전문점·패스트푸드점에서 사라집니다. 환경부는 2021년 하반기에 자원재활용법 시행령과 시행규칙을 개정해 플라스틱 빨대와 젓는 막대를 일회용품 항목에 포함하고 커피전문점 등에서 사용을 금지할 예정입니다. 다만 시행은 2022년 하반기입니다.

Q 일회용품 제한 정책은 더 없나요?

A 편의점 등 종합 소매업과 제과점에서 일회용 비닐봉지 사용을 원천 금지합니다. 또 대규모 점포(매장 면적 3천㎡ 이상)에서 우산을 감싸는 비닐 사용을 금지할 계획입니다. 야구장 등 체육시설에선 플라스틱 응원용품 사용을 못합니다. 시행은 2022년 하반기 예정입니다. 그 밖에 숙박업소(50실 이상) 일회용 위생용품(치약, 칫솔, 면도기, 샴푸, 린스) 사용 금지, 세척 시설을 갖춘 장례식장 일회용 식기류 사용 금지, 음식 배달업체의 일회용품 무상 제공 금지 등도 2021년 하반기에 입법(법률 개정)이 추진될 것으로 보입니다. 21

쓰레기 투기범 270명 잡은 시민

"건설폐기물 신고 1t까지 확대해야"
'쓰레기산' 쫓는 서봉태씨 인터뷰

영천(경북)=채혜원 객원기자

경북 영천 대창면에 있는 약 1500평(약 4958㎡)의 공장부지. 이 중 550평의 공장 건물 옆쪽과 앞쪽 벽체가 무너져 있다. 7천t에 이르는 불법 투기 폐기물이 공장 건물 안을 가득 메우면서 건물이 파손된 것이다. 건물 안으로 들어가보니 9m 높이의 천장까지 폐기물이 차곡차곡 쌓여 있다. 재건축 현장에서 나온 건설폐기물부터 석면가루를 포집한 폐기물까지 종류도 다양하다.

쓰레기로 가득 찬 공장

여기는 평범한 사업가인 서봉태(52)씨를 전국 곳곳에서 불법 폐기물 투기범을 쫓는 환경운동가로 만든 현장이다. 서씨는 본인 소유의 땅이던 이 공장부지를 2015년 ㄱ씨에게 팔았다. 이후 ㄱ씨는 자동차부품 제조공장을 지어 직원들과 열심히 회사를 성장시켰고, 양산으로 확장 이전하게 됐다. 공장부지 매각 절차 과정에서 단기간 임대 문의가 들어왔다. 시세보다 비싸게 월세를 낸다고 하는데다 비철과 구리 등 고가품을 보관할 용도로 임대한다는 말을 믿고, ㄱ씨는 계약서에 서명했다.

단기간 임대된 공장부지에 높은 담장이 쌓아지기 시작했다. 근처를 오가며 이를 수상하게 본 서씨가 2019년 5월20일, 공장 건물 벽체가 무너진 것을 발견하고 공장 문을 열어봤다. 불법 폐기물 '쓰레기산'이 나타났다. 투기범들이 거짓으로 공장을 임대해 불법으로 폐기물을 버린 뒤 도주한 현상이었다. 폐기물을 더 높게 쌓기 위해 천상에 날려 있던 전등 전선까지 다 뜯었고, 화장실 공간도 모두 무너뜨린 상태였다.

서씨는 먼저 ㄱ씨에게 이 소식을 알리고 인력을 동원해 압축된 폐기물을 일일이 분석했다. 광주, 대구 등 여러 지역에서 모여든 폐기물이었다. 버려진 광고물이나 현수막에 적힌 정보를 수집한 뒤 제조업체에 연락해 배출업체와 폐기물 위탁업체 등을 알아내고, 포항까지 가서 투기범을 잡아냈다. 자신이 수집한 정보를 수사기관에 넘기면서 서씨는 모든 게 해결됐다고 믿었다. 아니었다.

"투기범 처벌이 너무 약하더라고요. 불법 투기를 기획하고 시행한 투기범이 고작 1년6개월형을 받았어요." 폐기물관리법 제63조에 따르면, 불법으로 사업장폐기물을 버리거나 매립·소각 또는 승인 없이 재활용한 자는 7년 이하 징역이나 7천만원 이하 벌금에 처한다. "불법 투기에 대한 죄만 적용받고 사기죄는 적용받지 않았기 때문이죠. 곧 출소인데 그 투기범이 2018년 성주에 불법 투기한 걸 최근 잡아내서 추가 고소했으니 형은 다시 집행될 겁니다."

문제는 이뿐만이 아니었다. 아무것도 모르고 투기범에게 공장을 단기 임대해준 ㄱ씨가 큰 재산 피해를 보게 됐다. 폐기물관리법 제48조에 따르면 부적정 처리 폐기물에 대해 환경부 장관, 시도지사 또는 시장·군수·구청장은 폐기물 처리 등 조치를 명할 수 있는데, 조치명령 대상자에는 '폐기물을 발생시킨 자' 외에 '폐기물이 버려지거나 매립된 토지 소유자'도 포함돼 있다. 투기범이 돈이 없다고 하면, 수십억원에 이르는 불법 폐기물 처리 비용을 토지 소유자가 내야 하는 상황이다.

야밤 추적, 주말 반납 그리고 잠복

2021년 7월17일 경북 영천시 대창면에서 불법투기 폐기물로 가득 찬 공장을 찾은 서봉태씨.

박승화 기자

ㄱ씨는 함께 일하던 직원들을 잃었고, 확장 이전해 가동 중이던 공장 생산라인을 모두 중고로 팔아야 했다. 서씨가 불법 투기 현장을 발견하고 신고한 지 2년이 훌쩍 지났지만, 폐기물은 여전히 그곳에 쌓여 있다.

영천 대창면에서 30분 남짓 달려 도착한 신녕면의 한 작은 마을. 여기 산 중턱에 불법 폐기물이 쌓여 있다. 6천 평 넘는 땅에 4m 높이로 쌓은 불법 폐기물은 최소 8천t에 달해 한눈에 들어오지도 않았다. 해안 지역 사업장에서 나온 폐어망을 비롯해 온갖 폐기물이 뒤엉켜 있었다. 여기도 서씨가 발견해 투기범을 고발했다.

불법 폐기물 투기 현장을 처음 발견한 뒤 전국 투기범들을 쫓아다니기 전까지 서씨는 한 달에 두어 번 강가 쓰레기 줍는 봉사를 하는 평범한 시민이었다. 쓰레기에 대해 아무것도 몰랐던 그였지만, 불법 폐기물 투기 현장을 다녀보니 끝도 없이 정보가 쏟아졌다. 투기범이 움직이는 야밤에 행적을 쫓기 위해, 평일 저녁은 물론 주말도 모두 반납하고 추적했다. 인력을 동원할 일이 많아 1년에 1억원 가까운 돈을 자비로 충당했다. 2021년 7월16일에는 경기도, 호남 지역 조직과 연계된 국내 최대 투기 조직을 경찰과 잠복 끝에 충북 진천에서 검거했다. 이렇게 서씨가 잡아낸 투기범만 지금까지 270명이 넘는다.

"투기 조직은 총책임자인 지휘자, 영업 담당자(브로커), 운반자, 투기장 임대 등을 맡는 현장 관리자(속칭 '바지사장'), 현장 작업자(포클레인 기사) 등으로 구성됐어요. 덜미가 잡혔을 때 각자 어떻게 진술할지도 이야기를 다 맞춰놔요. 차명계좌를 만들어 불법으로 번 돈 모두 빼돌리고요. 다들 추적이 어려운 렌터카로 다니면서 전국적으로 모임도 엽니다."

서씨 사무실 책상에는 지금까지 그가 모은 투기범들의 정보와 재판기록 등 자료가 가득 쌓여 있다. 투기범들이 타고 다니는 차량번호 사진, 투기범 조직이 자주 가는 식당 목록, 현장 관리자나 작업자에게서 직접 받은 금융거래내역서 등 2년 넘게 그가 얼마나 현장을 다녔는지 단번에 알 수 있다. 서씨는 "이젠 현장을 찾지 않아도 전국에서 폐기물 운송차량 기사들의 제보로 지금 어디서 불법 폐기물이 버려지는지, 언제 어디서 폐기물 투기가 일어날 예정인지 정보를 다 듣고 있다"고 말했다.

1년10개월 사이 불법 폐기물 41.3만t

그 결과, 경북의 큰 불법 폐기물 투기 조직은 거의 구속된 상태라고 한다. 무엇보다 경북 지역은 관련 공무원 네트워크가 생겨서 불법 투기범들의 행적을 따라잡을 수 있는 시스템이 마련됐다. 경북은 폐기물 처리 시설이 많기도 하고, 폐기물이 많이 발생하는 경기도와 호남 사이에 있어 '중간 기착지'라 불리는 곳이기도 하다.

환경부에 따르면, 2019년 2월 전국 불법 폐기물 전수조사에서 불법 폐기물 총 120.3만t을 발견했다. 그중 114.3만t을 2020년 12월까지 처리해 6만t이 남았다. 하지만 2019년 3월~2020년 12월 41.3만t이 추가 발생했다. 추가 발생 지역을 보면 경북(15.69만t)이 가장 많고 다음으로 경기(7.96만t), 충남(5.2만t), 전남(4.1만t) 순이다.

서씨를 비롯한 전문가들은 "불법 폐기물 투기가 일어날 수밖에 없는 구조가 있다"고 입을 모은다. 현재 신고 대상 폐기물을 배출, 수집·운반, 재활용 또는 처분하려면 단계별로 폐기물 인계·인수 내용을 '올바로시스템'(www.allbaro.or.kr)에 입력하게 돼 있다. 건설폐기물의 경우 5t 이상부터 신고한다. 이렇다보니 5t 미만 무허가 차량을 이용해 불법 투기가 성행한다는 게 서씨의 설명이다. 그는 "1t 차량부터 무조건 신고하는 방안으로 바뀌어야 한다"고 힘주어 말했다.

공무원 담당 인력이 부족한 문제도 크다. 영천시의 경우 폐기물 처리 시설은 약 180개이고 행정 담당 인력이 꾸준히 늘어 5명이 됐지만, 다른 시·군·구는 여전히 담당 인력이 2~3명 정도에 그친다. 예를 들어 성주군에선 폐기물 처리 시설이 200여 개나 되지만 관리 담당 직원은 3명뿐이다. 현장에서는 올바로시스템 전담 관리, 사업장 지도 단속, 민원 해결 등 전담 인력이 최소 4~5명은 있어야 한다는 목소리가 크다.

현장 감시 인력을 늘리는 것도 중요하다. 한국환경공단은 2021년 6월, 지능화하는 폐기물 불법 투기 행위 근절과 예방을 위해 전국 10개 지역에 총 130명으로 구성된 '명예 순찰 감시단'을 출범했다. 서씨는 "감시 인력이 늘어 더 촘촘한 감시체계가 구축됐으면 한다"고 했다.

이남훈 안양대 교수(환경에너지공학)는 "불법 폐기물은 매립, 투기, 방치 등 여러 방법으로 버려져서 침출수가 발생할 경우 지하수와 하천 수질 오염, 공기·토양 오염을 발생시키며 병충해, 악취 등으로 주민들 건강도 크게 위협한다"며 "불법 투기를 근절하기 위해 사업장폐기물 처리시설 확충을 위한 지방자치단체의 책무 명확화, 직매립 금지, 재활용 우선 정책으로 매립 대상 폐기물량 감소 등 제도를 개선해나가야 한다"고 지적했다.

"2022년 불법 투기 어려워질 것"

서씨는 처음 자신이 발견한 현장에 까마득히 쌓여 있는 불법 폐기물을 바라보면서도 희망을 말했다. "2022년부터는 폐기물 투기가 어려워질 겁니다. 환경부 지원, 사설 경비업체 협업으로 불법 폐기물 투기를 원천 봉쇄하는 기술을 준비하고 있거든요."

'폐기물 불법 투기 완전 근절'이라는 우리 사회의 목표가 한 시민의 노력으로 성큼 다가왔다. 21

바다쓰레기 절반은 그물과 낚싯줄

식품 속 '미세플라스틱'으로 돌아와… 유럽연합, 비닐봉지 사용 금지 플라스틱세 도입

김솔 환경운동연합 활동가

태평양 한가운데에는 우리나라 면적의 15배에 이르는 거대한 섬이 있다. 우리나라보다 큰 섬이야 쉽게 찾아볼 수 있지만, 이 섬의 다른 점은 쓰레기로 이뤄졌다는 사실이다. 8만여t의 플라스틱 쓰레기로 이뤄진 이 섬은 '태평양의 쓰레기 섬'(Great Pacific Garbage Patch)이라 불린다. 드넓은 바다 한가운데에 대규모 쓰레기 섬이 어떻게 만들어질 수 있었을까.

바다 쓰레기의 80% 이상은 플라스틱

해양쓰레기의 80% 이상은 플라스틱 쓰레기이다. 그리고 전세계에서 매년 생산되는 플라스틱 양은 3억t으로, 전 인류의 몸무게를 합한 것과 같은 양이다. 이 중 830만t의 플라스틱이 바다에 버려지는데, 대부분은 바다 아래로 가라앉고 약 15%만이 바다 위를 떠돈다. 매년 120만t의 플라스틱 쓰레기가 바다 위를 떠도는 것이다. 이런 규모를 생각해보면 8만t 규모의 쓰레기 섬이 만들어지는 것도 결코 이상한 일은 아니다.

여기서 궁금해지는 점은 '이 쓰레기는 다 어디서 나왔을까?' 하는 것이다. 해양쓰레기는 크게 일상에서 사용하는 생활쓰레기와 어업 활동에서 사용하는 어구 쓰레기로 나뉜다. 생활쓰레기 중 담배꽁초, 음식 포장지, 페트병, 비닐봉지 등이 제일 많이 발견되는데 우리가 일상생활에서 사용하는 것들이다. 다행히 해양쓰레기에 대한 문제의식이 대중에 퍼지면서 일회용품 줄이기, 텀블러 사용하기 등 플라스틱 쓰레기를 줄이려는 노력이 지속적으로 확산하고 있다. 문제는 해양쓰레기의 나머지 절반인 어구 쓰레기이다.

우리는 평소 바다에 버려진 쓰레기가 일상생활에서 버리는 쓰레기라고 생각한다. 사실 해양쓰레기의 약 46%는 어업 과정에서 만들어진 어구 쓰레기이다. 물고기를 잡는 데 쓰는 그물, 낚싯줄, 부표, 밧줄 등이 해양쓰레기의 절반을 차지한다는 사실은 쉽게 다가오지 않는다. 하지만 상업적 어업의 규모를 생각해보면 어떨까.

우리에게 참치캔으로 익숙한 물고기인 참치를 잡기 위해서 긴 낚싯줄을 쓰는데 하루 사용하는 참치 낚싯줄은 지구를 500바퀴 감을 정도의 길이다. 상업적 어업에 사용하는

전세계 해양 플라스틱 쓰레기 현황

자료: 〈플라스틱 아틀라스〉(2019
단위: 개 (*추정치

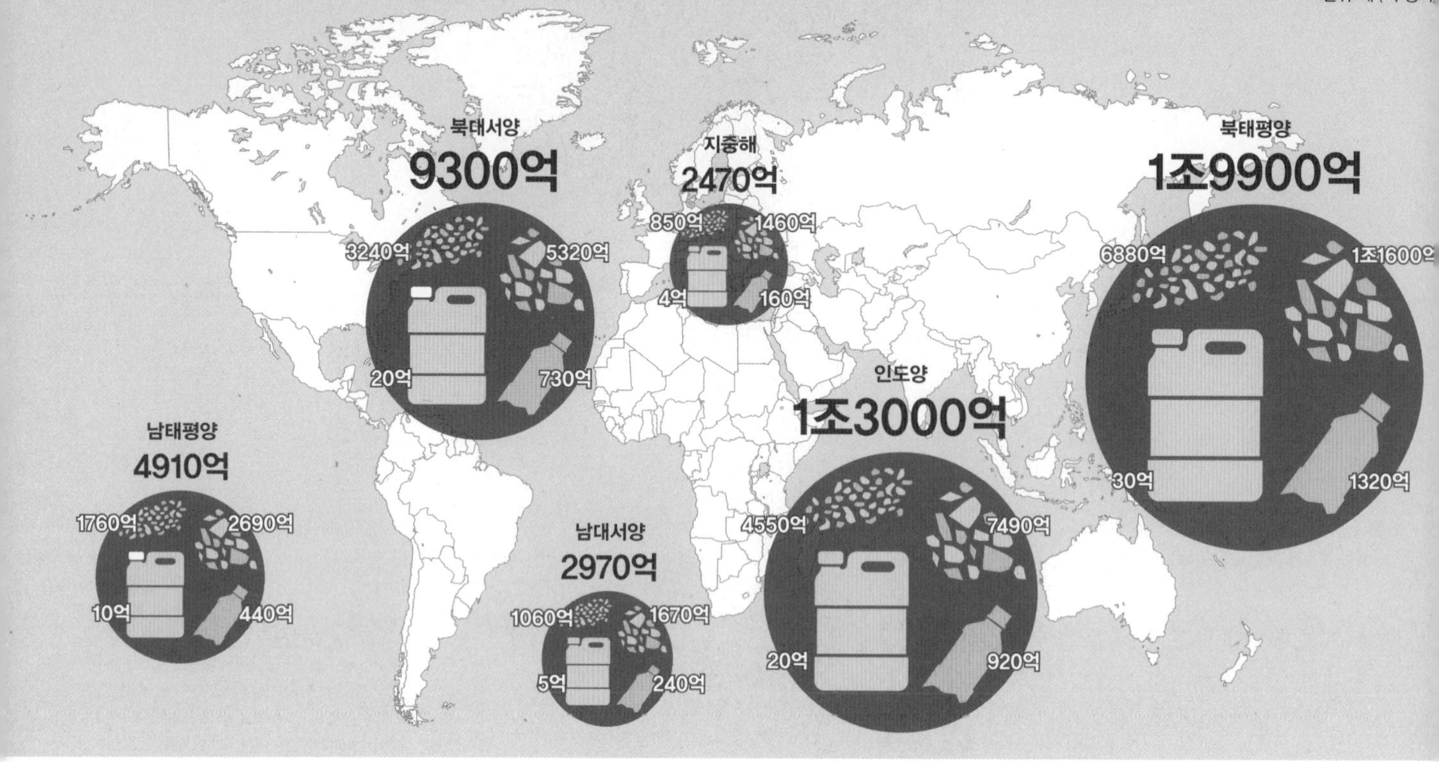

그물에는 비행기 13대를 집어삼킬 정도로 거대한 것도 있다. 육지에서 나오는 다양한 생활쓰레기는 매년 120만t이 바다에 버려지지만, 바다에서 사용하는 그물만 매년 100만t이 바다에 버려진다. 이런 규모를 비교해보면 해양쓰레기의 절반이 그물이라는 것도 이상한 일은 아니다.

바다·바다생물은 거대한 탄소 저장소

많은 사람에게 일상에서 바다는 멀게 느껴지는 장소이다. 하지만 바다는 우리가 생각하는 것보다 더 인간의 생존과 밀접한 연관을 가지고 있다. 최근 폭염으로 에어컨 없이는 일상생활이 불가능한 정도가 됐다. 이런 폭염을 유발하는 열돔(Heat Dome) 현상은 온실가스가 가장 큰 원인인데, 온실가스의 약 90%를 차지하는 게 이산화탄소(CO_2)다. 바다는 지구의 이산화탄소를 흡수하는 데 지대한 노릇을 한다. 바닷속 해초는 지상의 열대우림보다 20배 이상 많은 이산화탄소를 흡수할 수 있다. 해양생물도 이산화탄소를 흡수하는데, 고래는 일생 평균 33t의 이산화탄소를 체내에 흡수하고 죽음에 이르면 바다 밑에 가라앉아 이산화탄소를 수백 년 동안 격리한다. 바다는 우리가 생각하는 것보다 기후변화를 막는 데 큰일을 하지만, 불행하게도 인간에 의해 해양생태계가 파괴되고 있다.

해양쓰레기는 인간에게 되돌아오기도 한다. 바다에 버려진 플라스틱 쓰레기는 미세한 입자로 분해되는데 이를 '미세플라스틱'이라 한다. 유엔에 따르면 우리가 마시는 생수의 90%에 미세플라스틱이 포함돼 있다. 미세플라스틱은 생수뿐만 아니라 우리가

REUTERS 연합뉴스

2018년 10월 프랑스 국립과학연구원(CNRS)의 한 해양생물학자가 프랑스 남동부 코트다쥐르 연안의 지중해에서 채취한 바닷물 표본에 가득 담긴 이물질을 살펴보고 있다.

먹는 해산물, 채소, 과일, 심지어 쌀에서도 발견된다. 오스트레일리아 뉴캐슬대학 연구에 따르면 우리는 매주 신용카드 한 장 분량의 미세플라스틱을 먹고 있다.

플라스틱 쓰레기에 대한 시민 인식은 꾸준히 커지고 있다. 최근 한 설문조사 결과에 따르면 우리나라 국민 10명 중 9명은 '플라스틱 쓰레기 문제가 심각하다'고 답했으며 응답자의 절반가량은 '플라스틱 쓰레기 문제 해결을 위해 적극적으로 행동하고 있다'고 했다. 하지만 우리나라에는 플라스틱 제품을 별도로 규제하는 법이 없는 상황이다.

생수의 90%에 미세플라스틱

외국 사례를 들여다보면, 유럽연합(EU)은 비닐봉지 사용 금지 법률을 제정하고 플라스틱에 세금을 부과하는 '플라스틱세'를 도입했다. 2021년 3월 미국 의회는 기업이 자사에서 생산한 플라스틱 쓰레기를 직접 수거해 재활용하게 하는 '플라스틱 오염에서의 자유'(Break Free From Plastic Pollution Act, 일명 플라스틱 프리) 법안을 발의했다. 플라스틱 쓰레기를 줄이기 위한 노력은 이제 선택이 아닌 필수가 돼가고 있다.

바다는 지금 플라스틱으로 뒤덮이고 있다. 일부 학자는 2050년이면 바다에 물고기보다 플라스틱이 더 많아질 것이라는 전망까지 한다. 지금 이 순간에도 1분마다 대형 트럭 한 대 분량의 플라스틱이 바다에 버려진다. 다행히 플라스틱 쓰레기 문제 해결을 촉구하는 목소리도 갈수록 커진다. 바다는 엄청난 복원력을 가졌다. 해양쓰레기를 줄이기 위한 노력이 이어진다면 다음 세대에는 플라스틱 쓰레기가 아닌 고래와 산호초의 생명력이 넘치는 싱그러운 바다를 볼 수 있을 것이다. 21

4 땅으로 바다로 가는 쓰레기

바다에도 환경미화원을

월별, 분기별 수거로는
쏟아지는 바다쓰레기 처리 못해
상시 청소 필요

글·사진 서재철 녹색연합 생태조사팀 전문위원

쓰레기가 떠다닌다. 바다 위에 흘러다닌다. 대한민국 영해 곳곳을 떠다니고 흘러다니다 연안과 섬으로 밀려든다. 2021년 7월 남해안, 그 생생한 현장을 찾았다.

한려해상국립공원으로 유명한 경남 거제시 일운면 남부면 등은 해안 전체가 공원구역이라 특별한 관리가 필요하지만 해양쓰레기뿐만 아니라 국내 폐기물도 널려 있다. 특히 심각한 곳은 갈곶리 해안이다. 해안절벽 굽이 안에 폐기물이 그득하다. 15년 넘은 부유성 해양쓰레기도 있었다. 수려한 해양경관으로 해안선 주변에는 관광명소와 식당, 카페, 펜션과 숙박시설이 즐비하다. 그러나 해안지역 구석구석을 살펴보면 오랫동안 버려진 해양쓰레기가 넘쳐난다. 어구 폐기물부터 생활쓰레기까지 다양하다. 심지어 기름통도 보였다. 뭐니 뭐니 해도 플라스틱이 으뜸이다. 이외에 비닐류, 스티로폼, 목재류 등 여럿이다. 공통점은 물에 뜬다는 것이다. 정부의 손길이 미치지 못한 것인지 파악조차 하지 않는 것인지 알 수 없다.

경남 거제시 남부면 갈곶리에 쌓인 해양쓰레기.

남해안에서 가장 청정한 바다로 알려진 거제시와 통영시 일대의 해안과 섬들을 살펴보면 부유성 해양쓰레기가 어떻게 수거되고 정화되는지 실상을 알 수 있다. 한려해

상국립공원의 관광 명소인 매물도에는 해양쓰레기가 밀려드는 대표적인 몽돌 해변이 있다. 2021년 6월 초순 거제시가 중심이 돼 해양쓰레기를 수거했다. 그러나 3주가 지나지 않아 다시 해양쓰레기가 밀려들었다. 일상적인 수거와 정화가 필요함을 보여준다.

3주가 되자 다시 쓰레기가 쌓였다

낙동강과 바다가 만나는 부산 사하구 일대의 낙동강 습지에도 해양쓰레기가 많다. 부산 다대포해수욕장 바로 옆에 펼쳐진 도요등과 백합등 등 섬에도 해양쓰레기가 쌓여 있다. 특히 백합등은 모래와 초지가 어우러진 생태계의 보고임에도 섬의 서쪽 끝 양쪽 길게 뻗어 내린 습지 곳곳에 해양쓰레기가 즐비하다. 이곳은 국내 최대 철새도래지 중 하나라 생태적 가치가 뛰어나다. 문화재보호구역, 생태경관보전지역, 습지보전지역 등 보호구역 3관왕인 곳이다. 그렇지만 해양쓰레기는 자유롭게 드나든다.

계곡과 하천에서 바다로 흘러들어온 해양쓰레기는 플라스틱 종류가 제일 많았다. 이것들은 잘게 부서져 해변의 모래와 섞여 바다를 오염시킨다. 해양생태계는 물론이고 수산물에도 악영향을 미친다. 미세플라스틱이 몸속에 쌓인 어류를 우리가 먹는다. 플라스틱이 눈에 보이지 않을 뿐이다.

해양쓰레기는 육지에서 떠내려온 것이 약 67%를 차지한다. 집중호우나 홍수 때 계곡과 하천에서 바다로 떠밀려오거나 해변에서 버려진 것들이다. 바다에서 어업활동 과정에 버려지거나 방치되는 어구(어업도구), 선박 생활쓰레기 등 해상에서 유입된 것이 33% 정도다. 2017년 한국해양수산개발원의 발표 자료를 보면, 연간 해양쓰레기는 17만 6807t가량으로 추정된다.

67%는 육지에서, 33%만 바다에서 나와

해양쓰레기는 우리의 현주소이자 환경의 사각지대다. 해양수산부, 지방자치단체 등 관련 기관은 실태를 파악하지 못하거나 지속·일상적인 수거와 정화를 하지 않는다. 해양쓰레기의 특성에 걸맞은 전담 조직과 장비가 없어서다. 해양수산부 해양보전과 최성용 과장은 “우리나라는 해안선의 길이가 약 1만5천㎞에 달한다. 긴 해안선에 해양쓰레기가 떠다니기에 제때 수거하기 힘든 면이 있다. 해양쓰레기에 대해 해양수산부 차원에서 여러 노력을 하고 해양권역별로 지방자치단체, 관련 기관 등과 협력 체계를 구축해 대응하고 있다. 해마다 수거 인력도 증원한다”고 밝혔다.

도시의 생활쓰레기는 기초지자체별로 전담 조직과 용도에 맞는 장비가 투입돼 날마다 처리하지만, 해양쓰레기는 행사처럼 월별이나 분기별로 수거한다. 더구나 바다를 떠다니는 해양쓰레기의 이동 경로와 집중되는 해안 지점에 대한 정보와 실태도 제대로 파악 못하고 있다. 군대도 해군이 있는 것처럼 해양쓰레기도 전담 상설 조직이 항시 수거와 정화를 맡아야 한다. 전문 인력과 장비를 통한 정화 작업이 필수적이다. 해양쓰레기는 도시의 환경미화원보다 더 전문적 작업이 요구된다. 하지만 현재 해양쓰레기 수거와 정화에 종사하는 인력은 기간제 노동자가 주를 이룬다. 장비는 바다로 접근 가능한 선박이 있어야 하는데 그렇지 못하다. 이제부터라도 남해안·서해안·동해안 등 해안 권역별 전담 조직을 두고 일상적 수거와 정화, 모니터링, 연구 등을 수행해야 한다. 21

2021년 6월5일 인도네시아 자카르타 외곽에 있는 반타르 게방 쓰레기 매립지에서 한 청소부가 재활용품을 찾기 위해 쓰레기 더미를 뒤지고 있다. REUTERS

5

푸른 별의 쓰레기 발자국

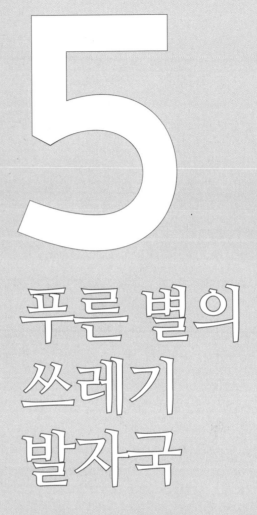

지금까지 국내 쓰레기의 여정을 쫓아왔다. 이제 지구촌으로 눈을 넓혀보자. 2018년 세계은행 보고서를 보면, 인류의 쓰레기 배출량이 연간 20억t이 넘는다. 올림픽 경기 기준 수영장 80만 개를 채우고도 남는다. 지금 추세라면 2050년에는 34억t으로 급증할 전망이다. 재활용되는 폐기물은 전체의 16%에 그친다. 쓰레기 문제에서도 세계는 평평하지 않다. 부자 나라가 더 많이 버리고 가난한 나라가 더 큰 위협에 노출된다. 독일·미국·싱가포르·오스트레일리아·인도네시아·일본·타이·터키·홍콩 9개국에 더해, 우주폐기물까지 인간의 '쓰레기 발자국' 실태와 그 대응 방안을 살펴본다.

조일준 기자 iljun@hani.co.kr

한눈에 보는 지구촌 쓰레기

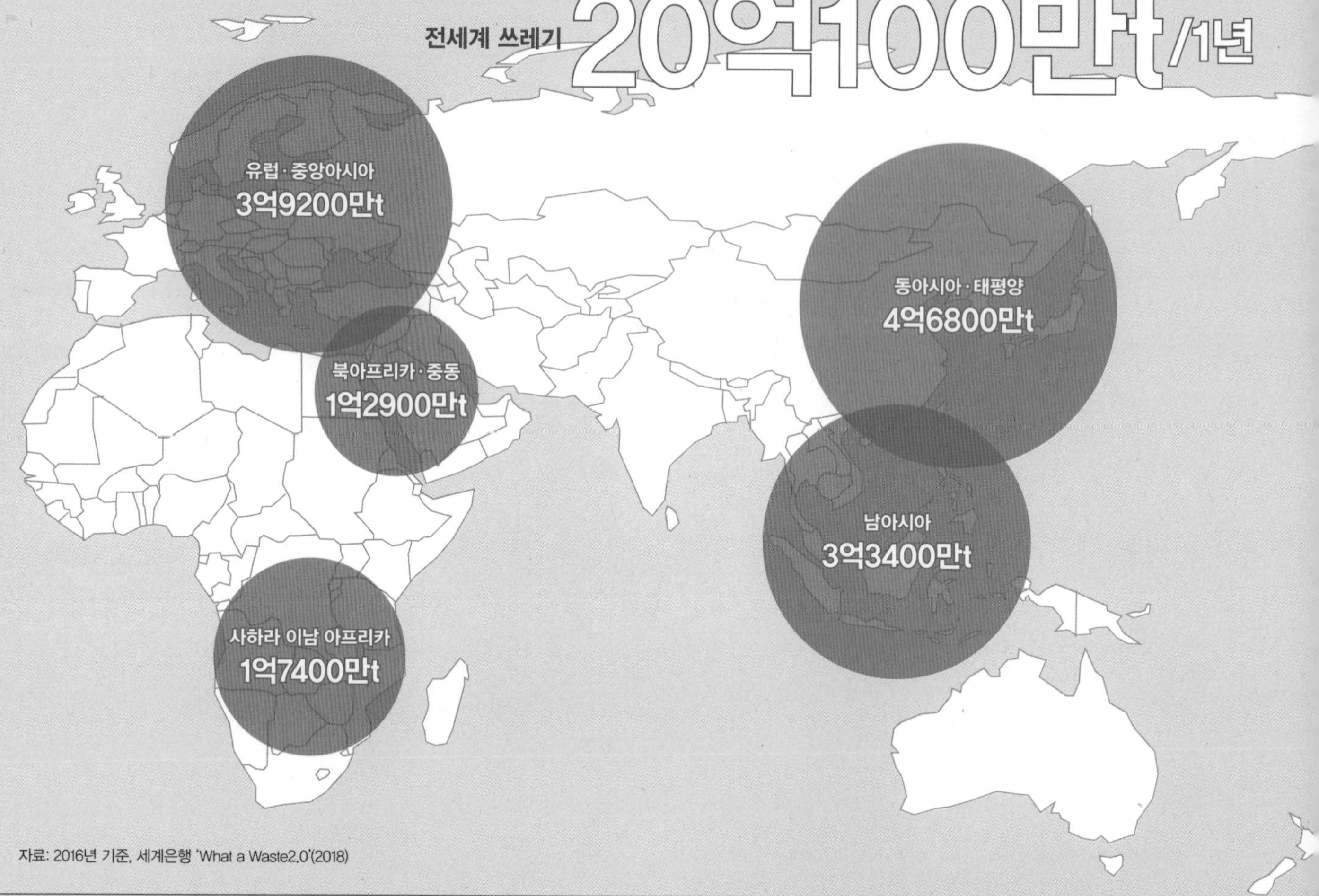

자료: 2016년 기준, 세계은행 'What a Waste2.0'(2018)

어떤 쓰레기가 어떻게 처리되나?

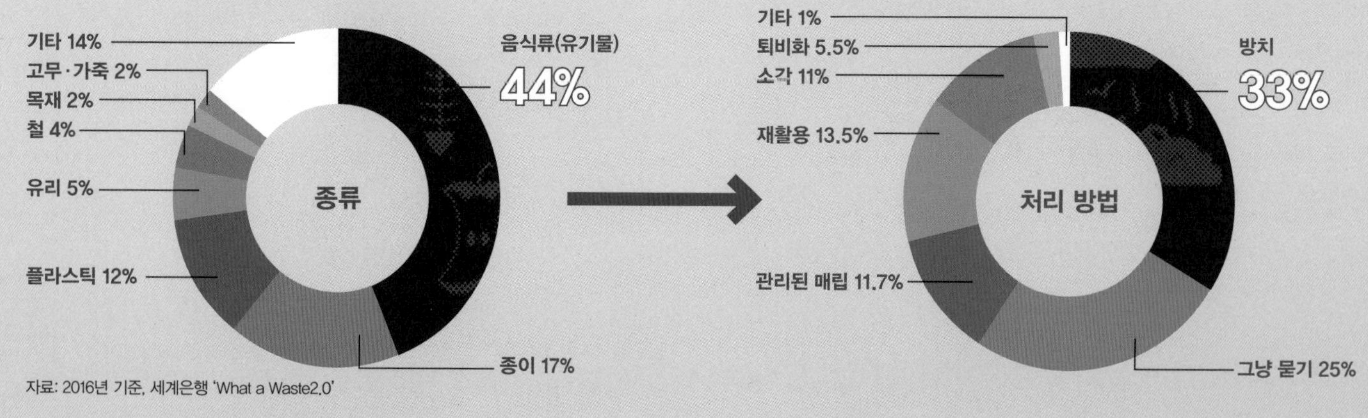

자료: 2016년 기준, 세계은행 'What a Waste2.0'

소득 수준별 쓰레기 배출량

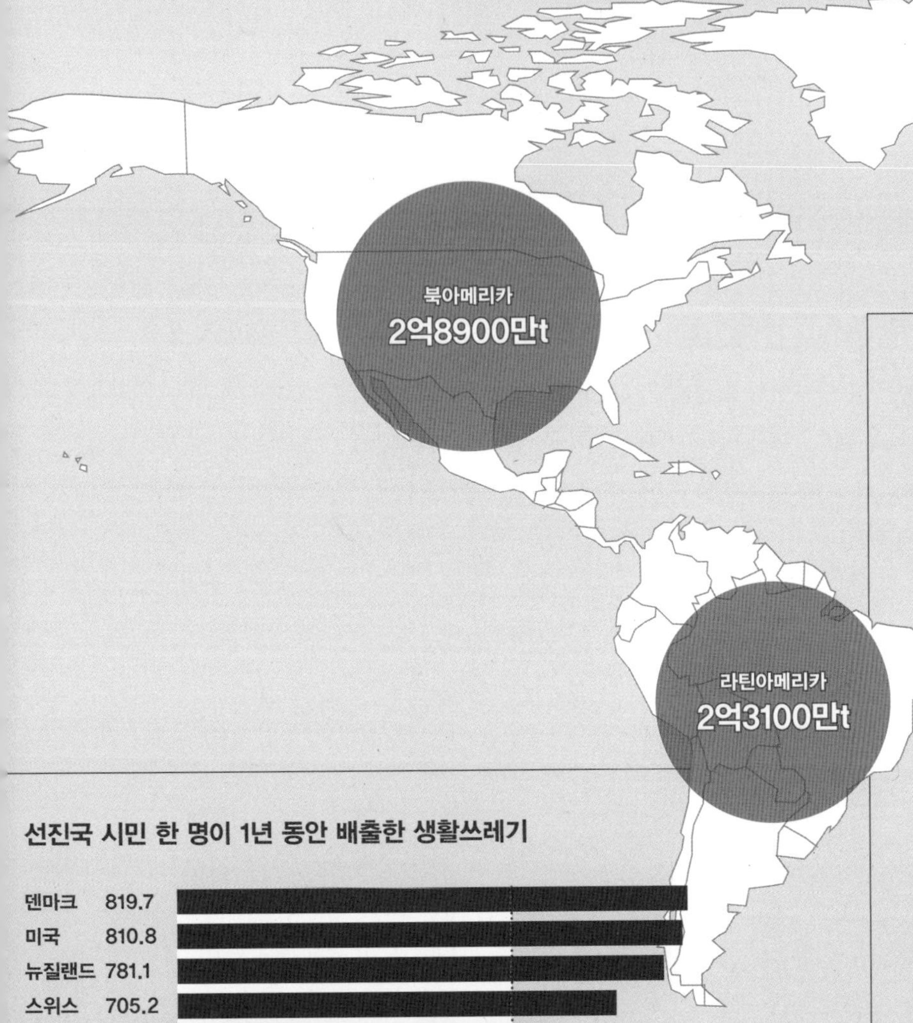

플라스틱 쓰레기 수출

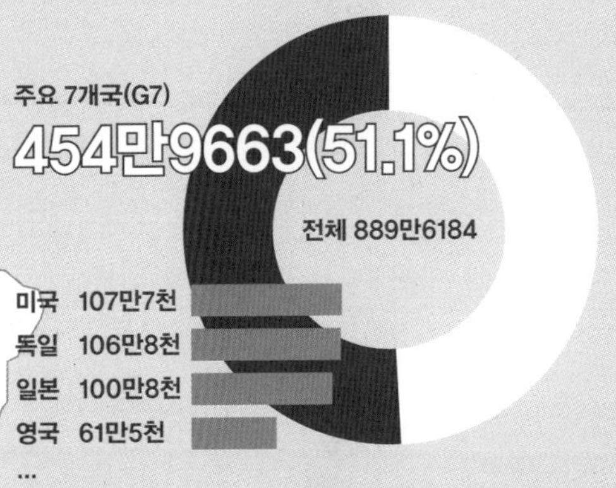

수입

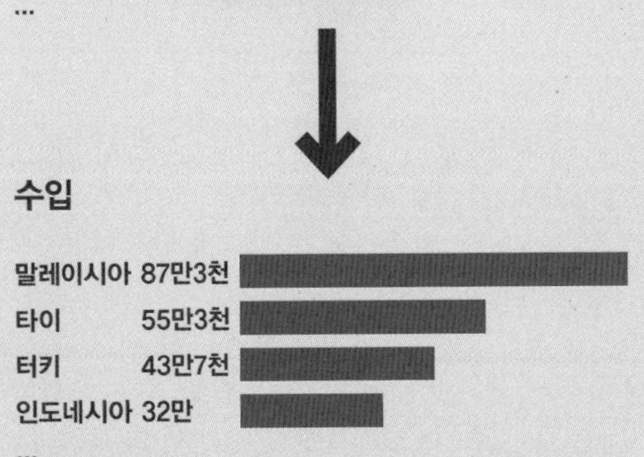

홍콩(약 59만t), 네덜란드(약 55만t) 등 선진국도 폐플라스틱 수입 규모가 크다. 그린피스 서울 사무소는 특히 네덜란드 폐플라스틱 수입 규모가 큰 이유에 대해 "(2018년 이후) 중국 등 아시아 국가로 수출이 막힌 영국이 네덜란드에 폐플라스틱을 수출하고 네덜란드가 다시 동남아시아로 수출하기 때문인 것으로 보인다"고 설명했다.

단위: t
자료: 2018년 기준, 국제무역센터(ITC), HScode3915(플라스틱 쓰레기, 폐기물) 수출입

선진국 시민 한 명이 1년 동안 배출한 생활쓰레기

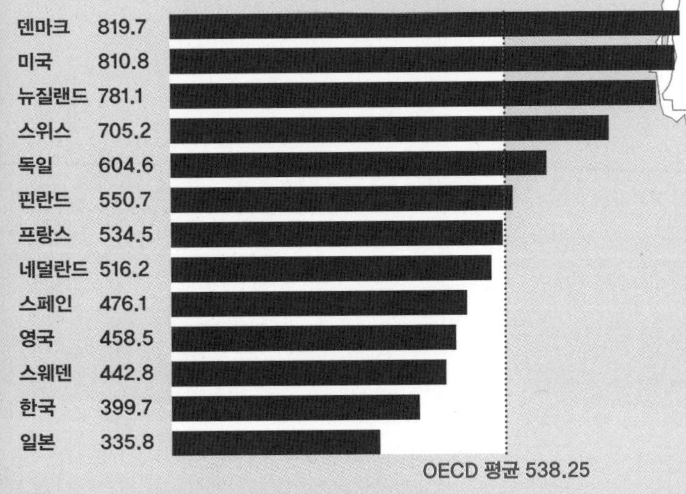

단위: kg
자료: 2018년 기준, 경제협력개발기구(OECD) 'Municipal Waste'

7억 년 뒤, 2021년 지구는 쓰레기로 기억된다

세계를 뒤덮은 고형폐기물… 소득수준 따라 불공평한 배출, 불안한 처리

조일준 기자 iljun@hani.co.kr

45억여 년 전 지구의 탄생부터 현재까지 지구 나이를 지질학과 고생물학에서 대형 사건을 기준으로 구분한 개념이 '지질시대'다. 신원생대에는 초대륙의 분열이 시작되고 지구 전체가 눈덩이처럼 얼어붙었다. 고생대 캄브리아기는 생물다양성이 급증하고 최초의 척추동물이 나타난 시대다. 중생대 쥐라기와 백악기에는 공룡이 번성했고, 약 6천만 년 전 신생대 팔레오세기에는 대형 포유류와 꽃이 등장했다.

현재를 일컫는 신생대 4기 홀로세(충적세)는 약 1만 년 전 마지막 빙하기가 끝나고 현생인류(호모사피엔스)의 문명이 시작된 시기다.

그런데 20세기 들어 학계에선 '인류세'라는 용어가 등장했다. 인간의 활동이 지구환경에 큰 영향을 미치기 시작했음을 경고하는 뜻에서다. 시점은 길게 잡아도 18세기 산업혁명 이후부터다. 지구 나이로 치면 눈 깜짝할 새도 안 되는 기간에 인류가 지구에 미친 폐해가 위험수위에 다가섰다. 엄청난 양의 닭뼈와 알루미늄·콘크리트·플라스틱 등 인류가 새로 만들어낸 물질인 '기술화석'(Technofossils)이 지층에 축적되고 있다. 화석연료 사용의 부산물인 온실가스 대량 방출은 기후위기 우려까지 낳는다.

우주까지 확대된 '쓰레기 발자국'

인류세의 또 하나 특징으로 쓰레기를 빼놓을 수 없다. 인간은 자연환경을 위협하는 고형폐기물을 배출하는 유일한 생명체다. 고형폐기물은 인간의 일상생활이나 산업활동의 결과로 발생하는 폐기물 가운데 고체 상태의 것을 통칭한다. 원자력발전에 핵연료로 사용한 뒤 땅속 깊숙이 묻는 폐연료봉은 인간이 만든 폐기물 가운데도 최악의 위험물질이다. 플루토늄-239의 반감기(방사성물질의 독성이 절반으로 줄어들기까지 걸리는 시간)는 2만4천 년, 넵투늄-237은 200만 년, 우라늄-235는 무려 7억 년이 걸린다. 20세기 중반 들어서는 인간의 쓰레기 발자국이 우주공간으로까지 확대됐다.

그러나 대다수 사람은 쓰레기 문제의 심각성을 일상에서는 잘 느끼지 못한다. 쓰

레기 수거와 처리가 신속하게 진행돼 쓰레기가 눈에 잘 띄지 않는 도시 주민과 선진국 시민일수록 더욱 그렇다.

인간이 지구촌에 쏟아내는 쓰레기 문제는 생각보다 심각하다. 2018년 세계은행(World Bank)이 전세계 쓰레기 배출과 처리 실태, 정책 과제 등을 아우른 최신 보고서 'What a Waste 2.0'(얼마나 낭비인가!)의 집계를 보면, 인류가 쏟아내는 도시 고형폐기물만 연간 20억t이 넘는다.(2016년 기준) 세계 인구 한 명이 날마다 평균 0.74kg의 쓰레기를 버리는 셈이다. 올림픽 경기 기준 수영장 80만 개를 가득 채울 수 있는 분량이다. 이 중 절반 가까이(46%)가 매립되거나 야적장에 쌓이며, 11%는 소각장에서 태워진다. 제품이나 퇴비(비료) 등으로 재활용되는 쓰레기는 전체의 16%뿐이다. 도시화와 경제성장, 인구 증가에 따라 지구촌의 쓰레기 생산량도 빠른 속도로 늘고 있다. 세계은행은 지금 추세라면 2050년에는 고형폐기물 배출량이 2018년 보고서 작성 시점보다 70%나 늘어난 34억t에 이를 것으로 내다봤다.

쓰레기 배출량과 종류도 소득수준에 따라 다르다. 빈곤국 주민이 버리는 쓰레기는 하루 0.11kg인 데 비해, 부유국 주민의 쓰레기 배출은 4.54kg이나 된다. 고소득 국가가 세계 인구에서 차지하는 비중은 16%에 불과하지만, 그들이 버리는 쓰레기는 전세계 폐기물의 34%(6억8300만t)에 이른다. 예컨대 영국 시민의 1인당 연간 쓰레기 배출량은 482kg, 미국은 그보다 훨씬 많은 773kg으로 세계 전체의 12%를 차지한다. 미국산 쓰레기가 중국의 3배, 에티오피아보다 7배나 많다.

저소득국 40배 버리는 부자 나라 주민

쓰레기를 양산하는 부자 나라들은 그동안 자국 쓰레기를 주로 동남아시아의 개발도상국이나 빈곤국에 떠넘겨왔다. 그러나 2021년 1월1일부터 폐플라스틱의 수출입 규제를 대폭 강화하는 국제협약인 바젤협약 개정안이 발효됐다. 중국·타이·베트남·말레이시아·필리핀 등 주요 폐기물 수입국들이 폐플라스틱 반입을 전격 금지하면서, 이들 나라로 향하던 쓰레기는 다시 원산지로 돌아가거나 다른 투기장을 찾아 떠돈다.

쓰레기 처리의 첫 단계는 발생한 쓰레기를 수거해 한데 모으는 것이다. 그렇게 수합된 쓰레기는 대부분 △매립 △소각 △분쇄 △분류(재활용 또는 수출입) △세척 △박테리아 분해 등의 방법으로 '처리'된다. 안전하고 위생적으로, 폐기물의 재질에 따라 분리수거하면 훨씬 효율적이다. 그러나 생활폐기물의 수거도 소득수준에 따라 큰 편차를 보인다. 고소득 국가들에선 96%의 쓰레기가 공식 시스템을 통해 수거된다. 반면 중하위소득 국가의 수거율은 51%, 저소득 국가는 39%에 불과하다. 이들 나라에선 폐기물의 절반 가까이가 제대로 수거되지 않은 채 방치되거나 비공식으로 처리된다.

특히 저소득 국가들에선 쓰레기의 93%가 매립 또는 소각 등 적절한 과정으로 처리되지 않은 채 쓰레기 야적장에 쌓인다고 한다. 이런 실태에는 쓰레기 처리 비용도 한몫한다. 2018년 세계은행 보고서는 저소득 국가의 지방정부들은 도시 지역 쓰레

EPA 연합뉴스

2019년 5월 말레이시아 동남부 슬랑오르 항구에서 경찰이 불법 수입된 플라스틱 폐기물로 가득한 컨테이너를 원산지로 반송하기에 앞서 내용물을 검사하고 있다. 이 폐기물 대부분은 미국, 오스트레일리아, 일본, 캐나다, 사우디아라비아, 스페인 등 부유국에서 왔다.

기 처리 비용이 예산의 약 20%를 차지해 단일 예산 항목으로 가장 큰 비중이라고 밝혔다. 중위소득 국가에선 지방정부 예산 중 쓰레기 처리 비용이 약 10%, 고소득 국가에선 4% 수준에 불과하다.

2010년 3월 미국 펜실베니아주 주도 해리스버그 쓰레기 소각장으로 쓰레기차가 들어서고 있다. 미국에선 전체 폐기물의 12%(약 2900만t)가 소각 방식으로 처리된다.

쓰레기 매립이 온실가스를

허술한 폐기물 관리는 인간과 자연에 직접적 위협이 된다. 쓰레기는 그 자체로 지구환경과 생태계를 위협하는 오염원이다. 매립은 토양오염, 소각은 대기오염, 바다로 흘러들거나 버려진 쓰레기는 해양오염으로 직결된다. 하수시설이 쓰레기에 막히면 오물이 넘치고 질병을 퍼뜨릴 수 있다. 오염 방지 설비를 갖추지 않은 공장 굴뚝과 쓰레기 소각로에서 뿜어져 나오는 유독성 분진은 사람과 동물에게 호흡기 질환을 일으킨다. 바다로 흘러든 플라스틱 폐기물은 미세하게 쪼개져 해양생물의 생명을 위협할 뿐 아니라 먹이사슬을 타고 인간에게 되돌아온다. 엄청난 양의 매립 쓰레기는 토양오염의 주범이다. 비위생적 매립지에서 지하로 스며들거나 지표로 흘러나오는 폐수는 생태환경을 암살하는 독극물이다. 온갖 생활쓰레기가 매립되지 않은 채 산처럼 쌓이는 폐기물 야적장에서 돈이 될 만한 물품을 주워 생계를 연명하는 사람도 많다. 위험천만한 일이지만 생존을 위해 목숨을 건다.

쓰레기 매립이 토양만 병들게 하는 건 아니다. 온실가스 배출에도 악영향을 미친다. 미국의 경우 고형쓰레기 매립이 메탄가스를 배출하는 원인 3위다. 2019년 미국 전체 메탄가스 배출량 중 쓰레기 매립지에서 나온 메탄가스가 약 15%를 차지하는데, 이는 승용차 2160만 대가 연간 배출한 양과 맞먹는다.

인간이 만든 쓰레기 중 가장 골칫거리는 플라스틱을 비롯한 석유화학 제품이다. 세계적 권위의 과학저널 〈네이처〉가 발행하는 환경과학 전문지 〈네이처 서스테이너빌리티〉(Nature Sustainability)는 2021년 6월 연구보고서에서 "일회용 비닐봉지, 플라스틱병, 음식 용기, 음식 포장재 등 플라스틱 제품 네 가지가 인간이 만든 쓰레기의 거의 절반을 차지한다"고 밝혔다. 이 전문지는 나열한 플라스틱 제품을 비롯해 플라스틱 뚜껑, 합성 밧줄, 낚시 도구, 산업용 포장재, 유리병, 음료수캔 등 10개 유형의 폐기물이 전 세계 바다쓰레기에서 4분의 3을 차지한다고 지적했다. 모두 석유화학 제품인 이 폐기물은 인간의 일상생활에서 광범위하게 쓰이는데다 자연분해되기까지 수백 년이 걸리는 탓에 환경오염의 최대 주범으로 꼽힌다.

포장재 10% 감소, 바다 플라스틱 절반 줄여

쓰레기 문제에서 가장 바람직한 내안은 일상생활에서 쓰레기 생산을 최대한 줄이는 것이다. 모든 제품이 재사용되도록 장려하고 폐기물이 나오는 것을 방지하는 데 초점을 맞춘 '제로웨이스트'(Zero Waste) 운동이 확산하고, 쓰레기를 줄이기 위한 대체재 사용도 늘고 있다. 세계경제포럼(WEF)은 2021년 7월23일 '재사용 소비 모델의 미래' 보고서에서 "재사용 캠페인을 통해 2030년까지 세계의 모든 포장재 중 최소 10%가 일회용이 아닌 다회용 또는 재사용 가능한 제품으로 대체될 수 있을 것"이라고 기대했다. 이런 활동만으로도 바다로 흘러가는 플라스틱 쓰레기의 거의 절반을 줄일 수 있다는 것이다. 21

싱가포르를 가장 깨끗하게 유지하는 방법

쓰레기 무단 투기에 엄청난 벌금 물리고 "날리지 않도록" 묶기 위해 과도한 비닐 사용, 저임금 이주노동자에게 재활용 분리 맡겨

비닐봉지가 가득한 마트 모습

싱가포르=글·사진 이봉렬 교민

쓰레기봉투가 다 떨어졌다. 그럼 마트에 가서 필요한 걸 몇 개 사면 된다. 계산대 직원이 채소, 생선, 달걀, 음료수, 치약을 각각 다른 비닐봉지에 담아준다. 아, 달걀은 깨질 수 있다며 봉지 하나를 덧씌워준다. 봉지 하나에 다 담길 만한 양인데 기어이 봉지 여섯 개에 나눠 담아주고, 난 그걸 그대로 받아온다. 봉짓값은 따로 받지 않는다.

서울시 환경미화원 6천 명, 싱가포르 4만7천 명

집에 와서 반찬을 준비하고 남은 음식물쓰레기를 좀 전에 받아온 비닐봉지에 담는다. 청소하면서 나온 쓰레기도, 더는 못 입는 옷가지도 같은 비닐봉지에 담는다. 그런 뒤 아파트 각 층에 설치된 쓰레기 투입구에 버린다. 한국에선 1990년대 초까지 가능했던 일이지만, 2021년 싱가포르에선 일상적으로 일어나는 모습이다.

싱가포르 하면 동남아시아에서 제일 잘사는 선진국으로 진작에 세계화되고 수많은 규율 속에 청결한 환경으로 유명한데, 쓰레기 버리기는 왜 아직 이럴까? 그 이유는 그 방식이 싱가포르를 가장 깨끗하게 유지하는 방법이기 때문이다. 적도에 위치한 섬나라 싱가포르는 특유의 덥고 습한 날씨 때문에 쓰레기가 방치되면 악취가 나는 것은 물론이고 온갖 질병과 해충의 온상이 된다.

초대 총리 리콴유는 1968년 싱가포르를 깨끗한 도시로 만드는 것이 질병 퇴치와 삶의 질 향상, 외국인 투자와 관광객 유치에 큰 구실을 한다며 '깨끗한 싱가포르 만들기'(Keep Singapore Clean) 캠페인을 시작했다. 이후 대대적인 청소와 함께 거리 곳곳에 쓰레기통이 놓였고, 환경미화원이 대폭 증원됐다. 오늘날 580만 인구의 싱가포르에서 청소만 하는 인원이 무려 5만7천 명이다. 서울시 환경미화원이 6천 명을 조금 넘는 수준이니 그 규모를 짐작할 수 있다. 그리고 쓰레기 무단 투기에 엄청난 벌금을 부과한다. 처음 적발되면 최대 2천싱가포르달러(약 170만원), 두 번째 적발은 최대 4천달러(약 340만원), 이후에는 최대 1만달러(약 850만원)를 벌금으로 낼 수도 있다.

거리를 돌아다니면 어디서든 쉽게 쓰레기통을 볼 수 있다. 시내에는 어림잡아 50m에 하나씩, 변두리 주택가에도 100m에 하나씩 있을 정도다. 벌금이 무섭기도 하지만 이 정도로 쓰레기통이 많으니 굳이 무단 투기를 할 이유가 없다. 단위면적당 쓰레기통 수를 집계한 게 있다면 1위는 분명 싱가포르일 터. 거리가 깨끗할 수밖에 없다.

쓰레기 태우는 열로 전력 3% 만들어내

깨끗한 도시가 최우선 과제이다보니 분리배출은 우선순위에서 밀린다. 맞벌이가 일반적인 싱가포르 가정에서 재활용품 분리배출을 의무화하면 시간 내서 나누고 재활용하는 대신, 다들 쓰레기를 들고 밖으로 나가서 공용쓰레기통에 버릴 가능성이 크다. 그렇다고 지저분해지는 걸 감수하며 거리에서 쓰레기통을 없앨 정부도 아니다. 시민에게 요구하는 건 단 하나, 쓰레기가 날리지 않게 잘 묶어서 지정된 쓰레기통에 버리라는 것. 그러다보니 비닐봉지 사용이 과하다.

인구의 30% 가까이 되는 단기체류 이주노동자와 매년 인구의 4배 넘게 찾아오는 관광객에게 분리배출을 강제하는 것도 현실적으로 어려운 일이다. 재활용품 분리배출 시스템을 만들어 교육과 홍보를 하고, 지속적으로 감독하기보다 최소한의 협조만 구하고 재활용 자체는 이주노동자에게 일괄적으로 맡기는 것이 훨씬 효과적이고 경제적으로도 유리할 수 있다. 인도, 방글라데시, 미얀마 등에서 저임금 이주노동자를 지속해서 공급받을 수 있는 싱가포르라서 가능한 일이다.

그렇게 수거된 쓰레기는 소각장에 모인다. 이주노동자가 재활용할 수 있는 것을 골라내고 나머지는 모두 태운다. 쓰레기 소각장은 발전소 구실도 하는데, 쓰레기를 태울 때 발생하는 열로 싱가포르 전체 전력의 3% 정도를 만들어낸다. 태우고 남은 재와 태우지 못하는 쓰레기를 모아 본토에서 멀리 떨어진 작은 섬 옆의 바다에 묻는다. 그 위에 복토(흙을 덮음)해 섬의 면적을 넓힌다. 서울보다 조금 큰 섬나라 싱가포르의 국토 면적은 이렇게 매년 조금씩 넓어지고 있다.

한 통에 모든 재활용품을

여기까지만 보면 싱가포르는 쓰레기로 발생하는 환경문제에 완전히 손을 놓고 있나 싶겠지만, 당연히 그렇지는 않다. 여기도 분리배출을 한다. 아파트 단지를 비롯해 거주지 곳곳에 재활용품 분리수거함이 설치됐다. 특이한 점은 종이, 빈 병, 헌 옷을 모

(위부터) 전자폐기물 수거함. 음료병이나 캔을 넣으면 할인쿠폰을 주는 자판기. 2021년 7월14일 싱가포르의 한 건물 앞에 줄줄이 놓인 쓰레기통을 이주노동자가 치우고 있다.

두 한 통에 버리는 단순한 방식이라 분리배출에 대한 거부감이나 불편을 최소화했다는 것.

시내에도 다양한 형태의 분리수거함이 많이 설치되고 있다. 쓰레기 가운데 전자폐기물이 차지하는 비중이 날로 커지면서 전자폐기물만을 따로 모으는 수거함이 별도로 설치된다. 팔다 남은 음식을 버리지 않고 다른 사람에게 무료로 나눠주는 수거함도 있다. 음식물쓰레기를 줄이기 위한 방안이다.

다만 이 모든 분리배출이 권장 사항이지 의무 사항은 아니라서 분리배출에 따른 스트레스를 받는 상황은 아니다. 스트레스 대신 돈을 주기도 한다. 싱가포르 환경부는 대형마트 체인과 손잡고 캔이나 음료병을 넣으면 개수에 따라 마트 할인쿠폰으로 보상해주는 자판기를 50개 정도 운영하고 있다. 2017년부터 정부 차원에서 시작한 'BYO'(Bring Your Own·당신의 쓰레기를 가져오세요) 프로젝트는 쇼핑할 때 제품 용기를 가지고 오거나 비닐봉지 대신 장바구니를 쓰는 경우 인센티브를 제공하기도 한다.

싱가포르 정부는 쓰레기 처리 문제에서 시민들에게는 관대하지만, 기업이나 생산자에게는 적극적인 역할을 하도록 유도한다. 2019년 싱가포르 의회는 '자원 지속가능성 법안'을 통과시켰다. 핵심 내용은 2025년까지 제품을 생산 혹은 수입하는 기업이 제품과 포장재로 발생한 폐기물의 수거와 재활용까지 책임지도록 법규를 마련하겠다는 것이다. 발생한 쓰레기를 분류해서 재활용하는 것보다 생산 단계에서 불필요한 포장재를 줄이는 게 훨씬 효과적이라는 판단이다.

재활용보다 포장재 줄이기가 효과적

재활용을 위한 쓰레기 분리배출보다는 깨끗한 싱가포르가 우선이라는 방침은 앞으로도 유지될 것으로 보인다. 쓰레기 분리배출과 재활용에 대한 책임은 생산자와 정부가 떠안고 시민에게는 최소한의 협조를 구하는 것도 공무원 사회인 싱가포르의 특징이다. 이런 나라에서 살다 보니 쓰레기 버리는 게 편해서 좋긴 한데, 엄청나게 쓰이는 비닐봉지 때문에 마음은 편하지 않다. 싱가포르를 위해서라도 빠르게 썩는 친환경 비닐봉지가 저렴하게 보급됐으면 한다. 21

법 때문이야, 일본 거리가 깨끗한 건

쓰레기 재활용의 최선진국, 산업폐기물도 일반쓰레기도 소각장도 줄어들어

도쿄=글·사진 박철현 일본 데쓰야공무점 대표·작가

거의 매일같이 네팔 친구들과 함께 쓰레기를 분리한다. 내 본업이 인테리어 설비업체 대표이기 때문이다. 사람이 그다지 많지 않아 현장에서 직접 작업할 때가 종종 있다. 2021년 7월 현재 담당하는 공사현장이 네 곳이다보니 배출되는 쓰레기양이 꽤 된다. 일반쓰레기가 아닌 산업폐기물이기에 구체적으로 분류해야 한다. 철, 비철(알루미늄·스테인리스 등), 가전(냉장고·에어컨 등), 플라스틱, 종이 상자, 목재, 그리고 시멘트나 콘크리트, 석고보드 같은 어디에도 분류되지 않을 잡쓰레기. 분류된 쓰레기를 싣고 일본 도쿄 인근 사이타마의 중간처리장으로 간다.

사이타마현 미사토시와 고시가야시에는 산업폐기물 중간처리징이 엄청나게 모여 있다. 지바의 몇몇 곳과 더불어 간토 지역 쓰레기가 다 모인다 해도 과언이 아니다. 주로 이용하는 곳

일본 사이타마현 사토에 있는 산업폐기물 중간처리장 모습. 일본 쓰레기의 80%를 차지하는 산업폐기물은 중간처리장에 일단 접수된 뒤 재활용되거나 최종 처리장으로 옮겨진다.

은 베트남·방글라데시 사람들이 운영하는 처리장이다. 이들에게 에어컨·냉장고를 버리면 돈을 준다. 일반 가정용 에어컨은 2천~3천엔, 냉장고도 1천엔(약 1만500원) 정도 받는다. 이들은 이 제품들을 적당히 고치거나 부속을 분리한 뒤 자신들의 나라에 수출한다. 철은 ㎏당 10엔(약 105원)을 받으며 비철은 15엔으로 책정됐다.

1천엔에 넘기는 냉장고, 오래된 목욕탕에 나무를

종이 상자는 미나미센주의 폐지 재활용 공장에 가져가면 공짜로 처리할 수 있다. 이 공장은 종이 상자를 대형 분리기계로 찌그러뜨려 단단한 종이 뭉치를 재창조한 뒤 제지회사에 넘긴다. 우리가 갖다주는 폐지가 재활용돼 다시 시장에 나온다. 목재는 시내 곳곳의 오래된 목욕탕에 갖다준다. 요즘엔 좀 힘들다. 나무를 태우는 전통 방식의 목욕탕이 점점 줄어들기 때문이다. 어쨌든 뭔가를 부수거나 공사 뒤 나오는 쓰레기 중 직접적 비용이 발생하는 산업폐기물은 플라스틱과 잡쓰레기밖에 없다.

처분비용은 보통 '규모'로 판단한다. 잡쓰레기는 1㎥당 2만엔(약 21만원), 목재는 5천엔쯤 든다. 우리 같은 공사업자들이 쓰레기를 중간처리장에 갖다주면, 중간처리장은 그것을 모아 정기적으로 최종처리장에 넘긴다. 최종처리장은 잡쓰레기로 분류된 것을 매립해왔다. 하지만 요즘엔 재활용 기술 발전, 그리고 매립장 포화라는 물리적 문제로 가능한 한 재활용한다. 환경성 누리집을 보면, 시멘트 콘크리트 재활용률은 거의 98%에 이른다. 이는 전적으로 2000년 제정된 '건설 리사이클법' 때문이다.

현재 일본은 쓰레기 재활용의 최선진국이라 불린다. 한 번이라도 일본을 방문해 본 사람이라면 알겠지만, 일본의 길거리는 정말 깨끗하다. 그러면서 일본의 국민성을 거론한다. 하지만 나는 국민성보다 일본의 쓰레기 관련 법률과 행정 시스템이 철저하기 때문이 아닐까 한다. 2021년 현재 일본의 쓰레기 관련 법률은 17개에 이른다. 특히 재활용 관련 법은 △용기포장 리사이클법(1995년) △가전 리사이클법(1998년) △건설 및 식품 리사이클법(2000년) △자동차 리사이클법(2001년) △소형 가전 리사이클법(2013년) 등 다섯 부분으로 나뉘며 각 법률의 세부사항도 구체적으로 짜였다. 앞서 언급한 건설 리사이클법의 경우 건설 폐기물, 아스팔트 콘크리트, 일반 콘크리트, 건설 발생 목재, 건설 오수 등 20여 개 항목으로 나눠 각각의 폐기물 처리 절차를 명시한다.

아타미시 산사태의 원인이 불법투기

왜 이렇게 엄격하게 지정할까. 이유는 산업폐기물 불법투기로 일본 사회가 몇 차례 고역을 겪었고, 지금도 불법투기가 진행 중이기 때문이다. 가령 2021년 7월3일 발생한 시즈오카현 아타미시 산사태의 원인도 불법투기에서 비롯됐음이 밝혀지고 있다. 택지 조성을 위해 산 중턱에 새롭게 흙을 쌓았는데 그 흙 밑에 폐타이어, 폐목재, 화학품 용기 등 대량의 산업폐기물이 숨겨져 있었다. 이번뿐만이 아니다. 7년 전에도 규모는 작지만 비슷한 산사태가 근처에서 발생했다. 그때도 산사태 더미 속에 건설·화학 관련 폐기물이 발견됐다고 한다. 아타미 산사태는 발생 이후 3주가 지난 지금도 복구 중이며 해당 주무 부처인 국토교통성은 전국의 택지 조성 개발용지를 전수조사하겠다고 발표했다.

이것도 유례없는 '고도성장기'(1960~1980년대)와 '버블'(1985~1991년) 시기의 쓰레기 대란에 비하면 별것 아니다. 일본은 제2차 세계대전 패배 이후 한국전쟁 특수가 있었다곤 하지만 1955년 국민 전체 가처분소득은 7조엔에 그쳤다. 그랬던 것이 1980년에는 214조엔으로 무려 30배 이상을 기록했다. 가처분소득이 늘어나면 그것에 비례해 쓰레기 총량도 늘어난다. 얼핏 화려해 보이는 고도성장기 이면에는 쓰레기와 관련해 온갖 피해도 나왔다. 대표적인 것이 미나마타병과 이타이이타이병이다.

미나마타병은 구마모토현 미나마타시에 있는 신일본질소주식회사(현 JNL)가 바다(미나마타만)에 지속적으로 내다버린 수은으로 인한 신경계 계통 질환을 의미한다. 2001년까지 공식 발표된 환자 수만 2265명이며 기업에서 재정 보상을 받은 이는 1만 명에 이른다. 신일본질소는 1956년 이 사건이 최초로 밝혀진 이후에도 1968년까지 12년간 진실 공방을 하며 계속 메틸수은 합성물을 버렸다. 지금도 5월1일이 되면 미나마타병 특집 기사가 실리며, 유아 시절에 앓은 미나마타병으로 2020년 현재도 고통받는 70대 환자가 있다.

이타이이타이병도 마찬가지다. 만성 카드뮴 중독에서 비롯되는 신장병도 비슷한 시기에 발견됐지만, 정부의 공식 인정은 1967년에야 이뤄졌다. 약 12년간 하천과 바다로 흘러나간 카드뮴을 섭취한 생선과 생활용수를 인간이 먹었다. 공식 환자 수는 2011년까지 196명으로 미나마타병보다 적지만 실제 얼마나 많은 사람이 걸렸는지 정확하게 파악되지 않는다.

폐기물처리법의 근간이 된 미나마타병·이타이이타이병

두 병은 결과적으로 일본 쓰레기법의 근간이라 할 수 있는 폐기물처리법(1970년)을 신설하는 데 혁혁한 공을 세웠다. 1960년대까지만 하더라도 일본에는 공중위생 향상이라는 막연한 목적을 띤 청소법(1954년 제정)만 있었다. 하지만 고도성장기에 돌입하면서 앞서 소개한 각종 원인을 알 수 없는 공해성 질병이 등장하자 '공중위생 및 생활환경의 보전'을 목적으로 한 폐기물처리법을 제정했다. 그리고 이 법에 따라 일반폐기물과 산업폐기물이 구분되기에 이르렀다.

음식물쓰레기 등 일반폐기물은 행정 시스템이나 법령이 복잡하지 않다. 소각용 쓰레기(종이·옷·음식물 등)와 타지 않는 쓰레기로 나눈다. 전자는 소각하고 후자는 리사이클이나 매립을 한다. 소각용 쓰레기는 태울 때 나오는 일산화탄소 등이 대기오염에 영향을 미친다고 해서 점점 세밀하게 분류한다. 각 소각장이 아무리 환경 관련 설비를 구비해도 대기오염 자체를 막을 순 없기 때문이다. 음식물쓰레기는 사료 재처리장에서 비료로 재활용되고, 소각할 때 나오는 고열을 활용해 전력으로 이용하기도 한다. 이를 '쓰레기 화력발전'이라 하는데 2000년대 시작됐고, 지금은 쓰레기 방출량이 많은 대도시에서 정착됐다. 어차피 전력을 생산할 때 환경을 오염시킬 수밖에 없으므로 환경오염을 일으키는 쓰레기 소각을 전력 자원으로 활용해보자는 아이디어다. 하지만 절대적인 쓰레기양의 감소와 처리 불가능한 불법투기를 줄이는 노력이 가장 중요하다.

일반폐기물은 해당 기초지역단체의 관할 범위가 뚜렷하기에 주민들 입장에선 불법투기 자체가 힘들다. 또한 쓰레기를 분리해서 집 앞에 내놓기만 하면 지자체에 등

필자가 매일같이 네팔 친구들과 함께 분리하는 산업폐기물 모습. 철, 비철(알루미늄·스테인리스 등), 종이상자, 플라스틱, 목재 등으로 분류한다.

록된 쓰레기업자가 무료로 회수해 가기에 개인의 문제가 생길 여지가 없다. 물론 쓰레기 수거업체가 수거한 쓰레기를 불법투기하는 경우가 있지만 이럴 경우 바로 등록면허를 내놔야 하므로 업체 입장에서도 위험 부담이 크다. 그렇다면 문제는 산업폐기물이다.

끊임없이 강조하는 3R 교육

앞서 말했듯 일본은 산업폐기물의 중간처리장 처분비용이 꽤 세다. 잡쓰레기는 갖다 버리는 것만 1㎥당 2만엔이 소요된다. 또한 중간처리장까지 가는 차량 렌트비, 운반업자 비용까지 계산한다면 t당 10만엔은 잡아야 한다. 영세한 공사업자일 경우 이 막대한 금액 때문에 불법투기 유혹에 빠질 가능성이 충분히 존재하며, 실제로 불법투기하는 업자도 꽤 있다. 그렇기에 강력한 법제도와 행정 절차가 제정됐다. 건설 리사이클법에 따르면 공사업자들은 발주처에 먼저 산업폐기물을 어떻게 처리할 것인지 설명할 의무를 진다. 그리고 발주 계약서에 쓰레기를 어느 중간처리장에 갖고 갈 것인가 명기해야 한다. 건물 해체는 더 구체적인데 산업폐기물 처리 사전계획서와 고지서, 해체 순서 등을 지자체에 제출해야 한다. 물론 해체가 다 끝나면 해체 완료 보고서를 작성하고 중간처리장의 확인서를 첨부해 다시 지자체에 제출한다.

이것으로도 부족해 아예 교육 측면에서 쓰레기에 관한 의식을 주입한다. 일본 환경성이 2000년대 들어 본격적으로 시행하는 '순환형 사회 형성을 위한 3R' 교육이 그것이다. 3R은 'Reduce(절감), Reuse(재사용), Recycle(재활용)'의 첫 글자에서 따왔는데 초등학생 저학년 교과서에 의무적으로 실리고 시험문제로도 출제된다. 어릴 때부터 세뇌교육에 가까울 정도로 철두철미하게 교육해야 환경의식이 자리잡는다. 이 시기(2000년대)부터 본격적으로 정착된 쓰레기 재활용 관련 법안·의식 교육은 20년이 지난 지금 비로소 정착되고 있다.

'순환형 사회'를 위해 모든 쓰레기를 100% 재활용한다는 원대한 목표를 세운 뒤 세부 방침으로 해당 법령을 구체적으로 정비하고 국민에겐 3R을 끊임없이 홍보한다. 그 결과 일본의 쓰레기 총배출량은, 환경성 보도자료 등을 참고하면 2006년 4억7천여만t(산업폐기물 4억2168만t, 일반쓰레기 5272만t)을 정점으로 점차 하락세를 보여 2018년엔 산업폐기물 3억8354만t, 일반쓰레기 4272만t으로 집계됐다. 이에 따라 소각시설도 2006년 1200여 곳에서 2019년 현재 1082곳으로 약 100곳 줄어들었다.

플러스 성장에도 쓰레기 절대량 줄어들어

물론 일본은 후쿠시마 원전 오염수 방류 결정과 아타미 산사태 등으로 환경 분야에 관한 비판을 받고 있다. 하지만 2000년 이후 각종 수치를 보면 고도성장기의 무분별한 환경의식을 바로잡기 위한 노력도 해왔음을 알 수 있다. 혹자는 '잃어버린 30년'이 말하듯 경제활동이 위축돼서 쓰레기 절대량이 줄어든 것으로 치부할 수도 있겠다. 그러나 일본 경제는, 코로나19 사태가 오기 전 미미하긴 하지만 플러스 성장률을 기록해왔음에도 쓰레기 절대량이 줄어들었다. 이는 곧 환경문제에 관해 의식적으로 노력해왔다는 것을 의미한다. 한국 역시 쓰레기 처리에서 일본의 법제도를 본떠 구체적인 규제를 마련하면 어떨까 싶다. 21

제일 좋은 점, 쓰레기 걱정 없이 사는 것

2020년 5월 분리수거 시작, 그러나 여전히 그냥 버려도 돼, 다른 점은 누군가가 분리해서 가져가는 것

베이징=박현숙 자유기고가

2001년 중국 베이징으로 이주했을 당시 동네 주변은 허허벌판이었다. 그 황량한 벌판 위에 지금은 알리바바와 벤츠 등 세계 500대 기업이 들어서고 고급 아파트와 상가들이 세워졌지만 원래 그곳은 쓰레기 무단투기장이었다. 본격적인 개발 붐이 불기 전에 베이징 시내의 거의 모든 공터에는 쓰레기와 잡초가 사이좋게 동거하고 있었다. 그 사이로 무허가 판자촌도 즐비했다. 쓰레기 집성촌이라 해도 무방했다.

쓰레기봉투를 돈 주고 산다고?

한국에 한 번씩 갈 때마다 가장 불편했던 점은 쓰레기 버리는 문제다. 한국에서 쓰레기 분리수거 정책이 시행되기 전에 중국으로 왔던지라, 지난 20년 동안 한 번도 쓰레기 분리배출을 경험해보지 못했다. 이 때문에 한국에 가서 잠깐씩 머물다 올 때마다 항상 생활쓰레기 분리배출 문제가 가장 큰 골치였다. 그중에서도 음식물쓰레기 처리는 고난도 문제였다. 가정에서 음식물 찌꺼기 분쇄기를 사용한다는 것도 신선한 충격이었고, 요일마다 각종 쓰레기 버리는 날이 다르고, 지정된 쓰레기봉투를 돈을 주고 사야 한다는 사실도 어마어마한 '문화 충격'이었다. '우리 중국에서는' 상상할 수 없는 일이었기 때문이다. 그래서 "중국에 살면서 어떤 점이 가장 좋냐"는 질문을 받을 때마다 나는 한 치의 망설임도 없이 이렇게 대답했다. "쓰레기를 '쓰레기처럼' 막 버릴 수 있는 점이 가장 좋답니다."

한 번씩 중국에 놀러 오는 한국 지인들은 '쓰레기 천국'인 중국을 보면서 경악을 금치 못했다. 하지만 나는 그들에게 "미국이나 캐나다 같은 선진국도 분리배출을 안 하고 막 버리는데 왜 중국만 욕하냐"고 대꾸했다. 또 우리나라를 비롯해 주요 선진국이 자국에서 처리하지 못하는 폐기물 쓰레기를 죄다 중국으로 수출해서(2018년부터 중국은 외국 폐기물 쓰레기 수입을 금지했다) 역으로 돈을 벌기까지 하면서 정작 중국을 '오염 주범'으로 비판하는 시각이 과연 정당한지 의문이 들기도 했다. 그렇게 '쓰레기 걱정 없이' 잘 살았는데, 2020년 5월부터 '우리 베이징에서도' 드디어 쓰레기 분리수거 정책

REUTERS

박현숙 제공

2013년 4월 베이징 쓰레기 집하장에 도착한 트럭에서 노동자가 쓰레기를 내리고 있다. 중국은 2018년 폐기물 수입을 금지하는 등 쓰레기 관련 개혁을 펼치고 있다(위). 2021년 7월 베이징의 한 업자가 종이를 '분리수거'한 뒤 리어카에 실어 나르고 있다.

이 시행됐다. 중국에 살면서 '가장 좋은 점' 하나가 사라졌다.

거대한 '쓰레기산'으로 포위된 베이징

2004년 중국은 미국을 초월해 세계 최다 쓰레기 배출 국가가 됐다. 중국의 생활쓰레기 연간 배출량은 2019년 기준으로 4억t가량이며 매년 약 8%씩 증가한다고 한다. 그중에서도 베이징은 중국 최대 쓰레기 배출 도시다. 하루 쓰레기 배출량이 3만t 정도다. 내가 사는 베이징 집 앞 쓰레기통에도 온종일 쓰레기가 차고 넘치지만, 일정한 시간마다 누군가가 와서 수거해 싣고 또 어딘가로 사라진다. 도대체 그 많은 쓰레기는 어디로 가는 걸까?

2010년 상영된 〈쓰레기로 포위된 도시〉는 베이징 시내에서 매일 사라지는 쓰레기의 행방을 취재한 다큐멘터리영화다. 베이징 외곽에 있는 460개의 쓰레기 처리장을 2년간 취재해서 만든 이 다큐멘터리의 첫 장면은 거대한 '쓰레기산'과 거기서 쓰레기를 주워 팔아 살아가는 사람들 모습이다. 마지막 장면은 베이징의 쓰레기 매립지와 불법 매립장 지도를 화면 가득 담았다. 지도를 보면 베이징은 거대한 쓰레기산으로 포위된 도시다. 영화는 감독의 내레이션을 통해 베이징의 개발과 발전은 쓰레기산 위에서 건설된 거라고 말한다. 당시 베이징에 있던 400개 넘는 쓰레기산은 지금 대부분 '개발되어' 아파트와 상점 등 초고층 건물이 들어서 있다.

베이징은 2020년 5월부터 '베이징시 생활쓰레기 관리 조례'를 발표해 실시하고 있다. 이 조례에 따라 베이징시 주민들은 재활용, 유해, 음식물, 기타 네 가지로 쓰레기를 분류해서 버려야 한다. 위법시에는 50~200위안(약 8800~3만5천원)의 벌금을 물도록 했다. 다른 대도시들도 속속 강제 쓰레기 분리수거 정책을 시행하고 있다. 장기적으로 쓰레기를 자원화하는 기술과 기업에 집중적인 지원과 투자를 할 방침이다. 도시 생활쓰레기 처리도 무해화, 감량화, 자원화를 목표로 한다. 하지만 외식과 배달경제의 비약적인 성장으로 도시 쓰레기 배출량은 갈수록 늘어나고 있다. 2016년 28곳이던 베이징시 쓰레기 매립소각장이 2020년에는 45곳으로 늘어났을 정도다.

여전히 모르는 것, 쓰레기는 어디로 가나

베이징시 강제 분리수거 정책도 사실상 '흉내'만 내고 있다. 초기에는 음식물쓰레기 분쇄기를 사는 등 쓰레기 분리배출 모범 시민이 되려고 호들갑을 떨던 이웃집 중국인들도 지금은 슈퍼에서 물건을 살 때 주는 비닐봉지에 대충 다 섞어 넣고 분리 쓰레기통 아무 곳에나 휙 던져놓는다. 분리수거는 수거업체 직원들이 하고 있다. 쓰레기를 들고 내려가서 버려야 한다는 불편만 추가됐다. 나도 한국에서 겪었던 엄격한 쓰레기 분리배출 악몽이 생각나서 '좋은 시절은 다 갔구나' 하며 낙담(?)했지만, 지금은 예전처럼 '편하게' 살고 있다. 달라진 점이라면 지금은 누군가가 분리해서 가져간다는 점이다. 그 쓰레기들이 어디로 가서 어떤 종말을 맞는지는 여전히 잘 모른다. 21

5 세계의 쓰레기-인도네시아

오토바이 배달음식 문화, 어찌할까요

2019년 비닐봉지 사용 중지했지만, 고푸드·그랩푸드 등에서 플라스틱 사용 여전

자카르타=한이석 기업인

인도네시아는 인구 2억7천만 명을 가진 세계 4위 인구 대국이자 약 1만8천 개의 섬으로 이뤄진 세계 최대 규모의 섬나라다. 인도네시아 생활 6년째. 일상생활에서 느끼는 인도네시아의 쓰레기 처리 문화는 '편리함'과 '미안함'이다. 한국의 분리수거와 종량제봉투에 익숙해 있었기에, 아무 비닐봉지에나 종류를 불문하고 담아버리는 편리함 뒤로, '이래도 되나' 하는 마음의 불편함과 죄책감은 버려지지 않은 채 남는다.

금지했지만 친환경 봉투, 대체품은 어디에

이곳 대다수 아파트에서는 한국에 20~30년 전에 있었던 것처럼 각 층에 있는 쓰레기 투입구에 쓰레기 봉지를 던지면 된다. 단독주택 역시 온갖 쓰레기가 담긴 봉지를 그냥 집 앞에 내놓는다. 간혹 '유기물'과 '비유기물'로 구분된 분리수거함이 있지만 제대로 버려지는 걸 보지 못했다.

인도네시아 정부 자료를 보면, 인도네시아의 하루 쓰레기 배출량은 20만t에 이른다. 이 중 3분의 2는 매립된다. 특히 인구 1천만 명이 사는 대도시 자카르타에서는 날마다 최대 2400t의 플라스틱 쓰레기를 포함해 7천t의 쓰레기가 발생한다. 하지만 상당량이 마땅한 처리 방법이 없어 자카르타 인근 매립지에 쌓이고 있다. 2020년 세계경제포럼(WEF)이 발표한 보고서에 따르면, 인도네시아의 플라스틱 쓰레기 재활용 비율은 고작 10%에 그친다. 자카르타 동남부 외곽 지대에 있는 반타르 게방이라는 쓰레기 매립지는 세계에서 손꼽히는 규모다. 면적은 축구장 200개를 합친 것과 같고, 쓰레기 더미가 높이 쌓인 곳은 아파트 15층 높이와 맞먹는다.

자카르타 주정부는 2019년부터 쇼핑센터나 편의점, 재래시장에서 일회용 비닐봉지 사용을 금지하고, 자카르타 인근 수도권 지역(자보데타벡)에서도 같은 조처를 적용하고 있다. 이를 위반한 업소는 최대 2500만루피아(약 200만원)의 벌금과 인

허가 취소까지 가능하다. 현재 대부분의 슈퍼마켓이나 편의점 등에선 일회용 비닐봉지 규제가 잘 지켜지고, 시민들도 에코백(친환경 가방)을 갖고 가는 것이 생활화되고 있다.

그러나 '온라인 거래를 하는 업자도 상품 포장은 친환경 포장지를 사용해야 한다'는 정부 지침이 있지만 온라인상품, 배달음식, 재래시장이나 가판 등은 여전히 엄청난 양의 폐기물을 양산하고 있다. '고푸드'(Go-food), '그랩푸드'(Grab-food)로 대변되는 인도네시아의 오토바이 배달음식 문화는 상당한 양의 일회용 플라스틱과 비닐 쓰레기를 날마다 쏟아낸다. 현재의 정부 규제로는 별다른 효과를 기대하기 어려워 보인다. 실제 소매업자협의회 쪽은 주정부의 조처를 지지한다면서도 "친환경 봉투를 사용해야 한다는데 구체적으로 어떤 재료로 만들어야 하는지 대체품에 대한 안내와 설명이 없다"며 정부 시책을 에둘러 비판한다.

발전시설 완성돼도 10분의 1만 처리

인도네시아에서 발생하는 전체 폐기물의 절반 가까이(48%)는 가정에서 나오는 생활폐기물이다. 대부분은 제대로 사후관리가 되지 않고 거의 절반이 불법 소각된다. 쓰레기 불법 소각은 2005년부터 법적으로 금지했으나 여전히 횡행한다. 분리배출에 솔선수범하는 개인 차원의 노력이나 국민적 캠페인도 중요하지만 분리배출한 폐기물이 제대로 처리되지 않는다면 궁극적 효과를 얻기 힘들 것이다. 불필요한 쓰레기 발생을 생산과 소비 단계에서 최소화하는 것 못지않게, 배출되는 쓰레기의 효율적인 재활용이나 폐기물 처리 발전시설(소각장) 같은 관련 산업을 활성화하는 정부 정책이 절실하다.

2019년 3월 인도네시아 자카르타 외곽의 반타르 게방 쓰레기 매립지에서 사람들이 돈이 될 만한 재활용 가능 폐기물을 건지려 쓰레기 더미를 뒤지고 있다.

REUTERS

인도네시아 정부는 2018년 폐기물 처리 발전시설 건설 촉진에 관한 대통령령을 시행하고, 2019년부터 12개 지역에서 건설을 추진하고 있다. 그러나 실제 가동하는 곳은 자카르타와 솔로, 두 지역에 불과하다. 12개 발전시설이 완성되더라도 폐기물의 하루 처리 능력은 1만6천t으로, 전체 쓰레기 배출량의 10분의 1에도 못 미친다. 그뿐 아니라, 국내 여러 폐기물 처리장의 능력도 한계에 이르러 새로운 처리장의 가동과 대안 마련이 시급하다. 그러나 중앙정부와 지방자치단체에 재정 부담이 되는 것은 물론, 국영전력회사(PLN)의 부담은 더 큰 것으로 나타나 사업 추진이 더딘 것으로 보인다. PLN은 폐기물 발전시설에서 1㎾당 13.35센트로 전기를 구매할 수 있도록 대통령령으로 정해졌는데, 이는 1㎾당 약 5센트인 석탄발전소의 전력 구매 가격보다 훨씬 높다.

버려지거나 태워지는 수입 폐기물

국내에서 발생하는 폐기물 못지않게 심각한 것은 '선진국발 쓰레기' 유입 문제다. 인도네시아 정부는 쓰레기에 관한 법률에 근거해 2019년부터 플라스틱 쓰레기 수입을 금지했다. 폐플라스틱 유입을 막기 위해 수출등록과 세관검사 등으로 수입규제를 강화하고 있으나 여전히 재활용이 불가한 유해 폐기물이 밀반입되는 실정이다. 환경단체들에 따르면 유해 수입 폐기물이 하천에 무분별하게 버려지거나 태워진다고 한다. 21

'쓰레기 영웅'을 아시나요

바다로 흘러드는 플라스틱 폐기물 배출 6위 국가 타이, 젊은 세대 소비자 행동 늘어나

치앙라이=마노마이비불 매파루앙대학 교수·'쓰레기 없는 타이를 위한 순환경제연구소' 소장
아모르폴 후바난다나 순환경제 스타트업 '모어루프' 공동설립자

다른 개발도상국과 마찬가지로 타이에서도 폐기물 발생량이 늘고 있다. 고형폐기물(MSW)은 2008년 2393만t에서 2018년 2782만t으로 매년 1%씩 꾸준히 증가했다. 타이인 한 명당 평균 하루에 쓰레기 1.1㎏을 버리는 셈이다.

관광지에서 쏟아지는 쓰레기

도시화와 일회용 문화가 주요 원인이다. 수도 방콕에서만 전체 도시 고형폐기물의 약 17%가 나온다. 타이 천연자원·환경부 산하 오염관리청에 따르면, 하루 폐기물 발생률은 도시 지역이 1.89㎏으로, 농촌 지역(0.91㎏)의 갑절을 웃돈다. 유명한 관광지 중 한 곳인 파타야에선 코로나19 확산 이전만 해도 하루에 한 사람당 쓰레기 3.9㎏이 쏟아졌다. 경제 선진국 싱가포르의 배출량과 맞먹는다. 관광객이 2~3일 이곳에 머물며 내버린 쓰레기 탓이다.

폐기물 배출 증가에 더해, 그것을 효율적으로 처리하는 방식도 큰 관심사다. 한국이 1995년부터 쓰레기 배출량에 따라 부담금을 매기는 쓰레기 종량제를 성공적으로 시행하는 것과 달리, 타이는 대부분 쓰레기 수거 비용으로 매달 5~30밧(약 175~1050원)의 고정요금을 낸다. 타이에서 쓰레기 수거·폐기 기반시설은 매우 미흡하다. 지방자치단체의 설반이 한성된 예산 밖에 쓰레기 수거 시스템을 갖추지 못했다. 최신 통계를 보면 매년 600만t의 도시 고형폐기물(전체의 23%)이 수거되지 않는다. 수거된 1500만t(58%) 중 800만t은 매립지나 소각로에서 적절하게 처리되지만, 나머지 700만t은 야적장에 방치되거나 오염정화 시설이 없는 소형 소각로에서 태워진다. 단지 19%(약 500만t)만 무허가 쓰레기 처리업자나 고물상 등 비공식 경로를 통해 재활용됐다.

후바난다나 제공

주민과 관광객의 플라스틱 쓰레기 배출량 비교

	주민	관광객
베트남	70	114
몰디브	23.4	102.2
발리	14.6	50

1인당 연간 배출량(단위: kg)
자료: 〈플라스틱 아틀라스〉(2021)

부실한 폐기물 관리는 여러 문제를 낳는다. 쓰레기 야적장은 온실가스 방출과 환경오염의 주범이다. 도시 고형폐기물의 64%는 유기성 폐기물로 그것을 분해하는 과정에서, 이산화탄소보다 지구온난화에 20배나 영향을 주는 메탄이 발생된다. 쓰레기 매립지와 야적장에서 지하수로 흘러드는 침출수 오염도 심각하다. 산성 침출수에는 분류되지 않은 위험 폐기물 또는 산업폐기물에서 발견되는 중금속 같은 독성물질이 들어간다. 타이는 바다로 흘러드는 플라스틱 폐기물 배출 6위 국가이기도 하다. 세계자연기금(WWF)의 최근 연구에 따르면, 매년 11만5257t의 플라스틱 포장용기가 바다로 흘러든다.

바구니, 텀블러 그리고 핀토

그나마 좋은 소식은, 이처럼 결점투성이 시스템을 개선하기 위해 할 수 있는 일이 많다는 점이다. 타이 최북단 지역인 치앙라이에서는 제로웨이스트 프로그램의 첫 단계로 저렴하지만 효율적인 가정용 퇴비 시설을 설치했다. 쓰레기를 분류·처리하는 폐기물 은행을 설치해, 판매 가능한 재활용품의 분류를 장려하는 곳도 많다. 치앙라이 지방행정기구는 'D-ToC'라는 정보기술(IT) 플랫폼을 도입해, 가정에서 배출되는 위험 폐기물의 적절한 분류와 안전한 처리를 가능케 했다.

북부 도시 난(Nan)은 2018년 아세안(ASEAN·동남아시아국가연합) 청정 관광도시 1위 상을 받았다. 마을공동체와 학교, 상점, 호텔 등이 '3R 운동', 즉 쓰레기 절감(Reduce)·재사용(Reuse)·재활용(Recycle)에 협력한 덕분이다. 가방, 바구니, 텀블러 그리고 핀토(타이의 전통 식료품 용기)가 다시 쓰인다. 주말 차 없는 거리와 야시장에서도 관광객에게 플라스틱병, 알루미늄캔뿐만 아니라 플라스틱수저, 나무젓가락, 생분해 쓰레기 분리 배출을 요청하는 등 엄격한 쓰레기 분리 제도를 시행한다.

젊은 세대를 중심으로 책임 있는 소비자 행동을 하는 시민이 늘고 여러 유명인도 환경을 위한 목소리를 낸다. 타이에서 환경 교육에 헌신해온 배우 알렉스 렌델은 유엔환경계획(UNEP)의 초대 친선대사가 됐다. 주요 관광지를 중심으로 모두 32개 '트래시 히어로'(쓰레기 영웅) 지부가 있다. 트래시 히어로는 쓰레기 절감과 친환경 운동을 펼치는 전세계 민간단체다. 음식물쓰레기의 처리와 잔여 음식물 회수 운동을 이끄는 '지속성을 위한 학자들', 음식 공유 문화의 길을 닦은 '리필 스테이션' 등 다른 사회운동단체도 많다.

섬유 재고량 정보 공유해 12만5천 개 상품 재생산

섬유·의류 산업에서 버려지는 재고품을 되살리는 온라인 유통 플랫폼을 개발하는 스타트업 '모어루프'는 2021년 시드(SEED) 저탄소상을 받았다. 이 회사는 70개 공급업체로부터 91만4400m 길이에 이르는 섬유 재고량 정보를 받는다. △패션디자이너에게 잉여 섬유 판매 △기업을 위한 상품 재창출 △소비자를 위한 자체 생산, 이 3개의 핵심 사업전략으로 지난 3년간 7만6809m 길이의 직물을 12만5천 개 상품으로 재생산하고, 이산화탄소 배출을 42만kg 감축했다.

타이의 쓰레기 관리가 직면한 많은 과제에도 불구하고 희망과 기회, 교훈이 있다. 이런 지식의 교환과 보급이 '제로웨이스트'와 '순환경제'라는 의제를 현실화해 국제 차원에서 협업과 네트워킹을 강화할 것이다. 21

(왼쪽부터 시계방향) 타이의 한 쓰레기 야적장에서 한 시민이 버려진 가전제품 폐기물을 망치로 파쇄하고 있다. 재활용 플라스틱으로 만든 친환경 미생물 분해 방식의 가정용 음식물쓰레기 처리기. 타이의 한 마을이 시행 중인 친환경 쓰레기 처리 방식. 썩기 쉬운 유기물 쓰레기를 마른 나뭇잎과 섞어 놓아두면 자연분해된다.

후바난다나 제공

5 세계의 쓰레기-터키

당분간은 '플라스틱 폐기물 수입국'

플라스틱 폐기물 수입할 경우 비용 절감된다는 기업 반발에 두 달 만에 시행령 번복

이스탄불=노은주 TAOR 컨설팅 대표

REUTERS

터키 생활 15년. 경제, 물질 풍요, 민주적 태도 등 여러 면에서 발전이 두드러지지만, 쓰레기 재활용에 대한 인식은 한국의 1990년대 초반에 그친다. 쓰레기종량제는 없고, 2019년 1월부터 매장과 마트에서 비닐봉지 유료화만 시행하고 있다. 고형폐기물 분리수거에 대한 인식도 걸음마 단계다. 터키 환경부에 따르면, 터키의 고형폐기물은 연간 3200만t 배출되는데 그중 15~20%만 재활용된다.

여전히 쓰레기를 비닐에 싸서 한꺼번에

'제로웨이스트 운동'에 해당하는 'SIFIR ATIK(스프르 아트크) 프로젝트'는 레제프 타이이프 에르도안 대통령의 부인 에미네의 후원으로 2017년 10월에 출범했다. 1991년 설립된 환경 보호·포장 폐기물 평가 재단 'CEVKO'(제브코), 지방자치단체와 함께 일한다. 공원, 학교, 아파트 단지마다 분리수거함을 설치해 재활용 인식을 확대하는 게 대표적이다. 애니메이션 등을 통해 환경보호와 분리배출 교육도 한다. 최근 들어 가정용 쓰레기와 고형폐기물을 분리하고, 재활용 분리수거함도 컴퓨터·전자제품 수거함과 오일 수거함을 별도로 만들었으나, 분리배출에 대한 인식 변화는 더디다. 여전히 여러 쓰레기를 비닐에 싸서 한꺼번에 넣어버리는 일이 흔하다.

일반 가정에서 재활용 분리배출을 보면, 새 아파트 단지에서나 분리배출을 권장할 뿐이다. 일반주택 지역은 재활용 분리수거함조차 찾아보기 힘들다. 내가 운영하는 회사의 직원들에게 집에서 분리배출을 하는지 물었더니, 대부분 하지 않는다고 했다. 집 근처에 분리수거함이 없고 재활용 교육을 받지 못한 것이 주요인이다. 음식물쓰레기도 따로 배출하지 않는다. 초등학교와 중학교에서는 폐기물 재활용 교육이 강화됐지만 성인을 위한 교육은 제도적으로도 부족해 보인다.

참신한 시도도 있었다. 2018년 이스탄불시에서 유동 인구가 많은 지하철역에 '스마트 모바일 트랜스퍼 스테이션스'(Smart Mobile Transfer Stations)라는 재활용 수거 적립 기계를 설치했다. 페트병, 캔 등을 기계에 넣으면 교통카드에 페트병 크기에 따른 소량의 금액을 적립해주는 것이다. 비록 파일럿(시험) 형식으로 진행되고, 아직 지하철 환승역마다 설치되지는 않았지만 여러 재활용 교육 방안을 탐색하고 있다.

플라스틱 수입 때마다 인센티브 제공

터키는 영국과 유럽연합(EU) 국가에서 플라스틱 폐기물을 수입하는 나라로 유명하다. 터키 통계청 자료를 보면, 2004년 플라스틱 폐기물 수입을 본격화했고 2017년 이후 수입 규모가 급증해 2020년에는 65만9960t, 7230만달러에 이른다. 수입이 급등한 요인으로는 중국, 다른 국가의 수입 규제와 함께 터키에서 폐기물 재활용 시설 설립이 활성화됐기 때문이다. 또한 터키 정부는 경제성장과 고용 확대를 명목으로 재활용 시설에서 플라스틱 폐기물을 수입할 때마다 인센티브를 제공해 플라스틱 폐기물 수입이 급증했다. 터키 언론은 국내 플라스틱 분리배출이 원활하지 않아 수입하는 편이 비용 절감되므로 수입이 증가했다고 보도한다.

노은주 제공

터키 정부가 환경 보전을 이유로 에틸렌 폴리머 플라스틱 폐기물 수입을 전면 금지한 직후인 2021년 5월20일, 이스탄불 알리베이코이댐 근처 도로변에 버려진 플라스틱 쓰레기 모습(왼쪽). 최근 지방자치단체가 바샥셰히르구의 공원 입구에 재활용 분리수거함을 설치했다.

그러나 2021년 5월18일 정부는 환경 보전을 이유로 에틸렌 폴리머 플라스틱 폐기물 수입을 전면 금지하는 시행령을 내놓았다. 터키의 플라스틱산업재단(PAGEV) 회장 야부즈 에로글루는 수입한 플라스틱 폐기물로 원료를 생산하면 오리지널 원료를 써서 생산할 때보다 3분의 1 가까이 비용이 절감된다고 주장했다. 플라스틱 폐기물 수입 금지 결정으로 생산비가 올라 플라스틱 제품 가격 상승, 터키의 경제 불황, 인플레이션 상황이 심각해질 것이라고 경고했다. 이스탄불 상공회의소 회장인 세크프 아브다그지는 인스타그램 계정에서 정부의 플라스틱 폐기물 수입 금지 결정을 비판하며, 산업 분야를 위해 플라스틱 폐기물 수입 필요성을 강조했다.

업체 반발 때문일까, 터키 정부는 두 달 만인 7월16일 시행령을 번복해 플라스틱 폐기물 수입을 지속하기로 했다. 터키의 최대 명절(쿠르반 바이람 연휴)이 시작되기 전날, 시행령이 발표돼 언론은 잠잠했지만 환경보호단체에서 거세게 반발할 것으로 보인다.

남녀노소 위한 재활용 교육을

아무튼 플라스틱 폐기물 수입 허용이 당분간은 지속될 것이다. 화폐가치가 하락하고 인플레이션이 심각한 상황에서 환경보호뿐만 아니라 기업의 플라스틱 생산 비용 상승에 따른 경제적 영향을 정부는 고려할 수밖에 없다. 시소의 균형을 맞추듯이 환경보호와 산업·경제 발전이 조화를 이뤄야 한다. 앞으로 재활용 분리배출 제도를 발전시키고 재활용 교육을 폭넓게 펼쳐, 남녀노소 누구나 환경보호에 관심 갖도록 하는 것도 정부의 몫이다. 우리가 살아가는 환경을 보전해야 할 의무는 우리에게 있으니 말이다. 21

5 세계의 쓰레기-미국 워싱턴

“엄마, 이건 좀 너무하지 않아?”

식사 뒤 음식·식기를 한꺼번에 버리자 아들의 반응, 여전히 재활용은 의무 아닌 자발적 참여

워싱턴=전홍기혜 〈프레시안〉 특파원

“앞으로 유리병을 재활용 쓰레기로 버리지 마세요!” 2019년 9월, 미국에 도착해 시차도 채 적응되기 전에 받은 공문 중 하나다. 내가 사는 미국 버지니아주 페어팩스 카운티(를 포함한 미국의 다수 지역)는 유리병을 일반 쓰레기로 수거한다. 그전에는 버려진 유리병을 모아 중국으로 수출했는데, 중국이 쓰레기 수입을 금지하면서 일어난 변화다.

분쇄기로 음식물쓰레기 갈아서 일반 쓰레기로

멀쩡한 유리병을 일반 쓰레기로 버리는 게 양심에 꺼려진다면 특정 장소에 설치된 유리병 회수 쓰레기통(Purple Can)에 버려야 한다. 문제는 우리 집에서 가장 가까운 ‘퍼플 캔’이 자동차로 12분 거리에 있다는 거다. 유리병 분리배출을 위해 차로 10여 분 가야 한다면 어느 쪽이 환경에 덜 해로운 선택인가?

이외에 경악할 만한 쓰레기 처리 방식이 수두룩하다. 미국은 학교 급식에 일회용 식기를 사용한다. 학생들은 식사를 마친 뒤 식기를 남은 음식과 함께 쓰레기통에 버린다. 중학교 1학년(7학년) 아이는 한국에서 또래의 보통 남자아이들처럼 환경문제에 둔감한 편이었다. 이런 아이도 종이, 플라스틱, 비닐, 음식물이 한 쓰레기통에 버려지는 모습을 보고 충격받았다. “엄마, 이건 좀 너무하지 않아?”

미국에선 음식물쓰레기를 따로 모아 버린다는 개념 자체가 없다. 대부분 가정이 싱크대에 설치된 분쇄기로 음식물쓰레기를 갈아서 버린다. 재활용 쓰레기도 종이, 플라스틱, 비닐, 유리, 고철 등 종류별로 따로 분리해 배출하지 않는다. 미국에서 재활용 분리배출은 자발적으로 하는 것이지 의무 규정이 아니다. 한국처럼 쓰레기종량제를 시행해 쓰레기 총량을 줄이도록 유도하지도 않는다.

2020년부터 지금까지 코로나19 사태로 플라스틱 사용량이 크게 늘었다. 미국은 코로나19로 식당 매장 이용이 크게 제한받으면서 배달 음식 이용이 급증했다. 2020년 12월 기준, 음식 배달업의 매출이 전

REUTERS

년보다 138% 급증했다. 해양쓰레기와 관련된 최근 국제연구에 따르면, 전세계 바다를 뒤덮는 플라스틱 쓰레기의 절반가량이 배달과 포장 등에 쓰이는 일회용 음식 용기였다.

불법 수출입만 막는 '바젤협약'

미국은 쓰레기 문제에서 '후진국'이다. 1인당 쓰레기 생산량이 압도적인 세계 1위다. 미국 환경보호청(EPA)에 따르면, 2018년 미국인이 1년에 생산한 도시 고형폐기물(MSW) 총량은 2억9240만여t으로, 1인당 하루에 2.2kg(약 4.9파운드) 이상 배출했다. 영국 컨설팅기업 '베리스크 메이플크로프트'가 2019년 발표한 자료에 따르면, 미국의 1인당 도시 고형폐기물 생산량은 중국 1인당 생산량의 3배, 에티오피아의 7배에 이르렀다. 또 미국의 도시 고형폐기물 재활용 비율은 35%로 독일(68%)의 절반 수준에 불과했다.

미국은 여기서 한발 더 나아가 '깡패 국가'다. 자국민이 쓰고 버린 쓰레기의 상당량을 다른 나라로 떠넘긴다. 미국은 2016년 1600만t의 재활용 쓰레기를 중국으로 수출했다. 중국이 2018년 수입 중단을 선언하자 미국에 비상이 걸렸다. 베트남, 말레이시아, 타이 등 다른 '쓰레기 하치장'을 찾거나 비용을 감당하기 힘든 일부 주정부는 매립을 선택했다.

'바젤협약'은 미국처럼 부유한 나라들이 가난한 나라로 유해물질을 떠넘기는 것을 규제한다. 1989년 만들어진 이 협약은 2019년 플라스틱 폐기물도 규제 대상에 포함하기로 결정했다. 바젤협약은 유해물질의 국제적 이동 자체가 아니라 불법 수출입만 막는다는 한계가 지적된다. 그마저도 세계 188개국이 가입한 이 협약을 미국은 비준하지 않고 있다.

미국의 쓰레기 처리가 엉망진창인 이유는 '돈' 때문이다. 쓰레기 수거와 처리는 주정부나 카운티 정부가 대부분 민간업체에 맡겨 수행한다. 지역마다 재정건전성, 환경보호 정책 등이 천차만별이라 쓰레기 처리 방식도 차이가 크고, 이런 경우엔 대체로 악화가 양화를 구축한다.

환경규제 정책에 반대하는 기업들의 로비도 막강하다. 미국이 바젤협약을 비준하지 못하는 이유 중 하나가 석유화학기업 등 관련 기업들이 반대하기 때문이다. 미국 정치인들은 한국보다 더 기업의 후원금에 종속돼 있기에 환경정책은 늘 뒷전이었다. 여기에 도널드 트럼프 전 대통령처럼 노골적인 '반환경주의자'가 권력을 잡으면서 한발 더 후퇴한 측면도 있다. 미국 서부 지역은 매년 여름 기록적인 폭염과 대규모 산불로 기후변화가 '재앙적' 형태로 나타나는데, 트럼프는 산불이 "낙엽을 치우지 않아서" 발생한 일이라고 우겼다. 트럼프는 여전히 공화당과 그의 열성적인 지지자들에게 절대적인 영향을 끼친다.

낙엽 치우지 않아 산불 났다는 대통령

물론 미국에도 변화는 있다. 캘리포니아, 미시간, 뉴욕을 비롯한 10개 주는 사용 뒤 다시 가져오는 플라스틱과 유리병에 대해 보상금을 지급하는 제도를 시행 중이다. 카페와 레스토랑에서 플라스틱 빨대도 점차 사라지고 있다. 조 바이든 행정부는 트럼프와 달리 기후변화 등 환경정책을 최우선 과제로 꼽고 있다. 그러나 일반 시민들이 쓰레기를 버리는 일상생활이 변화하기까지 아직 갈 길이 멀어 보인다. 공동체를 위해 개인의 '자유'(편리)를 제약하는 것이 미국에서 얼마나 힘든 일인지 코로나19 사태로 벌어진 '마스크 논쟁' 때 드러났기 때문이다. 21

2008년 12월 미국 캘리포니아주 버뱅크의 한 폐기물 재활용 센터에 폐지가 쌓여 있다.

5

세계의 쓰레기–미국 하와이

쓰레기와 함께 영혼이 도착하는 해변

해양쓰레기가 모이는 카밀로 비치, 그곳을 청소하며 생각한 것

힐로=글·사진 유무라 교코 일본 유학생

나는 지금 4륜 구동차 안 손잡이를 꼭 부여잡고 있다. 울퉁불퉁한 길을 내려가는 차는 격렬하게 요동친다. 차 앞으로 해안선이 보이자 누군가가 운전자에게 묻는다. "저쪽 앞에 보이는 화이트 비치가 우리가 가는 곳인가요?" 운전자가 농담으로 받아넘긴다. "네, 화이트 비치가 아니라 플라스틱 비치긴 하죠."

그냥 쓰레기를 이동시켰을 뿐?

일명 '플라스틱 비치'로 불리는 '카밀로 비치'는 세계에서 가장 더러운 장소 중 하나다. 여기는 푸른 바다와 아름다운 모래사장, 역동적인 대자연으로 사람들을 매료시키는 하와이 빅아일랜드의 서남부. 카밀로는 하와이어로 '뒤틀림'이라는 뜻이다. 옛날부터 바다의 뒤틀림에 몸을 맡긴 나무토막들이 이곳에 흘러들어 왔다. 지금은 태평양에 떠다니는 '거대한 쓰레기 더미' 흐름이 이곳으로 연결된다.

2018년 처음 해안 쓰레기를 청소하는 데 동참했다. 해안에 도착하자 어디서부터 손대야 할지 모르는 수많은 표류물이 눈에 들어왔다. 어망과 양식 등에 사용되는 도구가 눈에 띄었다. 하와이에서는 해양자원 보호를 위해 어망 사용이 엄격히 규제되니 다른 곳에서 흘러온 것이다. 일본 회사 이름이 적힌 플라스틱 바구니도 있다. 옛날에는 세제통이고 칫솔이었을 것이 원형을 알아보지 못하게 섞여 플라스틱 비치를 가득 메웠다.

자원봉사자들은 큰 쓰레기를 담는 데 집중했다. 작은 플라스틱은 회수 자체가 불가능해 보였다. 강렬한 햇빛 속에 4시간 정도 작업했을까, "오늘은 그만합시다"라는 소리가 들린다. 트럭 두 대가 쓰레기로 가득 찼다. 손을 멈추고 해안을 살펴보니 처음 왔을 때와 풍경이 전혀 달라지지 않았다.

다시 차를 움직여 쓰레기를 집적장에 내렸다. 아마 이 쓰레기는 매립장으로 갈 것이다. 우리가 한 일은 쓰레기를 단지 해안에서 집적장으로 이동시켰을 뿐인 것 같다.

2018년 땡볕 아래서 하와이 카밀로 비치를 청소하는 사람들.

실제로 하와이주는 오아후(주도인 호놀룰루가 있는 섬) 외에는 소각 시설이 없어 쓰레기 대부분이 그대로 매립지로 간다.

떠내려온 고깃배를 돌려보내준 사람들

오랫동안 하와이의 자연과 문화에 관심이 많았지만 카밀로 비치에 대해서 들은 것은 2011년 동일본 대지진이 있고 나서다. 나는 일본 동북쪽 미야기현 센다이시 출신이다. 센다이시는 진도 9.0의 동일본 대지진의 진원지였다. 한 번도 경험해보지 못한 강한 진동으로 많은 건물과 도로가 파괴됐고, 원자력발전소는 멜트다운(원자로 노심부가 녹음)을 일으켜 체르노빌 이래 대참사를 일으켰다. 지진이 발단이 되어 일어난 쓰나미는 동북지방 해안 사람들의 생명과 삶을 송두리째 바다로 쓸어넣었다. 그 바다로 빨려 들어간 것들이 하와이 카밀로 비치로 밀려왔다. 하와이 사람들이 이렇게 밀려온 잔해를 주워서 '위령'했다고 한다. 내 고향 옆 이시노마키 고깃배의 이름이 새겨진 조각이 하와이에 흘러들어와 수소문 끝에 일본의 가족에게 돌려보낸 실화는 그림책으로 그려져 양국에서 출간됐다.

해변을 청소하는 것으로라도 하와이 사람들의 땅에 감사를 표하고 싶었다. 하와이에서 공부하기 위해 도착한 뒤 카밀로 비치를 청소할 기회를 찾아 여러 군데를 수소문했다. 결국 대학의 소식란에서 '하와이 야생기금'(Hawaii Wildlife Fund)이 주최하는 프로그램을 발견했다. 하와이 야생기금은 국립해양대기청(NOAA)에 조성된 기금으로 하와이(빅아일랜드), 마우이섬에서 해양쓰레기를 줍고 있다. 회수한 쓰레기 중 어망 등 재사용 가능한 것은 오아후섬으로 보낸다.

10년 전 동일본 대지진으로 본의 아니게 흘러간 것과 그날 카밀로 비치에서 우리가 주워 모은 쓰레기는 다를 게 없다. 그러니까 쓰레기는 우리 생활에서 쓰이던 것, 우리의 삶 그 자체다. 2021년 지구의 날 대학 행사에서 '알로하 아이나'(Aloha āina)를 알리는 코너가 있었다. '아이나'는 하와이어로 땅을 뜻하고, '알로하'는 받은 것에 대해서 행동을 일으키며 답례하는 것을 말한다. '알로하 아이나'는 우리에게 생명을 주고 살려내는 어머니에게 답례한다는 뜻이다.

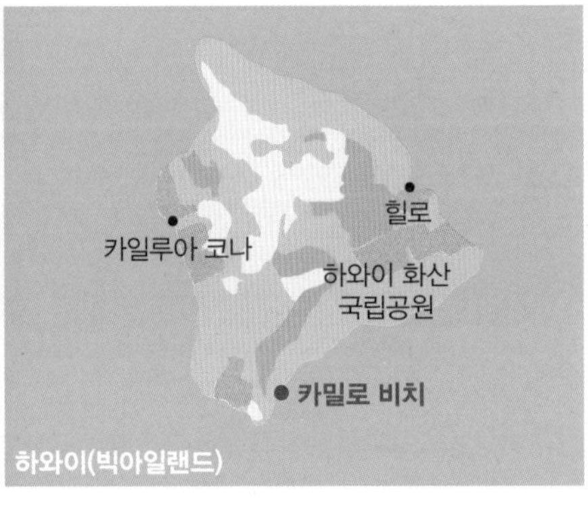

피해 지역 사람들과 비치 청소를

이후 몇 차례 체험 활동으로 카밀로 비치를 청소했지만 멀고 험해서 방문이 쉬운 장소는 아니다. 소망이 있다면 일본의 지진 피해 지역 사람들과 함께 카밀로 비치를 청소하는 것이다. 피해 지역에는 아직도 찾지 못한 2500명 이상의 실종자가 있고, 10년이 지난 지금까지 수색 활동을 하고 있다. 물건 잔해와 그것을 사용하던 사람들의 영혼 또한 떠내려온 것이 아닐까. 해변 청소로 희생자의 위령과 남겨진 가족의 슬픔을 치유할 수 있지 않을까 하는 생각에서다. 21

대형 슈퍼마켓이 나서서 '친환경'

친환경, 지속가능성, 시민의식을 바탕으로 2025년 목표로 각 주에서 '플라스틱 아웃' 도입

시드니=황슬아 KOTRA 무역관

10년 전 오스트레일리아 땅을 밟았을 때 먹다 남은 음식, 일회용 플라스틱 숟가락, 종이 상자를 일반 쓰레기통에 한꺼번에 버리는 룸메이트를 보고 무척 놀랐던 기억이 있다. 그리고 이렇게 모은 쓰레기를 버리는 것마저도 얼마나 편한지, 집에 굴러다니는 비닐봉시에 넣어 문 바로 밖의 슈트(Chute)에 넣으면 끝이다. 한국에서 살며 몸에 밴 분리배출 습관 때문인지 한동안 쓰레기를 버릴 때마다 죄책감이 들었고 오스트레일리아의 '청정 국가' 이미지에 상반되는 재활용 시스템의 부재가 항상 아쉬웠다.

그러던 중 2019년 오스트레일리아의 국민 1인당 플라스틱 배출량이 세계 1위라는 기사를 접했다. 플라스틱은 재활용이 특히 어렵다. 오스트레일리아 플라스틱 폐기물의 80% 이상이 매립지에 버려지고 일부는 섬나라 오스트레일리아를 둘러싼 바다로 향한다. 빨대가 코에 들어가 고통받는 바다거북, 봉지에 묶여 날지 못하는 새에 대한 안타까운 뉴스를 심심치 않게 볼 수 있는 이유다. 엎친 데 덮친 격으로 2018년 중국 정부의 재활용 폐기물 수입 금지 조처로 오스트레일리아의 주요 '폐기물 로드'가 막히면서 오도 가도 못하는 플라스틱 폐기물이 한정된 매립지에 쌓여만 가는 진퇴양난의 모양새가 됐다.

키캣 포장지, 코카콜라 병뚜껑이 재활용 플라스틱

2018년 오스트레일리아 연방정부는 2025년까지 모든 포장재를 △재활용 △재사용 △생분해성으로 만든다는 '국가 포장재 계획 2025'(National Packaging Target 2025)를 발표했다. 각 주정부 역시 앞다투어 2025년을 목표로 설정하고 플라스틱 폐기물 절감 정책을 내놓았다. 대도시 시드니가 있는 뉴사우스웨일스주에선 2022년에는 플라스틱 봉투, 식기류, 빨대의 사용과 판매가 금지될 예정이다. 서오스트레일리아(WA)주에서는 당장 2021년, 일회용 플라스틱 제품 상당수가 자취를 감추게 됐다. 코로나19로 일회용 제품 사용이 공공연해진 상황을 고려하면 다소 파격적인 행보다. 이 지역에서는 배달·포장할 때는 생분해성 용기나 나무수저 등을 사용한다.

오스트레일리아 내 시장점유율 1, 2위를 다투는 대형 슈퍼마켓 체인 울워스와

홈페이지 화면 갈무리

섬유유연제 용기를 가져가면 리필을 받을 수 있는 콜스의 리필 스테이션.

콜스도 2025년을 목표로 '플라스틱 아웃' 운동에 동참하고 있다. 확실히 언제부터인가 마트에서 일회용 플라스틱 식기류, 빨대, 면봉을 찾아볼 수 없었다. 재활용 플라스틱으로 만든 쇼핑백이나 종이 쇼핑백만을 사용하고 사탕수수 펄프로 만든 봉지에 담긴 식빵을 먹는 게 일상이 됐다. 오스트레일리아의 코카콜라 병뚜껑과 네슬레의 키캣 초콜릿 포장지가 재활용 플라스틱으로 만들어졌다는 것 또한 이제는 대단하지 않은 사실이다. 울워스와 콜스의 일부 매장에선 특정 브랜드의 섬유유연제, 바디워시 용기를 가져가면 리필을 받을 수 있다. 브랜드에 따라 절반 이상 할인도 해준다. 매장마다 비치된 비닐봉지 전용 수거함과 여기로 모인 것이 업사이클되어 재탄생한 벤치는 매장에서 찾아볼 수 있는 트레이드마크가 됐다.

오스트레일리아 연방정부, 각 주정부, 무엇보다 일상생활과 밀접한 슈퍼마켓 체인이 이렇게 적극적인 친환경 정책을 펼칠 수 있는 데는 오스트레일리아가 기본적으로 친환경 소비와 지속가능성에 관심이 많다는 전제가 깔렸다. 2020년 오스트레일리아 택배업체 쿠리어스플리즈(CouriersPlease)에서 발표한 설문조사를 보면, 응답자 10명 중 9명이 '값을 조금 더 치르더라도' 지속가능한 제품을 구매할 의향이 있다고 한다.

2025년은 출발점이 될까 목표점이 될까

플라스틱 재활용에 대한 대중의 인식이 점차 개선된다는 점도 체감하고 있다. 처음 오스트레일리아에 왔던 10년 전과 견줘보면 재활용 인식이 퍼져 플라스틱·종이류를 분리배출하는 게 일상화됐다. 2021년 초 우리 사무실에도 재활용품 분리수거함을 설치했다. 다만 오스트레일리아가 세계 1위 석탄 수출국이라는 사실을 고려하면 플라스틱 폐기물 절감 노력은 단지 시작에 불과하다. 2019년 9월부터 수개월에 걸쳐 오스트레일리아 국토의 1800만 헥타르를 불태운 산불 사태가 아직도 잊히지 않는다. 이상고온 현상과 가뭄으로 발생한 산불로 한국 국토의 두 배에 이르는 면적이 소실되고 나서야, 말 그대로 발등에 불이 떨어져 오스트레일리아 정부는 탄소배출 저감을 위한 그린에너지 기술 개발에 막대한 투자를 감행하고 있다.

당장 오늘 아침에도 온실가스의 주범인 음식물쓰레기를 어느 이름 모를 비닐봉지에 일반 쓰레기와 뒤죽박죽 담아 버렸다는 점을 되짚어보면 이제는 일상의 '자발적'인 쓰레기 절감 노력에 어느 정도 '규제'가 더해져야 할 때가 아닌가 하는 아쉬움이 있다.

오스트레일리아가 '플라스틱 아웃'의 마지노선으로 정한 2025년이 성취의 한 해가 될지 아니면 더 큰 목표를 향해 나아가는 출발점이 될지는 앞으로도 지켜봐야 할 일이다. 21

5 세계의 쓰레기-홍콩

누구나 쉽게 하는 '반채식'

홍콩 인구 34%가 유연한 채식주의자가 된 '배후' 그린먼데이, 부동산회사·보험회사가 앞장선 재사용 프로그램

홍콩=프랜시스 응아이 사회적기업 그린먼데이·보틀리스 창업자, 플로렌스 챙 사회적기업 임팩트 전략 회장

1970년 4월22일 제1회 지구의 날은 미국인 2천만 명이 환경 활동을 서약한 문화적 각성의 날로 기념된다. 이 운동의 참여자는 전세계 10억 명으로 늘었지만 기후위기는 계속 심각해진다. 홍콩 내에선 도쿄(일본), 서울(한국), 타이베이(대만)보다 최소 40% 더 많은 폐기물이 나온다. 시민들은 비닐봉지를 쓸 때마다 0.5홍콩달러(약 74원)를 (부담금으로) 내야 한다. 폐기물 분리와 재활용 장려는 상당한 공공투자에도 차선책에 머물고 있다.

홍콩의 폐기물 재활용률은 약 30%로, 타이베이의 절반 수준이다. 설령 재활용률이 개선된다 해도 중국 본토와 동남아시아 국가들의 폐기물 수입 금지로 홍콩의 재활용 가능 폐기물 수출이 제한되면서 상당량이 이미 수용량을 넘어선 매립지로 향한다. 다른 도시들과 마찬가지로, 홍콩도 쓰레기 문제에서 더 나은 방안이 절실하다. '궁극의 해법'은 어디에 있을까. 지금까지 홍콩에서 이뤄진 지구를 위한 일들에 대한 몇 가지 생각과 관찰은 다음과 같다.

옹호를 넘어 행동으로

홍콩의 사회적기업 그린먼데이(Green Monday)와 이 단체가 추진해온 '식물 기반 운동'은 흥미롭다. 2012년 설립된 그린먼데이는 일주일에 한 번 고기를 먹지 않음으로써 공중보건, 동물권 보호, 식량위기, 기후변화에 얼마나 쉽게 대처할 수 있는지 대중을 교육하는 데 초점을 둔다. 이 운동은 곧 옹호와 행동을 묶는 융합 운동으로 성장했다.

소비자의 운동이 지속가능하도록 그린먼데이는 시장 솔루션을 마련했다. 이 운동의 선구적 발명품인 '옴니포크'(Omnipork·유전자변형식품(GMO)을 사용하지 않은 식물단백질 음식)와 '옴니포크 런천'은 육류에 대한 식물 기반 대안 식품을 제공한다. 맥도널드·세븐일레븐과 전략적 파트너십을 맺어, 옴니포크는 홍콩의 맥도널드 매장 280곳, 맥카페 122곳, 세븐일레븐 편의점 700여 곳에 진출할 수 있었다. 주요 레스토랑

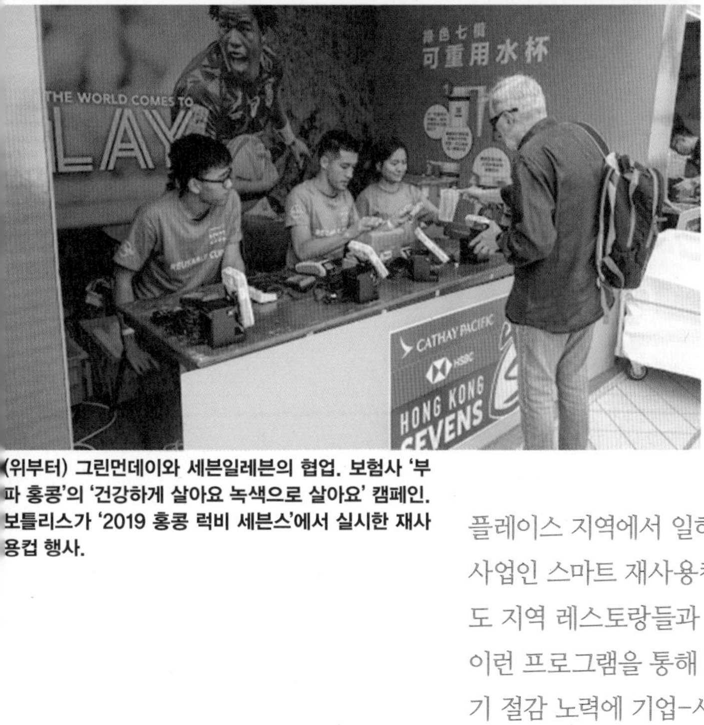

(위부터) 그린먼데이와 세븐일레븐의 협업. 보험사 '부파 홍콩'의 '건강하게 살아요 녹색으로 살아요' 캠페인. 보틀리스가 '2019 홍콩 럭비 세븐스'에서 실시한 재사용컵 행사.

들에서 그린먼데이의 식음료 메뉴를 제공해 많은 사람이 어린 시절 먹던 채소 요리 등을 즐기게 됐다. 이는 유연한 반(半)채식 생활을 가능케 했다.

오늘날 홍콩 인구의 34%가 유연한 채식주의(플렉시테리언)를 실천하는데, 이는 2018년보다 44%나 급증한 수치다. 그린먼데이 제품은 중국 본토, 싱가포르, 영국을 포함한 20개국 시장에서 판매된다. 공급이 확대되고 시장 규모가 커지면서 옴니포크 가격은 돼지고기 가격과 비슷한 수준까지 낮아졌다. 이는 진입장벽을 낮춰 많은 사람이 이 운동에 동참하게 했다.

그린먼데이의 전략적 파트너십은 그린 이벤트가 새로운 산업 규범이 될 수 있는 길을 닦았다. 홍콩 정부는 2017년부터 공식적으로 그린 이벤트 사업자를 지원하고 대규모 행사에 재사용할 수 있는 식기를 무상으로 빌려주는 프로그램을 시행하고 있다. 홍콩 경마클럽 자선신탁의 후원도 비영리 환경단체인 그린어스의 쓰레기 감축 캠페인에 도움이 됐다.

긍정적 행동 변화를 일으키기 위해

사회적기업 보틀리스(BottLess)는 행사 주최자, 후원 기업들과 긴밀히 협력해 대중이 일회용 물품 대신 재사용 가능 물품을 쓰도록 유도한다. 보틀리스는 홍콩 최대 음악축제인 클로켄플랩(Clockenflap) 등과 협업해 효율적으로 새로운 시장에 진출했다. 보틀리스는 '2019 홍콩 럭비 세븐스'(럭비 대회)에서 관객 12만 명을 대상으로 재사용할 수 있는 맥주잔을 수집·세척·소독하는 시스템을 최초로 선보였다. 이후 회가르덴 서머페스트, 럭비 월드컵 팬존 등 다른 대회에서도 같은 시스템을 재현했다. 이로써 일회용품 30만 개 이상을 절약했고, 누적 28만 건의 재사용 실적이 쌓였다.

상황을 바꾸는 것은 협업에서 출발할 수 있지만, 장기적으로 긍정적 행동 변화가 필요하다. 홍콩의 비즈니스 허브에 일상에서 플라스틱 사용을 줄이도록 하는 새로운 시범 프로그램이 나타나는 것은 주목할 만하다. 홍콩 타이쿠의 플레이스 지역에서 일하는 사람들은 부동산기업 '스와이어 프로퍼티스'가 앞장선 시범 사업인 스마트 재사용컵 공유 애플리케이션으로 커피를 즐긴다. 보험사인 '부파 홍콩'도 지역 레스토랑들과 제휴해 재사용컵을 쓰는 자사 직원들에게 특별할인을 해준다. 이런 프로그램을 통해 기업들은 환경에 민감한 주주와 호흡할 뿐 아니라, 홍콩의 쓰레기 절감 노력에 기업-사회-지구가 '윈윈윈' 하는 데 소비자가 참여하도록 동기를 부여한다.

쓰레기통에서 음식물을 건져내라

남은 제품 되파는 슈퍼마켓 '서플러스', 유통기한 지난 음식 파는 앱 '투굿투고', 벌레를 키워 음식물을 퇴비로 만드는 사람들

베를린=남은주 〈한겨레〉 통신원

한밤중 환경운동가들이 누군가의 집 뒷마당에 들어가 음식물쓰레기통을 뒤진다. 쓰레기통 안에는 껍질도 까지 않은 바나나나 포장도 뜯지 않은 치즈 등이 팔릴 때 모양 그대로 버려져 있었다. 어느 환경운동가는 충분히 먹을 수 있는 음식이라는 것을 보여주려고 그 자리에서 쓰레기통에 들어 있던 토마토를 먹기도 했다. 2020년 독일 공영방송에서 방송한 다큐멘터리 〈왜 이 음식들이 쓰레기통 안에 들어갔을까〉의 한 장면이다.

1년 지나면 '음쓰'는 고운 흙으로

환경운동가들은 베를린 등에서 '컨테이너 뒤지기' '쓰레기 발굴'이라는 활동에 나서 음식물쓰레기통에서 채소와 과일은 물론 스시나 파스타 같은 '쓸 만한' 음식을 찾아내 먹고 공유하는 '푸드 셰어링' 운동을 해왔다. 음식에 대한 우리의 관념에 정면 도전하는 행위이기도 했고, 절도인가 정당한 시위인가 논란이 일기도 했다.

이런 과격한 시위에는 이유가 있다. 2018년 '보스턴컨설팅그룹 보고서'에선 매년 식품 16억t이 버려진다고 추산했다. 지구의 절반이 굶주리는데 버려지는 음식만으로도 배고픈 사람들을 먹이고도 남을 양이다. 가난한 나라에선 대부분 식품 생산 과정에서 음식 일부가 버려지고, 부유한 나라에선 소비자가 통째로 음식을 버리는 경우가 많다. 도덕적 문제도 있지만 버릴 것을 전제로 생산하는 낭비적 시스템은 자멸을 향해 간다는 자각이다.

이진 독일 정치+문화연구소장이 사는 베를린의 한 공동주택 뒷마당에는 음식물쓰레기를 퇴비로 만드는 곳이 있다. 이 주택에 사는 일곱 가구는 2018년부터 음식물쓰레기를 작은 컨테이너에 모은다. 기름이나 염분이 많이 든 음식, 고깃덩어리, 뼈는 따로 버려야 한다. 틈틈이 삽으로 음식물쓰레기를 부수고 가끔 흙을 덮어주기만 하는데도 걱정했던 것과 달리, 냄새도 나지 않고 바퀴벌레나 쥐가 생기는 대신 지렁이가 많이 생겼다. 1년이 지나면 음식물쓰레기는 어느새 고운 흙으로 변해 있다. 뒷마당에 공동으로 가꾸는 작은 텃밭에는 이 기름진 흙을 먹고 자라는 온갖 채소가 풍성하다.

이진 제공

지렁이를 키우는 음식물쓰레기 처리시설에서는 봄부터 겨울까지 모아둔 음식물쓰레기가 다음해에는 퇴비로 바뀐다. 이진 독일 정치+문화연구소장이 사는 집 뒷마당에 설치된 음식물 재활용 시설.

요즘 친환경 제품을 판매하는 온라인 쇼핑몰에서는 뒷마당이 없어도 집 안에서 음식물쓰레기를 퇴비로 바꾸는 '지렁이 상자'가 잘 팔린다. 오스트리아의 한 사회적 기업은 찻잎 찌꺼기나 과일 채소를 모으면 화분 비료가 만들어지는 벌레상자를 출시했다. 음식물쓰레기를 직접 처리하는 경험을 하면 밥상이 바뀐다고 한다. 이진 소장은 "필요한 만큼만 장을 보고, 남지 않을 만큼만 조리한다. 결과적으로 쓰레기가 크게 줄어든다"고 했다.

팔리기도 전에 버려지는 음식들

유통과정에서 대량 폐기되는 음식물을 구하려는 시도도 있다. 2017년 베를린에는 대형 슈퍼마켓에서 팔다 남은 제품을 모아서 싼값에 다시 판매하는 '음식 재활용 마트' 서플러스(Sirplus)라는 슈퍼마켓이 문을 열었다. 유통·생산 과정에서 음식이 버려지는 이유는 너무 작거나, 모양이 이상하거나, 유통기한이 지나도록 팔리지 않았기 때문이다. 이들은 고기를 제외하면 유통기한이 지났거나 얼마 남지 않았어도 먹을 수 있다고 주장한다. 서플러스의 식재료들은 식당 주인들에게 식재료를 파는 도매시장이나 대형마트 창고에서 폐기되기 직전에 이곳으로 온 것이다. 독일 대형 유기농 식품 체인점 비오컴퍼니도 유통기한이 다 된 제품을 서플러스에 공급한다. 서플러스 매장이나 온라인몰에서는 찌그러진 통조림이나 혹이 난 딸기, 일그러진 감자, 이미 꼭지가 시든 토마토가 손님을 기다렸다가 일반 마트보다 최대 70% 싸게 팔려나간다. 서플러스는 자신들의 영업활동으로 2017~2020년 음식물 300만㎏이 쓰레기가 되는 것을 막았다고 발표했다.

서플러스는 2017년 환경운동가 라파엘 펠머와 엔지니어 마르틴 스호르트가 "음식물을 쓰레기통에서 구하라!"는 구호를 내세워 창업한 스타트업으로 베를린에서만 매장 5곳이 있다. 물론 1㎞마다 슈퍼마켓이 있는 독일에서 서플러스는 대형마트에 비하면 아주 작은 규모라고 할 수 있지만 "식품 유통기한은 참고치일 뿐"이라거나, "먹을 수 있

투굿투고 제공

남은주

는 음식은 판매해야 한다"는 그들의 주장은 반향이 컸다. 반듯하지 않은 음식은 무조건 버리기로 한 우리의 결정은 온당했던 것일까?

프랑스에서는 2016년부터 슈퍼마켓에서 식료품을 폐기하지 못하도록 하는 법이 시행됐다. 대형 슈피마켓은 6개월마다 유통기한이 임박한 음식물을 대량폐기한다. 유럽연합에서는 유통기한을 적지 않아도 되는 식료품을 늘리고 적는 방식도 고치는 새로운 규정을 검토하고 있다.

'버려지는 음식을 구하라'라는 목소리는 서플러스뿐 아니라 유럽 곳곳에서 커지고 있다. 2020년 4월엔 스웨덴 스타트업 모타토스(Motatos)도 '음식물 구조'를 내걸고 독일에서 판매를 시작했다. 2019년 덴마크에서 시작한 모타토스는 유통기한이 지나 폐기되는 식품과 생활용품을 대량으로 헐값에 온라인에서 판매한다.

생각하며 먹는 인간으로

또 식당에서 팔다 남은 음식을 싸게 판매하는 앱 '투굿투고'(Too Good To Go)는 유럽 여러 나라에서 화제다. 투굿투고는 2015년 덴마크에서 뷔페 음식이 남아 버려지는 것을 막기 위해 고안됐던 앱이다. 지금은 유럽 13개국에서 서비스 중이다. 이 앱으로 음식을 주문하면 "음식을 구해주셔서 고맙습니다" 하는 메시지를 받기 때문에 '음식물 구조 앱'이라고도 한다. 앱에서 자신이 사는 지역을 누르면 투굿투고에 등록한 근처 식당에서 팔다 남은 음식이 무엇이 있는시 볼 수 있나. 앱에서 미리 결제하고 가게에 가서 음식을 받아오는 방식이다. 식당뿐 아니라 여러 유기농 전문 슈퍼마켓이나 대형마트 등이 이 앱에 팔다가 남은 신선식품을 올린다. 가장 많이 팔리는 상품은 '매직백'이라고 부르는 판매자가 남은 식료품을 모아서 파는 것인데, 보통 3~5유로(약 4500~6천원)를 내면 종이가방 하나 가득 빵과 채소, 과일, 파스타 등 1인 가구라면 2~3일은 먹을 만한 식량을 받는다.

'음식물 구조' 경험은 지금까지 익숙했던 장보기를 다시 돌아보게 한다. 이전까지는 없으면 불안해서, 맛있을 것 같아서 음식을 냉장고에 잔뜩 쌓아두고 그러다 때를 놓

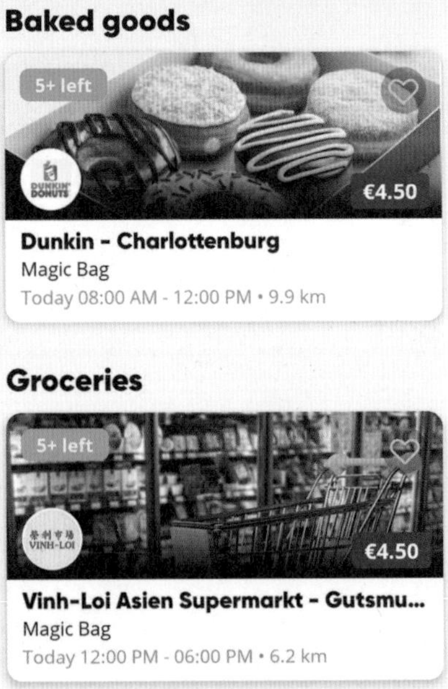

애플리케이션 실행 화면 갈무리

(왼쪽부터) 투굿투고의 매직백에는 가방 가득 빵과 채소, 과일, 파스타 등이 담겨 있다. 베를린에 있는 서플러스의 한 매장. 시든 과일과 채소이지만 저렴한 가격에 음식물쓰레기를 줄이겠다는 뜻에 공감한 고객의 발길이 이어진다. 투굿투고의 앱 서비스 화면. 사용자가 지역을 선택하면 근처 식당의 남는 음식을 보여준다.

치면 쉽게 버리곤 했다. 문 닫기 직전의 식당을 찾아가 받아온 투굿투고의 매직백은 마지막 빵 한 조각까지 비우게 된다. 채소는 늘 쉽게 자르고 깎았는데 처음부터 시들했던 서플러스의 무 한 통은 껍질을 살살 긁어내는 이유가 무얼까. 아마 대형마트 소비가 우리를 음식을 낭비하는 인간으로 바꿔놓았던 것처럼, 우리는 재활용 식품을 사면서 다시 생각하면서 먹을 줄 아는 인간으로 바뀌기 때문일 것이다.

값싼 식품 대량생산 시스템을 바꾸자

음식물쓰레기통을 뒤지는 전투적 환경운동부터 버릴 뻔한 음식을 싸게 사는 소비자의 환경운동까지 이렇듯 대안이 다양한 독일에서도 여전히 음식물쓰레기는 차고도 넘친다.

일찍부터 분리수거와 재활용 산업을 키워온 독일에서 음식물쓰레기 대부분은 지역 처리장으로 가서 바이오가스를 생산하고 남는 것은 퇴비가 된다. 2017년 기준 독일에는 바이오가스 생산 공장 297곳과 유기 폐기물 재활용 공장 1141곳이 있다. 그러나 지금처럼 쓰레기양이 절대적으로 많다면 재활용되지 못하고 매립, 소각되는 양이 많을 수밖에 없다는 계산이다. 독일연방식품농업부 집계를 보면 독일에선 전체 음식물쓰레기의 절반을 넘는 610만t이 개인 가정에서 나오며, 독일인 한 사람이 배출하는 음식물쓰레기는 한 해 75㎏(우리나라는 1인당 92㎏)인데 전체 인구를 고려하면 적잖은 양이다.

2019년 유럽 통계를 보면 덴마크 사람들은 1인당 한 해 844㎏ 폐기물을 만들고 그 뒤를 룩셈부르크(791㎏), 몰타(694㎏), 키프로스(642㎏), 독일(609㎏)이 따른다. 덴마크·독일 등 분리수거와 재활용에 가장 앞장서는 나라들의 쓰레기 생산량이 유럽에서 가장 많다는 것은 역설적이다. 그 원인으로 먹거리가 너무 싸기 때문이라는 이유가 우선 꼽힌다. 이 기회에 음식물쓰레기 자체를 줄이도록 시스템을 바꿔야 한다는 의견이 많다.

사재기한 음식은 그대로 쓰레기통에

2020년 주로 동유럽에서 온 도축장 노동자들이 코로나19에 집단감염되면서 열악한 도축장 실태가 알려졌다. 거기에 이산화탄소를 줄여야 할 필요가 맞물리면서 독일에선 "공장식 축산업을 규제해야 한다. 독일인은 이제 소시지를 좀 적게 먹어야 한다"는 이야기가 나온다. 코로나19로 록다운(이동 제한)이 시작되자 어마어마한 식품 사재기에 나섰던 사람들이 몇 달 뒤엔 뜯지도 않은 음식을 쓰레기통에 버리는 모습이 방송을 탔다. 식품 생산 과정에서만 이산화탄소 배출량의 30%가 나온다.

스위스는 이산화탄소와 음식물쓰레기를 줄이기 위해 육류·유제품·쌀 가격을 10% 이상 올릴 것을 검토한다. 지금까지는 양껏 먹을 수 있는 사회가 이상적이었다면 앞으로는 다른 사회가 올 수도 있다는 예고다. 21

인류는 우주에도 쓰레기를 남긴다

인공우주물체 90%는 쓰레기,
우주여행에 가장 큰 걸림돌…
설계 단계에서 연소와 추락 반영해야

최은정 한국천문연구원 우주위험연구실장

2021년 5월에만 지구에서 300여 개의 인공위성이 발사됐다. 위성 인터넷 서비스 시대를 내세우며 미국 스페이스X사의 232개 스타링크위성과 영국 원웹사의 36개 위성, 중국의 우주화물선 톈저우 2호, 군사위성, 통신위성 등 6개 인공위성이 한 달 동안 우주로 나갔다. 2018년 이전까지만 해도 한 해에 발사되는 인공위성이 200~300개였는데, 2020년 한 해에만 1200여 개가 발사되면서 지구궤도를 도는 인공위성이 급격히 늘고 있다.

1㎝ 파편에 인공위성 기능 정지, 10㎝ 넘으면 파괴

인류는 특정한 목적을 수행하기 위해 우주로 인공위성을 쏘아 올린다. 1957년 세계 최초의 인공위성 스푸트니크가 발사된 이후 64년이 지난 지금 21세기 과학기술 발전과 더불어 뉴스페이스 시대 우주개발은 호황을 맞고 있다. 2021년 7월12일에는 영국 억만장자 리처드 브랜슨 버진그룹 회장이 버진갤럭틱으로 우주관광 시험비행에 성공하면서 민간 우주여행 시대도 활짝 열렸다. 우주여행 경쟁도 본격화함으로써 인간의 활동영역으로 우주가 완전히 들어왔다. 관찰과 동경의 무한한 곳이 아닌 인류의 꿈을 실현하고 체험하고 생활할 수 있는 현실 공간이 됐다.

아무리 많은 인공위성을 보내도 부딪칠 염려가 없는 무한한 공간으로 여겨졌던 지구궤도는 점점 더 붐비고 있다. 1957년 스푸트니크밖에 없던 지구궤도는 2021년인 지금 2만3천여 개의 인공위성과 우주쓰레기가 둘러싸고 있다. 주목해야 할 점은 운용 중인 인공위성은 10% 정도에 지나지 않는다는 것이다. 그동안 발사한 수많은 우주발사체의 잔해, 임무를 다하고 버려진 인공위성, 그리고 폭발과 충돌로 발생한 파편까지 인류가 우주에 남긴 쓸모없어진 우주물체인 우주쓰레기가 지구궤도의 인공우주물체 중 90%를 차지한다.

지구궤도에 남겨진 우주쓰레기는 운용 중인 인공위성뿐만 아니라 우주인이 타는 국제우주정거장에도 큰 위협이 된다. 초속 7~8㎞로 움직이는 우주쓰레기는 크기가 1㎝만 돼도 인공위성 기능을 정지시킬 수 있고, 10㎝ 이상 크기와 부딪친다면 인공위성이 파괴될 수 있다. 어쩌면 우주쓰레기가 앞으로 우주여행의 가장 큰 걸림돌이 될 수도 있다. 그뿐만 아니라 임무를 다한 인공위성과 우주발사체 잔해 중 1t 넘는 우주쓰레

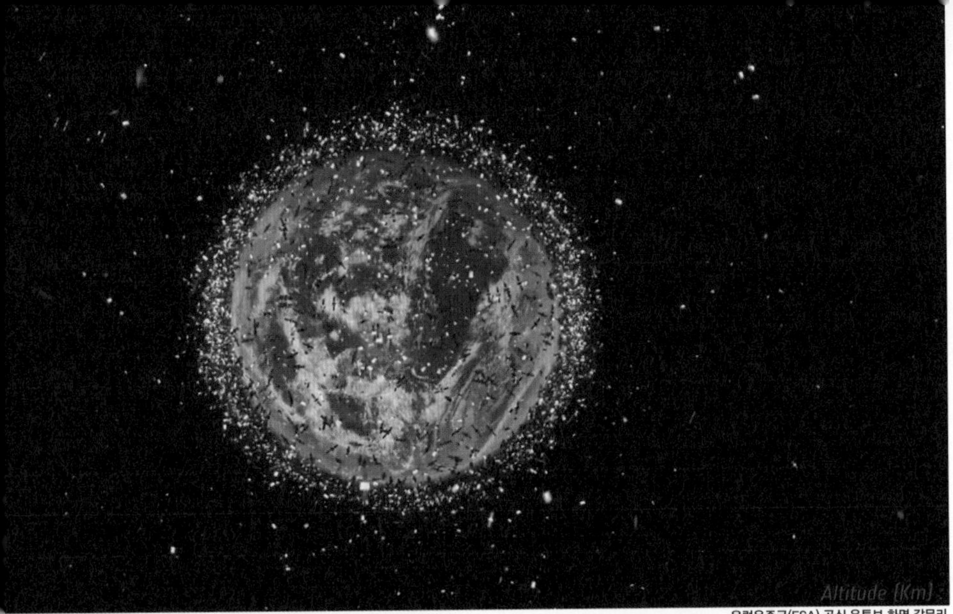

유럽우주국(ESA) 공식 유튜브 화면 갈무리

지구 둘레가 우주쓰레기로 둘러싸인 모습. 지구의 인공위성 궤도에는 수명을 다한 인공위성과 로켓 잔해등 크고 작은 우주쓰레기 2만3천여 개가 구름처럼 떠돌고 있다.

기가 지구 대기권으로 떨어지며 지상에 피해를 주기도 한다.

중국의 창정 5B 로켓 잔해의 추락

2021년 5월 중국의 창정 5B 로켓 잔해의 추락 소식에 전세계는 긴장할 수밖에 없었다. 20t으로 추정되는 우주쓰레기의 추락은 대기권을 통과하면서 완전히 연소되지 않고 파편이 지상으로 낙하할 가능성이 있었기 때문이다. 다행히 창정 5B 로켓 잔해는 인도양으로 떨어져 인명과 재산 피해는 주지 않았다. 지금도 매일 우주쓰레기가 지구 대기권으로 떨어지고 있다. 우주로 나가는 많은 인공위성이 있다면 지구로 되돌아오는 우주쓰레기의 양도 당연히 점점 늘어날 것이다.

이미 우리는 수많은 인공위성이 제공해주는 편리함에 익숙해 있다. 위성통신은 지구촌을 하나로 연결하고 정밀한 항법위성은 우리 위치를 정확히 알려준다. 시시각각 변하는 날씨의 예보도 기상위성 덕분에 자세히 알 수 있다. 만약 인공위성이 우주쓰레기와 충돌해 제 기능을 하지 못한다면 큰 혼란과 불편을 낳을 수 있다. 또한 지구로 추락하는 우주물체는 인간에게 직접적 피해를 입힐 수도 있다. 인간이 만든 인공우주물체는 지구든 우주든 결국 어딘가에 버려지고 흔적을 남긴다. 우주쓰레기의 추락과 지구궤도상에서 인공위성과의 충돌 위험은 우주 시대 우리가 맞닥뜨린 새로운 위험이다. 인간이 남긴 쓰레기가 결국 인류에게 위험으로 되돌아오는 것은 우주에서도 마찬가지인 셈이다. 우주쓰레기가 우리에게 위협이 되지 않게 하려면 최대한 안전하게 처리할 수 있는 최선의 방법을 찾아 바로 실천해야 한다.

우주발사체와 인공위성 설계에서부터 지구 대기권에서 완전 연소하게 하는 방법이나 바다로 안전하게 추락시키는 방법, 사용하지 않는 궤도로 이동시켜 다른 인공위성이 안전하게 운용되도록 하는 방법 등 임무를 다한 뒤의 폐기 절차를 반영해야 한다. 그리고 전세계적으로 우주를 감시하는 네트워크를 가동해야 한다. 우주쓰레기가 어디에 있는지 찾아내 어디로 움직일지 예측하고 추락·충돌 같은 우주 위험에 대비할 수 있어야 한다.

우주 감시하는 네트워크 가동해야

우주는 인류 공동의 자산이다. 모두에게 개방된 영역이니 자유롭게 사용할 수 있지만 주어진 우주환경을 지키는 것도 공동의 책임이다. 우주가 일부 국가나 민간기업의 전유물이 되지 않도록 하려면 국제 협력이 필수다. 인간의 활동으로 복잡해지고 위험해진 우주에서 우리는 어떻게 우주의 위험에 대비해야 할지 고민이 필요한 시점이다. 21

업사이클링 브랜드 '119REO' 직원들이
폐방화복을 새활용해 만든 백팩을 선보이
고 있다. 김진수 선임기자

6

물음표투성이 정답

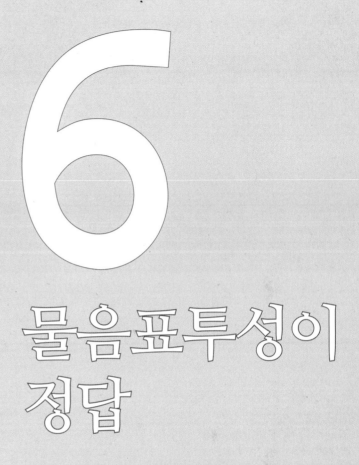

집에 돌아와 현관문을 여니 열기가 훅 덮친다. 34도. 열돔 현상으로 덥혀진 지상의 열기가 수십m 위 집까지 수직 상승한 듯하다. 주범은 온실가스다. 폐기 과정에서 탄소를 다량 배출하는 플라스틱이 눈에 띈다. 미세플라스틱이 함유된 클렌징 제품, 한두 달 쓰고 버리는 플라스틱 칫솔, 폴리에스테르 옷과 비닐랩으로 감싼 반찬그릇이 집 안 곳곳에 있다.
앞서 쓰레기를 따라간 길에서 우리는 재활용, 매립, 소각 모두 '정답'이 아니란 걸 알았다. 결국 이 위기의 해답은 쓰레기 자체를 줄이는 데 있다. 덜 소비하고, 나눠 쓰고, 새롭게 활용하는 법을 찾아간다.
박다해 기자 doall@hani.co.kr

스팸메일은 삭제하고 수건을 걸레로 사용해요

우리집 구석구석 쓰레기 줄이는 제로웨이스트 실천법

하루를 시작하고 마무리하는 공간에서부터 쓰레기와 탄소발자국을 줄이는 일을 실천해보는 건 어떨까요? 대부분 조금 더 귀찮고 수고스러운 일입니다. 더 많이 움직여야 하고 챙기고 기억할 점이 많아지지요. 하지만 사소해 보이는 실천이 모여 환경에 영향을 덜 끼칠 때 지속가능한 나의 삶 역시 가능하다는 점을 잊지 마세요. 단 '제로웨이스트'를 하겠다고 무작정 제로웨이스트 실천용 제품을 사는 건 쓰레기를 하나 더 만들어 내는 일입니다. 추가로 소비하지 않고 이미 가지고 있는 제품을 오래 사용하는 것이 쓰레기를 줄이는 가장 좋은 방법이랍니다.

정리 박다해 기자 doall@hani.co.kr

화장실

- **대나무 칫솔 사용하기**
- **샴푸바, 고체치약 등 고체 제품 사용하기**
- **비데 등을 이용해 화장지 사용 줄이기**
- **실크나 대나무 등 천연 소재로 만든 치실 사용하기**
- **일회용 생리대 대신 면생리대나 생리컵 사용하기**

거실

- **물티슈나 부직포로 만든 청소포 등 일회용 청소용품 사용 줄이기**
- **냉난방 최소화하기** 여름엔 냉풍기를 에어컨 대신 사용해본다. 겨울엔 집 안에서도 따뜻하게 옷을 챙겨 입고 난방텐트를 사용한다. 기존 사용 온도보다 2도를 높이거나(냉방) 2도를 낮추는 방법(난방)도 있다.
- **소형 가전제품 구매는 중고매장, 중고거래 앱, 온라인 중고숍 적극 활용하기**

서재

- **보지 않는 책 중고서점에 내놓거나 기부하기**
- **출력할 때 이면지 사용하기** PDF 파일 형태로 읽는 것도 좋다. 부득이 출력이 필요할 땐 모아찍기와 양면인쇄를 적극 활용한다.
- **읽지 않는 전자우편, 스팸메일은 바로 삭제해 '디지털 탄소발자국' 줄이기** 전자 데이터가 모인 데이터센터는 많은 전력을 소비하며 이산화탄소를 만들어낸다. 전자우편 한 통당 약 4g의 이산화탄소가 발생된다.
- **종이 카드명세서, 영수증 등은 받지 않고 전자우편이나 앱으로 받기**
- **컴퓨터에 절전과 인쇄용지 절감을 해주는 친환경 프로그램 설치하기** green-office.kr에서 무료로 내려받을 수 있다.
- **충전용 건전지, 잉크 카트리지 등 충전해서 쓸 수 있는 제품 사용하기**

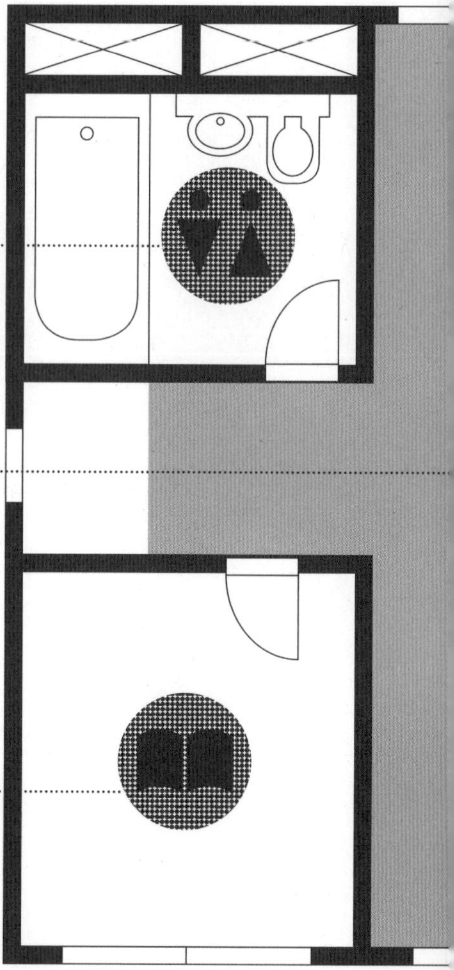

플라스틱의 짧은 수명

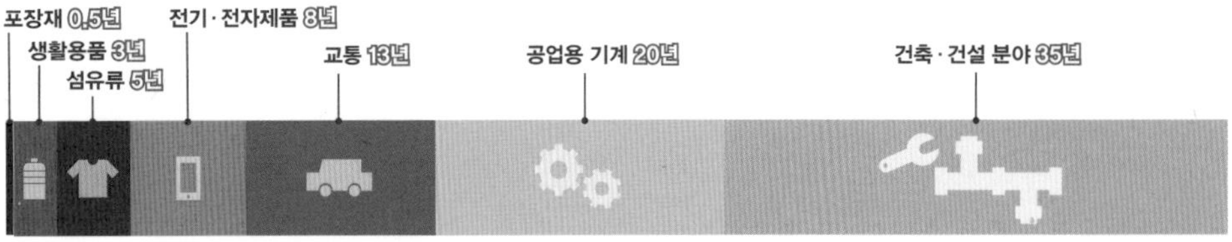

자료: 〈플라스틱 아틀라스〉(2021)

주방

- **장 볼 때 비닐봉지 대신 천주머니 등 다회용 가방 사용하기**
- **배달음식 줄이거나 끊기** 바로 끊는 것이 어렵다면 '한 달에 1~2번' 식으로 횟수를 정해두고 점차 줄여나가자.
- **플라스틱 용기 대신 유리·스테인리스·도자기 그릇 사용하기**
- **비닐랩, 키친타월 등 일회용품 사용 줄이고 밀랍랩, 삼베 다시백, 소창 손수건, 천냅킨 등 빨아 쓸 수 있는 용품 사용하기**
- **아크릴 수세미 대신 삼베 수세미, 천연 수세미, 옥수수 재료로 만든 수세미 사용하기**
- **만능 세제 '소프넛' 사용해보기** 소프넛은 물과 만나면 사포닌류의 천연계면활성 성분이 풍부하게 녹아나오는 천연세제 열매로 세탁, 주방세제, 다목적 세정제로 사용한 뒤 남는 섬유질은 퇴비로 쓸 수 있다.
- **냉장고에 어떤 음식이 있는지 목록으로 적어 붙여놓기** 깜빡하고 또 사는 것을 막아줄 뿐 아니라 유통기한이 지나 버려야 하는 일도 방지할 수 있다.
- **일주일에 하루는 채식하기** 완전한 비건이 되긴 어렵더라도 고기 먹는 횟수를 줄여보는 것도 도움이 된다

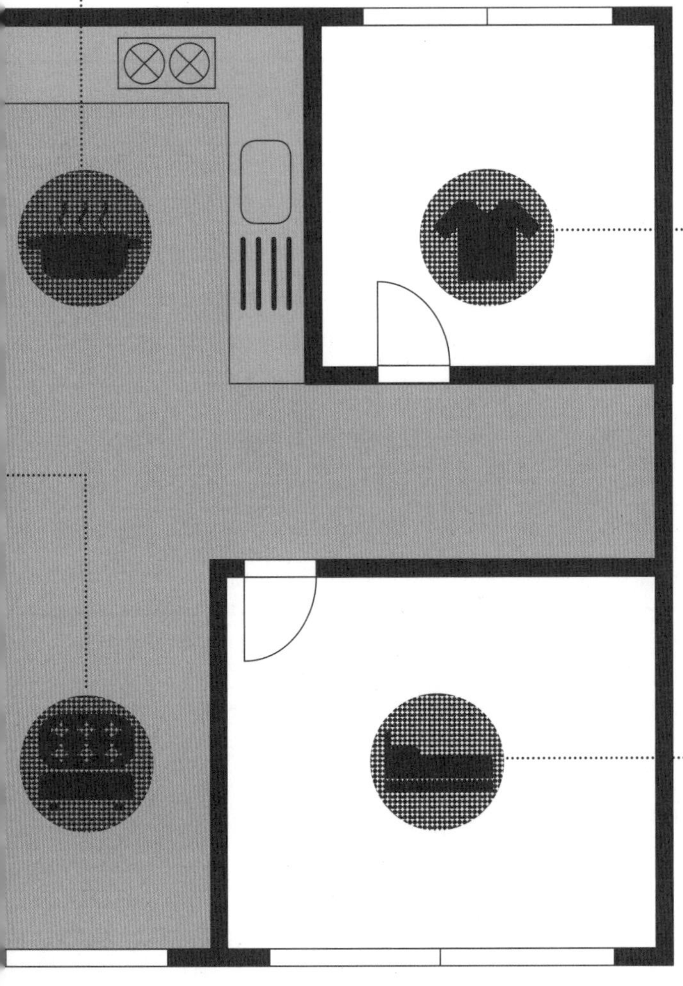

옷방

- **'의류 총량제' 실천하기** 어떤 옷을 갖고 있는지 옷 목록을 작성해두고 옷 구매시 총량을 넘지 않도록 한다.
- **최근 1~2년간 입지 않은 옷 기부하거나 중고상품으로 내놓기** 아름다운가게, 옷캔 등 옷 기부를 받는 곳이 있다. 정장은 열린옷장을 이용한다.
- **공유옷장 플랫폼, 의류 렌털 서비스 등 적극 이용하기**
- **옷 건조할 때는 양모로 만든 '드라이볼' 이용하기** 건조 시간을 단축하고 옷 주름도 방지해준다. 천연 오일을 뿌려 사용하면 섬유유연제 대체 효과도 있다.
- **헌 티셔츠나 수건 등을 걸레로 사용하기**
- **베이킹소다, 과탄산소다, 식초, 구연산 등 천연세제 적극 활용하기. 다 쓰면 가루만 채울 수 있는 '리필스테이션' 이용하기**

침실

- **화장품 가짓수를 줄이고 다 쓰면 내용물을 채울 수 있는 '리필스테이션' 이용하기** 알맹상점×아로마티카, 아모레퍼시픽 리필스테이션, 이마트 에코 리필스테이션 등이 있다.
- **폴리에틸렌, 폴리프로필렌 등 미세플라스틱으로 의심되는 화장품 성분은 피하기**
- **화장품 공병 수거 브랜드 적극 활용하기**
- **일회용 화장솜 대신 다회용 화장솜 사용하기**

6 제로웨이스트

헌 옷 줄게, 환경 지켜다오~

의류폐기물 가득한 바다, 풀 대신 옷 씹는 소들에 충격… 안 입고 쌓인 옷들 열린옷장과 아름다운가게에 기부해보니

글 박다해 기자 doall@hani.co.kr, 사진 박승화 기자 eyeshoot@hani.co.kr

일이 잘 안 풀릴 때, 어쩌다 기분 전환이 필요할 때, 휴가나 경조사 등 특별한 일을 앞둔 때 새 옷은 언제나 옆에 있었다. 반복된 일상에 지칠 때면 근처 스파(SPA) 브랜드* 매장에 들어가 구경하는 게 즐거움이기도 했다. 딱히 '계획된' 소비는 아니더라도 1만원 안팎 하는 티셔츠 한 장 사는 게 어려운 일은 아니었다. 옷장을 비집고 나오는 옷을 정리해볼까 하는 마음이 종종 들었지만 중고 거래는 귀찮아 미루기 일쑤였다.

부끄럽게도 옷을 사면서 환경을 함께 생각해본 적은 없다. 옷은 막연하게 어디선가 재활용될 거라 생각했다. 배달음식을 줄였고, 텀블러를 챙기고, 분리배출할 땐 꼼꼼하게 씻어서 내놨다. 이 정도면 나름 '환경을 고민하는 것 아닌가'라며 자못 뿌듯해했다.

티셔츠 1장에 이산화탄소 2.3kg 생성

생각이 완전히 바뀐 건 2021년 7월1일 방송된 KBS 〈환경스페셜〉 '옷을 위한 지구는 없다' 편을 보고 나서다. 장면마다 충격으로 다가왔다. 거대한 헌 옷 무덤에서 소들이 풀 대신 옷에서 나온 합성섬유 조각을 씹었고, 방글라데시의 운하나 가나의 바다엔 의류폐기물이 가득했다. 헌 옷이 재활용될 거라는 생각은 착각이었다.

뒤이어 읽은 책 〈물건 이야기〉(김영사)를 통해선 값싼 의류를 위해 인류가 환경에 얼마나 값비싼 대가를 치르게 하는지 알게 됐다. 면티셔츠를 만드는 면화는 재배 과정에서 물을 많이 낭비하는 작물인데다 농약도 여러 차례 사용된다. 수확할 때는 흰 면화솜에 얼룩이 생기지 않도록 잎을 미리 떼는데, 이때 독성 화학물질이 쓰인다. 이뿐이랴. 하얗게 만들기 위해 강한 표백제도 쓴다. 면은 염색이 잘 안 되기 때문에 염료 3분의 1이 폐수로 들어간다. 더 부드럽게, 구김이 덜 가게, 정전기가 나지 않게 하는 과정에는 화학물질 포름알데히드가 더해진다.

저자인 환경학자 애니 레너드는 "내 티셔츠 한 장에 필요한 면화를 재배하는 과정에서 이산화탄소 0.9kg이 생성"되고 "세척, 방직, 방적, 마무리 공정에서 추가로 1.4kg

*스파 브랜드: 제조, 유통을 한 회사가 하는 형태로 대량생산, 빠른 상품 회전이 특징

이 생성된다"고 지적한다. 물류 이동 과정에서 발생하는 이산화탄소는 별도다.

환경을 고민한다며 내심 자부했던 것이 부끄러웠다. 옷 욕심을 줄이기로 했다. 일단 입지 않는 옷을 기증해 옷장을 정리하는 것이 우선이다. 옷을 기부할 곳을 찾았다. 아름다운가게, 열린옷장, 옷캔, 굿윌스토어 등 여러 곳이 나왔다. 옷장을 둘러보니 다 담지 못해 삐져나온 옷부터 눈에 띄었다. 택배로 주문한 뒤 포장을 채 뜯지 않은 옷도 있었다. 언제 입었는지 기억조차 나지 않는 옷도 꽤 있었다.

주섬주섬 챙겼다. 충동적으로 샀지만 막상 손이 가지 않던 셔츠, 취업준비생 때만 입고 그 뒤론 한 번도 입지 않은 정장, 한 번만 입고 걸어둔 원피스, 더 이상 사이즈가 맞지 않는 바지들부터 골라냈다. 기준은 '내가 입진 않지만 남이 입을 수 있을 정도로 상태가 괜찮은 옷'이다. 니트, 청바지, 티셔츠 등 캐주얼한 의류는 총 20벌, 정장은 10벌 정도 쌓였다.

정장 기증할 때 핵심은 옷의 '청결'

2021년 7월12일, 우선 정장을 기증할 수 있는 '열린옷장'을 찾았다. 서울 광진구 화양동의 열린옷장엔 취업 등을 위해 정장 대여를 예약해둔 청년 여러 명이 대기하고 있었다. 2012년 정장 대여 서비스를 시작한 뒤 현재까지 15만 명이 서비스를 이용했다.

김소령 열린옷장 대표는 "전체 정장은 3천 벌 정도 있고 구두·넥타이·셔츠 등을 합치면 1만2천 점 정도 있다. 사이즈 문제로 빈손으로 돌아가지 않게 아주 작거나 큰 사이즈는 직접 제작해 채우기도 했다"고 설명했다. 대여 공간 안쪽으로 들어서면 백화점 정장 매장에 온 듯한 착각이 든다. 성별에 따라, 종류에 따라 옷이 걸려 있고, 피팅룸 앞 거울에 정장을 입은 자신의 모습을 비춰보는 이들도 삼삼오오 있다.

취업준비생 등에게 면접용 정장을 대여해주는 비영리 단체 '열린옷장'에서 청년들이 기증된 정장 가운데 자신에게 어울리는 옷을 직접 입어보며 고르고 있다.

이곳에 정장을 기증할 때 가장 중요한 것은 '청결함'이다. 정장의 트렌드도 면밀하게 살펴야 한다. 김 대표는 "대여자들이 정장을 입고 자신감 있게 면접에 갈 수 있도록 '누가 입었던 옷'이라는 점이 안 느껴지도록 한다. 유행에 뒤처진 옷은 바지통 등을 수선해 대여하기도 한다"고 설명했다.

이 때문에 기증받는 정장의 기준은 꽤 까다롭다. 착용한 적이 한두 번이거나, 심지어 사놓고 입지 않은 채 보관만 해둔 옷도 함께 가져갔는데 모든 옷이 열린옷장의 검수 과정을 통과한 건 아니다. 실제로 기증 며칠 뒤 "블라우스 1벌, 재킷 1벌, 스커트 1벌 정도만 열린옷장에서 사용되고, 나머지 재킷 3벌, 원피스 1벌, 팬츠 2벌, 스커트 1벌은 옷캔으로 재기증된다"는 문자메시지를 받았다.

"기증받은 옷이 계속 쓰이는 방법을 고민해요. 평균 26.4살 청년들이 입어야 하니까 스타일이 맞지 않지만 깨끗한 상태의 옷은 옷캔으로 재기증해요. 일부 옷은 골라서 노숙인 자활센터인 서울특별시립비전트레이닝센터로 보내기도 하죠. 너무 화려한 무늬의 넥타이 같은 건 업사이클링(새활용)을 하는 곳에 원단으로 활용하라고 보내고요."(김소령 대표)

열린옷장의 또 다른 특징은 기증자와 대여자가 서로를 향한 메시지를 남긴다는 점이다. 대여자는 기증자의 메시지를, 기증자는 대여자의 답장을 받을 수 있다. "대여자분들은 기증자의 메시지를 읽고 힘을 받죠. 이후 취업해 자신도 도움이 되고 싶다며 정장을 기증해준 분도 있고요."(김소령 대표) 좋은 기운을 담뿍 담은 옷이 선순환하는 셈이다.

1년에 220만 벌이 재사용으로 판매돼

이번엔 캐주얼 의류를 기부할 차례다. 7월14일 아름다운가게 송파가락점을 방문했다. 지구의 날인 2021년 4월22일 오픈한 곳으로 아름다운가게 서울 매장 가운데 가장 크다. 하루 평균 15~20명이 평균 300~350개 물품을 기증한다. 방문자는 하루 평균 200~250명이다.

아름다운가게를 알고는 있었지만 기부는 처음이다. 근무하는 봉사자들이 기부 물품을 일일이 검사하는 것 아닐까 생각했는데 웬걸, 비치된 정보무늬(QR코드)를 촬영하면 접수도, 기부영수증 신청도 손쉬웠다. 의류뿐 아니라 가방, 신발, 그릇 등 잡화와 7년 이내 발간 도서, 두 손으로 들 수 있는 크기의 가전도 기증이 가능하다는 걸 알았다. 단, 보풀이 생긴 의류는 기증이 어렵다. 니트 한 장이 셀프 심사에서 탈락했다. 기부까지 5분도 채 걸리지 않았다.

합성섬유, 탄생부터 폐기까지

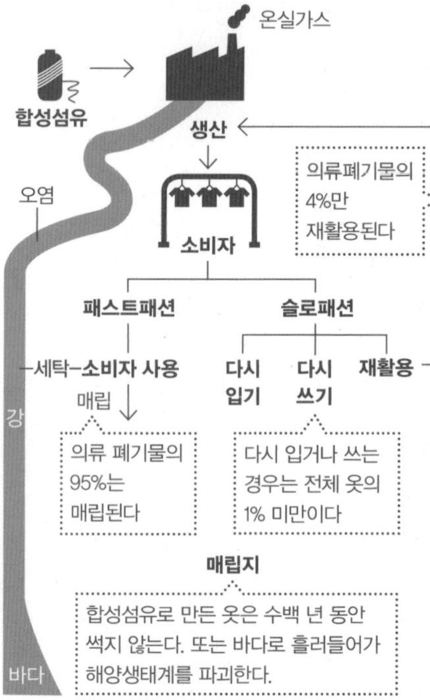
온실가스
합성섬유
생산
오염
의류폐기물의 4%만 재활용된다
소비자
패스트패션
슬로패션
세탁-소비자 사용
매립
다시 입기
다시 쓰기
재활용
강
의류 폐기물의 95%는 매립된다
다시 입거나 쓰는 경우는 전체 옷의 1% 미만이다
매립지
합성섬유로 만든 옷은 수백 년 동안 썩지 않는다. 또는 바다로 흘러들어가 해양생태계를 파괴한다.
바다

자료: 〈플라스틱 아틀라스〉(2021)

아름다운가게를 통해 1년 동안 재사용할 수 있도록 판매된 의류는 약 220만 벌(2020년 기준)이다. 업사이클링 소재로 재활용된 규모는 2990㎏이다. 이혜리 아름다운가게 홍보팀장은 "환경을 위한다는 취지에 공감하는 분들이 많이 기부한다. 수익 중 일부를 숲을 조성하는 데 사용하고, 폭염 등 기후위기에 취약한 계층을 보호하기 위한 '폭염 대비 키트'도 지원한다. 중고등학생을 대상으로 환경교육도 확대할 예정이다"라고 설명했다.

송파가락점 매장 한쪽엔 송파구 지역협동조합이 운영하는 제로웨이스트숍 '세컨드페이지'가 입점해 있다. 한국에서 처음 업사이클링 제품을 만들기 시작한 아름다운가게의 '에코파티메아리' 제품도 만날 수 있다. 사려고 했던 천연 수세미, 대나무 칫솔,

고체 치약 등을 구매한 뒤 아름다운가게 서울되살림센터로 향했다.

되살림센터는 아름다운가게에 기증된 물품을 '수거-입고-생산-출고-판매-배분' 과정을 거쳐 재생산한 뒤 서울의 28개 매장으로 보내는 일종의 허브다. 서울 성동구 새활용플라자 안에 있다. 너른 공간에 들어서면 물품을 분류하는 이들이 눈에 띈다. 언뜻 택배 물류센터를 연상케도 한다. 임미정 되살림센터장은 "코로나19로 기증 물품이 조금 줄어 하루 평균 20t 분량의 물품이 들어온다"며 "의류의 경우 상태, 브랜드, 트렌드, 옷 재질 등을 고려해 가격을 책정한다"고 말했다.

새활용플라자엔 아름다운가게의 업사이클링 브랜드 에코파티메아리도 입점해 있다. 가죽재킷, 청바지, 소파 가죽, 어닝(차양막) 등을 활용해 업사이클링 제품을 만드는 곳이다. 센터의 이현애 그린사업국장을 따라 매장 안쪽으로 들어서니 가죽, 데님 등 원자재가 한가득 쌓여 있다. 청바지는 유행을 타기 때문에 철 지난 디자인은 의류 브랜드에서 대규모로 기증하기도 한다. 에코파티메아리는 최근 아이들에게 업사이클링을 쉽게 알릴 수 있도록 소파 가죽을 활용해 필통을 만드는 교육용 DIY 키트 등을 함께 판매한다.

"업사이클링을 2006년에 시작해 2008년부터 정식 사업이 됐죠. 한국에선 에코파티메아리가 처음이에요. 최근엔 관심이 커지면서 업사이클링 회사가 70~100개에 이를 정도로 늘어났지만 사실 제품 판매만으로 흑자를 내긴 쉽지 않아요. 어떤 소재를 얼마나 확보하느냐에 따라 제품을 만들 수 있으니까요. 대량생산으로 단가를 낮출 수 없죠. 최근엔 업사이클링 소재를 일부만 쓰고 다른 재료를 섞어 쓰는 경우도 있어요. 저희는 '업사이클링 무브먼트(운동)'를 한다는 생각으로 오롯이 업사이클링 소재를 쓰려고 해요. 그러다보니 날마다 산업 쓰레기통 뒤지는 게 일이에요.(웃음) 과정이 썩 멋지진 않죠. 더디고, 어렵고요."(이현애 그린사업국장)

'환경을 생각하는 소비자'가 되는 일은 귀찮고 수고로운 일이라고 생각했는데, 자원을 재순환하는 과정도 크게 다르지 않았다. 상품 가격표는 환경을 착취하는 대가를 그럴싸하게 가려주는 속임수였다. 우리에겐 돈을 내는 것 이상의 노력이 필요했다. 집에 돌아오자마자 달력에 '옷 사지 않기'를 적어두고 성공 여부에 따라 ○× 표시를 하기로 했다. 부득이하게 옷을 사야 할 때는 오래 입을 수 있게 질이 좋고 유행 타지 않는 디자인을 선택하기로 결심했다.

'아름다운가게'에 기부된 물품을 분류하고 가격을 책정해 재생산하는 되살림센터. 이곳에서 서울의 아름다운가게 매장 28곳으로 물품이 배송된다.(위) 아름다운가게의 업사이클링 브랜드 '에코파티메아리' 제품. 유행이 지나 더는 입지 않는 청바지로 만들었다.

다음엔 가방·밀폐용기 기증할 테야

소각과 매립 대신 '재활용의 힘'도 적극 이용해볼 요량이다. 아름다운가게는 2020년 한 해 동안 물품 재사용으로 총 1억2993만6026㎏의 탄소배출을 저감했고, 이는 4677만6969그루의 소나무를 심는 효과가 있다고 본다. 특히 의류 재활용으로 줄인 탄소배출량이 6753만8126㎏으로 가장 많았다. 의류 1㎏당 약 12㎏의 탄소가 발생한다는 연구를 토대로 환산한 양이다.

다음엔 의류가 아닌 잡화도 기증할 계획이다. 잘 쓰지 않는 가방, 행사 때마다 받은 에코백, 사은품으로 받았지만 쓰지 않은 밀폐용기 등을 한곳에 모아뒀다. 환경을 위한 진짜 '미니멀리즘'을 실천하려 한다. 21

6 제로웨이스트

이 많은 '아더'를 어찌하오리

두 달간의 플라스틱 일기 작성이 남긴 '현타'

기자는 결혼 1년차 2인 가구다. 코로나19로 일주일에 절반 이상 재택근무를 한다. 2020년 12월부터 두 달간 서울환경운동연합이 기획한 온라인 실천 캠페인 '플라스틱 일기'에 참여했다. 참여자들은 매일 자신이 '만든' 플라스틱 쓰레기를 사진으로 찍어 해시태그(#플라스틱일기)와 함께 사회관계망서비스(SNS)에 올렸다. 기자는 일회용컵 대신 텀블러를 쓰고 되도록 빨대는 쓰지 않는다. 가방엔 늘 장바구니와 손수건이 있는, 나름 '에코'한 직장인이다. 입사할 때 만든 전자우편(ecowoori)에도 그런 의미를 담았다. 하지만 습관의 벽은 견고했다. 플라스틱 일기를 쓰는 동안에도 플라스틱 쓰레기를 정말 많이도 내다버리고 있었다. 일종의 '현실 자각 타임'(현타)이 왔다. 왜 이런 포장재를 써야 했는지 의문이 들고, 이후에는 다른 방법은 없는지 기업과 정부의 역할을 고민했다. _편집자

최우리 〈한겨레〉 기자 ecowoori@hani.co.kr

라면이나 과자를 담은 비닐 포장재, 샴푸나 화장품이 든 각종 플라스틱통 쓰레기는 끊이지 않고 일기장을 채웠다. 골치 아픈 것은 '아더'(OTHER)였다. 모든 플라스틱 제품에는 어떤 재질인지가 표시돼 있다. 고밀도폴리에틸렌(HDPE), 저밀도폴리에틸렌(LDPE), 폴리프로필렌(PP), 폴리에틸렌(PE), 폴리스티렌(PS), 폴리염화비닐(PVC)이 표시됐다면 단일성분 플라스틱이 쓰였다는 뜻이다.

한국에 유독 '아더'가 많은 이유

반면 '기타'라는 뜻처럼 아더는 둘 이상의 이런저런 플라스틱 성분이 섞였거나 종이와 금속이 코팅된 복합재질을 뜻한다. 단일성분이 아니면 재활용률이 떨어진다. 집에서 애써 분리배출해도 재활용 선별장에 가면 으레 매립되거나 소각될 운명이다. 허승은 녹색연합 활동가는 "아더는 선별해도 저급한 재생원료가 된다. 보통 한국은 일본에서 고급 재생원료를 수입해왔는데, 재활용 효과를 높이려면 단일재질을 사용하는 것이 좋다"고 말했다.

문제는 플라스틱 쓰레기 중 아더가 매우 많다는 것이다. 햇반 그릇, 화장품 뚜껑

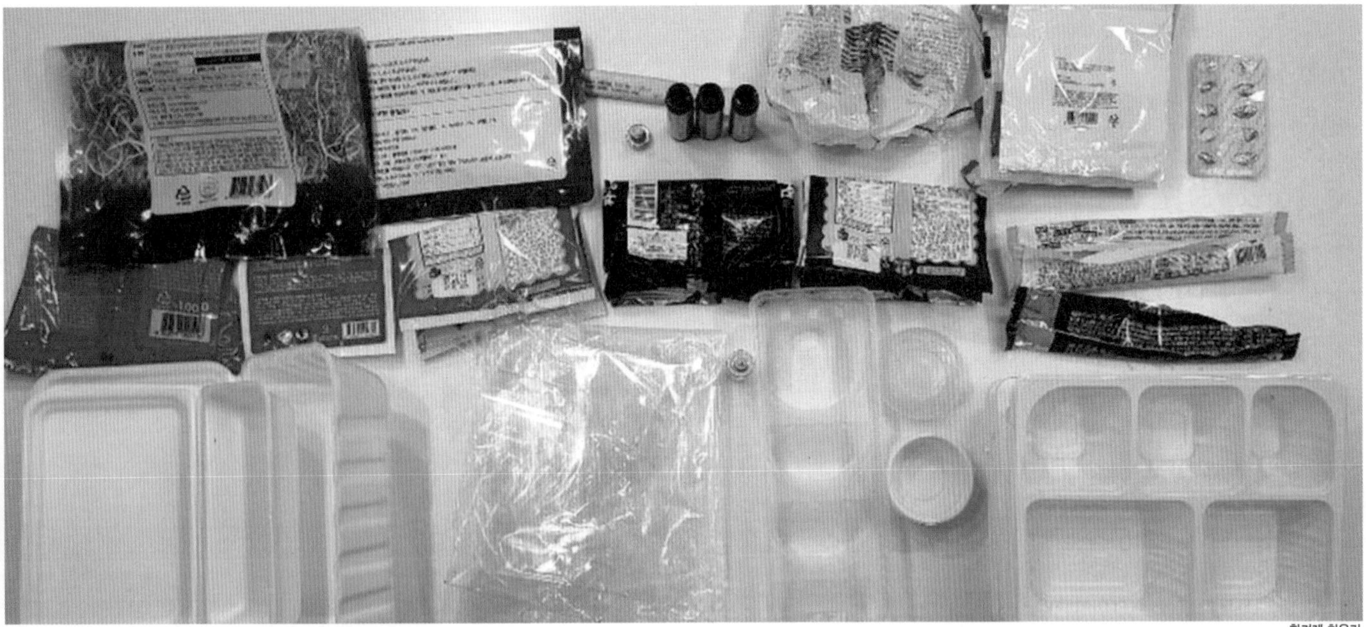

한겨레 최우리

약 일주일 동안 2인 가구에서 나온 플라스틱 쓰레기. 2가지 이상 플라스틱 재질이 섞인 경우 '아더'로 표시된다. 과자와 라면 봉지, 약통, 샴푸와 화장품 용기, 햇반 등이 모두 아더였다. 전문가들은 단일재질 플라스틱이 재활용 가치가 높다고 강조한다. 기업은 단일재질 포장재 개발, 정부는 플라스틱 재활용률을 높이기 위한 공공 선별장 확충 등의 노력이 필요해 보였다.

만이 아니다. 머리와 몸통이 제각각인 경우가 특히 그렇다. 치약 뚜껑은 PP지만 치약 몸체는 아더인 식이다. 집에서 내다버린 비닐의 상당수도 아더였다. 라면 봉지, 과자 봉지, 핫팩 비닐, 아이스크림 포장 비닐이 죄다 아더였다. 콩나물 포장 비닐, 생수병 라벨, 테이프 포장지는 PP인데 왜 이들 식품 봉지는 하나같이 아더일까.

홍수열 자원순환사회경제연구소 소장은 "식품을 안전하게 보관·유통하기 위해 산소 투과를 막는 필름 등이 추가되기 때문에 아더가 된다"고 했다. 그런데 한국은 99%가 단일성분이어도 1%만 다른 플라스틱이 쓰이면 아더로 분류하기 때문에 유독 아더가 많다. 홍 소장은 "외국처럼 가장 많이 사용된 대표 플라스틱 재질을 앞세워 단순하게 표기하면 재활용률을 높일 수 있다"고 했다. 이 때문에 기업이 제품 생산 단계부터 재활용을 염두에 두는 것이 무엇보다 필요하다. 아직은 생분해 기술이 불완전하다. 당장은 재활용 선별장에서 버려지는 쓰레기를 되살리는 노력이 중요하다.

공공운영 선별장 강북구와 성동구뿐

환경단체들은 주로 민간 위탁인 재활용 선별장을 공공에서 직접 운영해야 한다고 입을 모은다. 손으로 직접 분류하는 작업이 불가피한 선별장의 특성상 많은 인원이 필요한데, 대부분 영세한 업체다보니 자연스레 재활용이 가능한 것도 그냥 버려지는 일이 많다는 것이다.

서울시 25개 자치구 중 선별장을 공공이 운영하는 곳은 강북구(직영)와 성동구(공영)뿐이다. 김현경 서울환경운동연합 활동가는 "민간 위탁 선별장 중 5명 미만 사업장이 45% 이상이다. 실질 재활용률을 높이려면 이들 시설을 공공에서 직접 운영해 환경을 개선하고, 지금처럼 선별 작업 이전 반입량이 아닌 최종 선별 작업 뒤 결과물로 선별장을 평가해 지원해야 한다"고 말했다.

분리배출을 의무화하는 투명 페트병은 재활용률이 가장 높은 양질의 플라스틱이다. 환경부는 불투명한 막걸리병이나 음료수병도 2021년부터 투명하게 바꿔가기로 했다. 투명 페트병을 분리배출하려는 의지가 충만한 소비자마저 좌절하게 하는 것은 라벨이었다. 접착제로 붙여놔 잘 벗겨지지 않고 어렵사리 뜯어내면 지저분한 라벨 흔적이 덕지덕지 남는다. 2020년부터 투명 페트병으로 바뀐 서울장수막걸리가 그렇다. 재활용의 질을 떨어뜨리는 요인이다. 업체 쪽은 "열알칼리성 분리접착제를 사용해 재활용 우수 등급을 받았다"고 했지만, 정작 라벨 흔적은 80도의 높은 온도와 수산화나트륨에 의해서만 지워지기 때문에 분리배출 효과가 낮다.

생산 단계에서 플라스틱 줄여야

라벨이 껌딱지처럼 딱 붙은 약통은 애물단지였다. 대형마트에서 과일을 담아 파는 투명 플라스틱 상자에 붙은 가격 라벨도 마찬가지였다. 수입 과자의 경우 제조업체가 붙인 상표 라벨은 페트병에서 손쉽게 떨어지는데 정작 국내 수입업체가 붙인 원산지표시 라벨은 따뜻한 물로 불려도 절대 떨어지지 않았다. 페트병에 라벨을 접착하지 않고 팽팽하게 둘러 당긴 뒤 라벨끼리만 붙여놓거나, 아예 라벨 없이 출시된 페트병 제품을 버릴 때는 그렇게 기쁠 수가 없었다.

한겨레 최우리 서울환경운동연합 제공 최우리 제공

상황이 이러니 남의 일기를 베껴 쓴 것처럼 비슷한 내용이 많았다. 한 플라스틱 일기 참여자는 "용기에 붙은 스티커는 물에 불렸는데도 절대 떼어지지 않았다"고 하소연했다.

환경부는 2021년 3월부터 재활용 쉬움 정도에 따라 재활용 등급 기준을 최우수·우수·보통·어려움 4개로 나눴다. 라벨이 벗겨지지 않는 등 재활용 '어려움' 등급을 받은 제품은 이 내용을 의무적으로 표기하도록 하고 있다.

조미김처럼 하나하나 소포장한 제품을 사서 쓰고 버릴 때가 있다. 1인, 2인 가구가 늘어난 사회 변화가 그 안에 있다. 대용량으로 사면 다 먹지 못하고 음식물 쓰레기가 된다. 그렇다고 소용량을 사면 포장재인 플라스틱 쓰레기가 무더기로 생긴다.

한살림 등 생활협동조합은 김, 달걀처럼 부스러지거나 깨지기 쉬운 물건을 보호하는 플라스틱 트레이나 덮개를 없애도 파손 등 문제는 별로 발생하지 않는다고 강조해왔다. 단, 종이 포장도 완벽한 대안은 아니다. 코팅 종이는 재활용이 안 된다. 포장재를 쓰지 않는 제로웨이스트 매장을 이용하는 방법도 있지만, 아직 그런 매장은 드물다. 역시 생산 단계에서 플라스틱을 줄여야 한다. 홍 소장은 "기업이 그동안 플라스틱 트레이를 써서 용량을 부풀려온 측면도 있다. 안 써도 되는 플라스틱은 기업이 알아서 빼는 노력을 해야 한다"고 했다.

택배와 함께 쌓여가는 아이스팩도 골칫거리였다. 환경부 분리배출 지침을 보면 아이스팩은 겉(비닐)과 속(합성수지 물질)의 재질이 다르다. 곧장 종량제 쓰레기봉투에 담아 버려야 한다. 하지만 합성수지 물질을 그대로 버리는 것은 환경오염으로 이어진다.

동네 아이스크림 가게는 나의 아이스팩 '무상 기부' 제안을 정중히 거절했다. 중고물품을 거래하는 '당근마켓'도 나에게 마음의 평화를 주지 못했다. "아이스팩 무료나눔" 게시글을 올렸지만 끝내 누구도 반응하지 않았다. 국민권익위원회는 2020년 11월 아이스팩의 지방정부 수거·관리 방안을 검토하라고 했지만 수거함을 운영하는 기초지방자치단체는 전국에 12곳뿐이다.

"흥미로운 변화가 진행 중"

기자처럼 플라스틱 일기를 쓴 사람은 4956명이다. 인스타그램 게시물만 3만 개가 넘었다. 여성이 90%로 압도적으로 많았다. 20~30대 여성이 72%였다. 이들은 일기를 쓰며 플라스틱 문제의 심각성을 더욱 잘 알게 됐고, 플라스틱 쓰레기 줄이기를 적극적으로 실천하겠다고 했다. 캠페인을 진행한 오신혜 서울환경운동연합 활동가는 "동물을 착취하는 패션의 잔혹함에 대한 인식이 퍼지면서 모피에 대한 인식이 달라졌듯, 플라스틱을 사용하는 일이 인류 공동체에 해를 끼치는 행위라는 부정적 인식이 늘고 있다"고 말했다.

시민의 자발적 참여는 탈플라스틱 시대를 열 수 있을까. 마침 여러 기업이 '플라스틱 프리' 선언을 하고 있다. 14년째 환경운동을 하는 허승은 녹색연합 활동가는 "씨제이제일제당의 스팸 뚜껑 수거와 매일유업 제품에서 빨대를 없앤 것 모두 시민들이 나섰기 때문이다. 플라스틱을 통해 환경 감수성이 확대되는 흥미로운 변화가 진행 중"이라고 했다. 21

❶ 라면 봉지, 과자 봉지, 핫팩 비닐, 아이스크림 포장 비닐이 죄다 아더(OTHER)였다. 샴푸, 화장품, 홍삼액 용기도 아더였다. ❷ 서울장수막걸리 병은 전통의 녹색에서 투명한 색으로 바뀌었다. 재활용률을 높이기 위함이다. 하지만 라벨이 잘 벗겨지지 않았다. 회사 쪽은 80도의 고온과 수산화나트륨으로 라벨이 잘 벗겨진다고 했지만, 가정에서는 어려움이 있었다. 이와 반대로 아예 라벨이 없거나 라벨에 점선이 그려져 분리배출하기 쉬운 제품들이 나오고 있다. ❸ 남의 일기장을 베껴 쓴 듯 같은 고민을 하는 시민이 많았다. 플라스틱 용기에 붙은 스티커를 제거하다 지친 시민이 올린 일기. ❹ 귀찮아서 그냥 내다버리던 유리 소주병의 공병 보증금은 100원이었다. 무겁다는 이유로 손쉽게 구입했던 플라스틱병 소주 대신 보증금을 돌려받을 수 있는 유리병 소주를 구입한다는 시민들도 있었다. ❺ 택배 생활로 쌓인 아이스팩을 무료나눔하기 위해 동네 아이스크림 가게에 방문하거나, 당근마켓에 글을 올려봤지만 누구도 반응하지 않았다. ❻ 중고물품 거래앱 '당근마켓'에 올라온 아이스팩 무료나눔 글들이 거래 흔적 없이 남아 있다. 기자도 글을 올린 지 2주여 동안 단 한 번도 연락이 오지 않았다. '끌올'은 예전에 올린 글을 최근 게시물들 사이로 끌어올려서 잘 보이게 하는 기능이다.

6 제로웨이스트

소고기 덜 먹으면 탄소 줄어들까요?

[도와줘요, 겨리]
제로웨이스트 Q&A

박다해 기자 doall@hani.co.kr

Q 분리배출이 너무 어려워요.

A 환경활동가인 고금숙 알맹상점 대표는 그의 책 〈우린 일회용이 아니니까〉에서 내용물을 비우고, 용기를 헹구고, 원칙에 따라 분리하며, 서로 다른 재질의 재활용품을 섞지 않는 것이 분리배출 기본 원칙이라고 합니다. 가볍고 작은 플라스틱이나 서로 다른 재질이 분리되지 않거나 이물질을 제거하기 힘든 경우 종량제봉투에 버리라고 조언합니다. '내손안의 분리배출'이나 '오늘의 분리수거'와 같은 앱도 활용해보세요.

Q 생분해 플라스틱을 쓰면 괜찮지 않나요?

A 녹색연합은 친환경을 내세운 생분해 플라스틱 제품에 속지 말라고 합니다. 생분해 플라스틱이라 할지라도 사용을 억제해야 할 일회용품이 있는데 많은 업체가 '생분해 플라스틱 제품은 일회용품 무상 제공이 가능하다'고 잘못된 정보를 전달한다는 거죠. 현재 한국에서 생분해 제품은 종량제봉투에 넣어 대부분 소각됩니다. 즉, 생분해돼도 매립되지 않는 것입니다. 되도록 일회용품을 안 쓰는 것이 환경을 위해 더 나은 방법이겠죠.

Q 육식을 줄이는 일이 왜 탄소를 줄이는 데 도움이 되나요?

A 인류가 배출하는 온실가스의 25~30%는 식량 생산 과정에서 나오고, 이 가운데 약 80%가 축산에서 나온다고 합니다. 온실가스는 기후변화를 유발하고, 숲을 파괴하며, 수질을 악화시키죠. 특히 소가 방귀나 트림으로 배출하는 메탄가스는 연간 1억t에 이르는데 메탄은 이산화탄소보다 온실가스 효과가 23배 높습니다. 소를 기르는 데는 돼지나 닭보다 28배 많은 땅이 필요하고 물도 11배 더 든다고 하니 일주일에 한 번이라도 소고기를 덜 먹어보는 건 어떨까요?

Q '플라스틱 없는 삶'을 실천하는 법을 더 알고 싶어요.

A 최근 환경에 대한 관심이 높아지면서 직접 제로웨이스트를 실천하거나 이를 안내하는 책과 영상 등이 다양하게 나와 있습니다. 참고 문헌에 나온 책과 누리집을 적극 이용하거나 유튜브에 '제로웨이스트'를 검색해보세요. 그린피스가 만든 '플라스틱없을지도'는 일회용품 없는 가게와 전통시장 정보를, 여성환경연대가 만든 '플라스틱없다방'은 일회용품 안 쓰는 카페 정보를 지도에 담았답니다.

참고 문헌
〈우린 일회용이 아니니까〉
고금숙 지음, 슬로비 펴냄
〈에코왕 챌린지〉
녹색연합 지음, 책밥 펴냄
'플라스틱프리 플랫폼'
pfree.me
한국기후·환경네트워크
kcen.kr

쓰레기 줄이기 무엇부터 실천할까?

여러분의 공간을 둘러보세요. 침실, 거실, 주방, 화장실, 옷방, 서재까지. 여기서 쓰는 일회용품이나 플라스틱 제품은 무엇인가요? 아래에 적어주세요.

최근 여러분이 환경을 위해 실천한 일이 있나요?

앞으로 환경을 위해 실천하고 싶은 일은 어떤 것이 있나요? '제로웨이스트 운동'의 창시자로 불리는 환경운동가 비 존슨은 쓰레기 없이 살기 위해 '5R 운동'을 제안합니다. △거절하기(Refuse) △줄이기(Reduce) △재사용하기(Reuse) △재활용하기(Recycle) △썩히기(Rot)예요. 쓰레기를 줄이기 위해 실천하는 이들은 때론 △다시 채우기(Refill) △재수선하기(Reform) △고쳐 쓰기(Repair) △대여하기(Rental) 등으로 바꿔 사용하기도 합니다. 나만의 5R 운동 실천 목표를 적어볼까요?

생명 구한 방화복으로 지구 구해요

폐방화복 새로 쓰는 119REO
영업이익 일부는 소방관 위해 쓰여

박다해 기자 doall@hani.co.kr

소방관이 입는 방화복의 내구연한은 통상 3년이다. 연한이 다하면 1년에 2번 정도 수거한 뒤 대체로 소각되거나 매립된다. 하지만 3년 연한을 채웠다고 모든 폐방화복이 태워야 마땅한 '쓰레기'가 되는 것은 아니다. 방화복을 입고 출동한 횟수에 따라 손상 정도가 다르다. 설사 잦은 세탁 등으로 방화복 성능을 오롯이 담보할 수 없다고 해도 방화복 원재료인 아라미드란 합성섬유를 활용할 여지는 여전히 남는다. 119레오(REO·Rescue Each Other)는 이 '여지'를 놓치지 않았다. 이곳은 폐방화복과 소방호스를 활용해 가방과 액세서리를 제작하는 업사이클링 회사다.

소방관 고마움 알리고 폐기물도 줄이고

7월16일 119REO 사무실이 있는 서울 종로구 서울디자인지원센터 5층에 들어서자 복도 한쪽에 높이 쌓인 상품 상자들이 반긴다. 막 제작 공정을 마치고 사무실에 배달된 상품이다. 사무실 안에는 황토색 계열 특수방화복으로 만든 여러 가방이 늘어서 있다. 작은 크기의 크로스백부터 노트북이 거뜬히 들어가고도 남을 커다란 백팩, 클러치백, 슬링백, 핸드백 등 다양한 디자인을 자랑한다. 모두 119REO가 직접 수거한 폐방화복으로 제작한 가방이다.

이승우(28) 119REO 대표가 처음부터 업사이클링이나 패션에 관심이 있었던 건 아니다. 출발점은 소방관의 열악한 처우에 대한 관심이었다. 대학교 재학 중이던 2016년, 사회적기업 창업 동아리에서 활동하던 그는 미디어에서 소방관이 "장갑을 사서 쓴다"는 식의 보도가 이어지자 실제로 그들의 생활이 어떤지 궁금했다. 섭외되는 대로 직접 소방관들을 만나 이야기를 들었고 그 과정에서 현장에서 일하다 암에 걸려도 공무상 상해로 인정받기 어려운 소방관의 현실을 알게 됐다.

사회적기업 활동을 하며 소방관을 후원하고 그들의 권리를 제대로 보장하자는 이야기를 하고 싶었다. 어떤 방법이 있을까 고민하다가 매년 버려지는 방화복을 떠올렸

김진수 선임기자

119REO 제공

이승우 119REO 대표가 수거한 폐방화복을 들어 보이고 있다.(위) 소방서에서 직접 수거한 폐방화복으로 제작한 가방.

다. 소방관을 지켜주는 가장 든든한 존재이자 소방관의 노고와 존재 의미를 되새길 수 있는 가장 확실한 소재였다.

"업사이클링(Upcycling·새활용) 제품을 본격 제작한 건 2018년이에요. 그사이 소방관 수도, 소방 예산도 커져 매년 나오는 소방쓰레기가 늘었죠. 가방 등을 만들면 소방관의 의미를 널리 알리는 동시에 폐기물을 줄일 수도 있어 시작했어요."

폐방화복을 수거하는 활로를 트는 건 쉽지 않았다. 가능한 지방자치단체에 연락해 취지를 밝히고 제공 가능 여부를 일일이 물었다. "버려진다고는 하지만 엄연히 '공공재' 성격이 있다보니 잘못된 방향으로 쓰이는 것 아닌가 소방서에서는 우려도 많이 했죠. 신뢰관계를 쌓는 것이 중요했습니다." 119REO는 폐방화복을 사용하되 외부로 반출하지 않는다는 점을 함께 계약했다.

현재 계약한 소방서는 전국 40여 곳. 지역 소방본부와 업무협약(MOU)을 맺기도 했다. 수거하는 폐방화복 양이 조금씩 늘었다. 2020년에는 6t 분량을 받아 제품을 만들었다. 2021년에는 폐방화복 10t 이상을 소화할 것으로 본다. 통상 큰 사이즈 백팩 1개를 만들 때 폐방화복 1벌이 모두 들어간다.

"훼손 정도에 따라 3년이 지나도 쓸 만한 방화복은 훈련복으로 쓰는 경우도 있다 하더라고요. 연한 지난 방화복의 질을 A급, B급으로 나눈다면 저희는 B급에 가까운 폐방화복을 수거해서 되살리고 있죠."

수거된 폐방화복은 지역자활센터에서 세탁과 분해 과정을 거친 뒤 제작 단계에 돌입한다. 119REO는 현재 인천과 서울 광진구의 지역자활센터 두 곳과 연계해 가방을 제작 중이다. 세탁이나 분해 작업은 일일이 손으로 한다.

"지역자활센터랑 협력을 맺은 이유 중 하나는 전국에서 폐방화복을 수거한 뒤 이를 운반하는 시간과 거리를 줄이고 싶었기 때문이에요. 물류비용뿐 아니라 탄소배출도 줄이고 싶었거든요."

'그을음' 흔적 가방에 오히려 감동

이 대표는 제작 과정에서 수요를 넘어 제품이 '과잉 생산'되지 않도록 유의한다. 소량 생산을 유지해 되도록 재고를 남기지 않으려 한다. 최근엔 가방을 만들고 남는 자투리천을 활용해 팔찌나 키링(열쇠고리)을 만드는 등 액세서리류도 제작·판매하기 시작했다.

"재고를 아웃렛 등에서 대폭 할인해 판매하는 방법도 있지만 환경을 말하는 업사이클링 제품이 기성 제품의 판매 방식을 따라가는 건 옳지 않다는 생각이 들어요. (과잉 생산은) 환경에 해로운데 업사이클링이 마치 면죄부처럼 되는 건 원치 않거든요."

기후위기를 피부로 느끼고 환경에 대한 관심이 커지면서 최근 업사이클링에 대한 관심이 높아졌다는 걸 이 대표는 체감한다. "폐방화복이다보니 그을음이 있는 경우도 있어요. 하지만 구매하는 분들은 오히려 이런 점에 감동하기도 해요. 소방관이 다른 생명을 살렸던 흔적이니 가치도 되새기고 환경에도 도움이 된다는 걸 잘 알고 계시죠."

'더럽다'던 새활용 제품 이젠 기업이 먼저 찾죠

업사이클링 1세대 '터치포굿'
이제는 멸종위기종 동물 지원까지 확장

황예랑 기자 yrcomm@hani.co.kr

파랑, 분홍, 초록…. 버려진 병뚜껑, 배달용기, 일회용 숟가락 등을 잘게 파쇄한 플라스틱 조각들이 금형(금속으로 만든 틀)을 통과하면 몇 분 만에 새롭게 태어난다. 마스크를 거는 고리, 손가락에 끼고 엘리베이터 버튼이나 초인종을 누를 수 있는 '터치프리키'(Touch free key) 등 코로나19 시대에 요긴한 제품들이다. 이렇게 버려진 자원을 새롭게 디자인해서 가치를 높인 물건을 '새활용'(업사이클링·Upcycling) 제품이라고 한다.

'삽질포굿'에서 시작해 자원DB 700개 구축

2021년 7월13일 찾은 서울 종로구 숭인동에 있는 사회적기업 '터치포굿' 지하 작업실은 새활용 제품의 산실이다. 한쪽에서는 소소하지만 쓸모 있는 플라스틱 제품이, 다른 한쪽에서는 폐현수막을 활용한 에코백, 페트(PET)병에서 뽑아낸 재생 원단으로 필통, 가방 등이 만들어진다. 하나같이 버려져 쓰레기가 될 뻔한 자원이 원재료로 쓰인다. 5월부터는 플라스틱 금형을 공유해 소규모 창작자들의 제작을 돕는 '리플라(RePla) 프로젝트'도 시작했다. 생산된 제품 일부는 '리플라'라는 국내 첫 업사이클링 공동 브랜드를 붙여 팔린다.

"처음 터치포굿을 시작할 때 '삽질포굿'이라는 별명이 있었어요.(웃음) (업사이클링에 대해) 정말 아무것도 모르는 상태로 시작해서 온갖 삽질을 많이 했어요. 그런데 우리만의 문제가 아닌 거죠. 플라스틱 작업이 생각보다 어려워서 똑같은 시행착오를 겪게 되거든요. 창작자들이 더는 삽질하지 않도록 우리가 도울 방법을 고민하다가 리플라 프로젝트를 출범했어요." 박미현 터치포굿 대표는 대학생이던 2008년 공모전에 아이디어를 낸 것을 계기로 업사이클링 사회적기업인 터치포굿을 창업했다.

2008년만 해도 새활용(업사이클링)이라는 단어는 낯설기만 했다. "서울 홍대 근처 옷집 앞에 좌판을 늘어놓고 직접 손으로 만든 가방, 지갑 등을 팔았어요. '폐현수막으로 만들었다'고 하면 손님 대부분이 '더럽다'면서 가버렸죠. 업사이클링이 뭔지 아는 손님은 외국인 정도였어요." 13년이 지난 지금 새활용 제품은 어느새 '유행'이 됐다. 당시 40여 개에 그쳤던 관련 브랜드는 300개 가까이로 늘어났다. 그동안 터치포굿도 300개 넘는 제품을 세상에 내놨다. 화장품 공병 플라스틱을 활용한 줄넘기, 오래된 립스틱으로 만든 크레용 등이 대표적이다.

터치포굿 누리집에서 일반 소비자에게 제품을 팔기도 하지만 기업들과 '리싱크'(Re-Sync) 프로젝트도 한다. 기업들이 산업 특성상 발생하는 폐기물을 직접 재활용할 수 있도록 돕는 작업이다. 한 번 쓰고 버려지는 면세점 선불카드를 재활용해 '여행용 이름 꼬리표(네임태그)'를 만들거나, 아이스팩을 모아 반려견을 위한 쿨매트를 만들어 동물보호소에 기부하는 등의 컨설팅을 했다.

"'우리한테 이런 쓰레기가 있는데 관심 없냐' '이런 쓰레기도 좀 처리해달라'는 전화가 자주 왔어요. 처음엔 좀 기분이 나빴죠. 우리를 쓰레기장이라 생각하나 싶어서. 그런데 생각을 전환했죠. 업사이클링 기업에는 소재가 경쟁력인데 알아서 소재를 주는 거니까요. 그때부터 업사이클링에 사용할 수 있는 자원 데이터베이스를 구축했고, 지금 700개 정도 돼요. 2015년부터는 연구소를 만들어 새로운 소재를 분석하고 어떻게 제품화할지 기술을 연구하고 있어요."

최근 기업들이 너도나도 'ESG(환경·사회책임·지배구조) 경영'을 강조하면서 터치포굿을 찾는 기업도 많아졌다. 박 대표는 "백프로 진정성 있게 폐기물 문제를 해결하고 싶다고 찾아오는 기업은 절반 정도인 것 같다"고 말했다. "뭐라도 해야 하는데, E(환경)가 제일 쉽다고 생각하니까 오는 분이 많아요. 장기적으로는 생산공정을 바꾸는 게 좋다고 이야기해드리죠." 박 대표는 최근 제로웨이스트 활동이나 업사이클링 제품 소비를 일종의 유행처럼 여기는 분위기도 "아직은 거품 같다"고 했다. "가짜 업사이클링도 진짜 많아요. 버려진 소재가 아니라 새 원단으로 만든 가방을 업사이클링 제품이라고 하는 식으로요." 업사이클링 기업 1세대의 눈은 날카롭다.

박미현 터치포굿 대표와 터치포굿이 제작한 스카프, 무릎담요, 신발 등 업사이클링 제품(위). 호루라기, 터치프리키, 페트병 뚜껑 밴드를 손쉽게 자르는 가위 등 버려진 플라스틱으로 만든 제품도 있다(아래).

박승화 기자

사무실에서도 '쓰레기 줄이기' 실천대회

회사 안에서도 쓰레기를 줄이려고 실천한다. 옥상 텃밭에서 기른 채소로 직접 음식을 만들어 먹고 조리 과정에서 남은 채소는 지렁이 먹이 또는 퇴비로 쓴다. 손수건 쓰기, 컴퓨터 모니터 끄기 등 한 달에 하나씩 실천과제를 정해놓고 1등을 한 직원에게 상품을 준다. 박미현 대표가 개인적으로 잊을 수 없는 첫 실천은 '집에 있는 펜을 다 쓸 때까지 펜을 사지 않겠다'는 다짐이었다. 7년이나 걸렸단다. 플라스틱 볼펜이 완전히 분해되는 데는 80년이 걸린다.

최근 터치포굿은 멸종위기 동물과 지구를 지키는 활동까지 영역을 넓혔다. 페트병에서 나온 극세사 원단으로 제작한 코알라 담요 판매 수익금으로 오스트레일리아 산불로 위기에 처한 코알라를 돕는 식이다. 한국화 작가들과 협업해 제비, 상괭이 등 멸종위기종을 그린 스카프도 제작했다. 스카프는 버려진 페트병을 활용해 만든다. 최근엔 한강에 돌아온 수달이 안전하게 살아가도록 돕기 위해 스카프를 판매하는 펀딩도 시작했다. 21

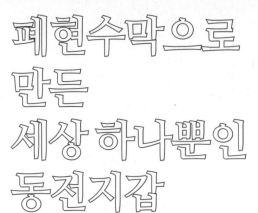

폐현수막으로 만든 세상 하나뿐인 동전지갑

175플래닛-큐클리프 협업
매년 9천t 발생하는 폐현수막은 썩지도 않아

박다해 기자 doall@hani.co.kr

매 선거 기간이 되면 알록달록한 현수막 여러 장이 거리의 여백을 메운다. 투표일이 다가오면 흘깃 현수막을 보지만, 선거가 끝나면 현수막은 그대로 소각장으로 향한다. 수도권매립지관리공사는 2018년 지방선거 때 약 13만 개의 폐현수막이 발생했다고 밝혔다. 무게로 환산하면 9220t이다. 이 중 재활용된 현수막은 33%(3093t)뿐이다. 선거철이 아니라도 폐현수막은 매년 9천t 정도 발생한다.

현수막은 대개 플라스틱이 포함된 합성섬유로 만들어진다. 썩지도 않을뿐더러 소각 과정에서 이산화탄소는 물론이고 1급 발암물질과 미세플라스틱이 나온다. 폐현수막을 다시 쓸 방법은 없을까? 이런 고민 속에 탄생한 것이 '175코인포켓' 지갑이다. 업사이클링(Upcycling·새활용) 제품을 만들어 판매하는 '175플래닛(planet)'과 '큐클리프'의 협업으로 탄생했다.

'175코인포켓'은 1개 남고 완판

2021년 7월19일 서울 성동구 서울새활용플라자의 큐클리프 사무실에서 175코인포켓을 만든 두 회사를 함께 만났다. 175플래닛이 직접 각 정당에 연락해 수거한 폐현수막으로 총 300개를 한정 생산한 이 지갑은 완판됐다. 큐클리프는 2016년부터 업사이클링에 발을 들여놨다. 시작은 우산이다. 우연정 큐클리프 대표는 "의미 있는 디자인을 하고 싶어 고민하던 차에 아끼던 우산이 고장났고, 그대로 버리려다가 우산 원단이 눈에 들어왔다. 뭔가를 만들 수 있겠다는 생각이 들어 파우치로 제작했다"고 설명했다. 우산 원단이니 튼튼하고 생활방수도 됐다. 하나둘 만들어 플리마켓(벼룩시장)에 내놓았다.

"'업사이클링'이란 개념을 알고 시작한 건 아니에요. 다만 폐자원의 성질을 잘 알고 이를 제품으로 만드는 능력이 있으니 막연한 자신감에 계속한 거죠. 이런 제품을 찾는 분들이 있었고, '브랜딩'이나 상품의 질에 대해 조언해주신 분들 덕에 여기까지 왔어요."(우연정 대표)

폐현수막 등을 이용해 직접 만든 지갑과 가방, 휴대전화 케이스를 들고 있는 큐클리프의 류영선 MD(왼쪽)와 우연정 대표.

큐클리프가 활용하는 폐자원은 다양하다. △기증받거나 수거된 폐우산 원단 △광고 간판으로 사용된 뒤 버려지는 파나플렉스(간판에 씌우는 천) △전시·공연·광고 등에 쓰인 홍보용 현수막 △군용 예비 낙하산으로 사용된 뒤 폐기된 낙하산 원단 △영화제 설치물로 사용된 뒤 버려진 폴리염화비닐(PVC) △건물 외벽 옥외광고물로 사용된 메시 포스터 △캠핑장에서 폐기된 텐트 △폐차에서 사용되지 않고 버려진 에어백 등이다. 큐클리프는 이런 소재를 이용해 지갑, 파우치, 휴대전화 케이스 등 소품과 가방을 만든다. 필요한 경우 친환경 소재인 TPU(열가소성 폴리우레탄)나 타이벡(합성 고밀도 폴리에틸렌 섬유), 오가닉 코튼 등을 함께 쓴다.

"가방이나 지갑 만들 때 내부 보강재로 보통 합성소재가 들어가요. 저희는 그런 소재의 사용을 줄이려고 우산 원단이나 현수막의 흰 부분을 쓰죠."(류영선 큐클리프 MD)

2021년 4월 SBS디지털뉴스랩이 론칭한 브랜드 175플래닛은 쓰레기와 플라스틱 없는 삶을 위한 물품을 제작해 판매하는 편집숍을 표방한다. '175플래닛'이란 이름은 현재 인류가 지구의 생태 재생 능력보다 1.75배 더 많은 생태자원을 소비하고 있다(2019년 기준)는 국제환경단체 지구생태발자국네트워크(GFN)의 발표에서 따왔다. 제로웨이스트에 도전하려는 이들을 위해 천연 수세미, 대나무 칫솔, 고체 설거지 비누, 삼베 비누망, 폐플라스틱으로 만든 치약짜개 등을 담은 '루티너 키트'를 처음 내놓은 뒤 큐클리프와 협업해 175코인포켓을 제작했다.

폐우산·텐트·낙하산 등으로도 소품 만들어

이들은 입을 모아 "환경과 업사이클링에 대해 눈에 띄게 관심이 높아졌다"면서도 소비자가 아닌 기업의 변화도 필요하다고 촉구했다. 한국은 여전히 일본 등에 견줘 폐플라스틱을 재활용하기 어려운 나라다. 류영선 MD는 "일본만 해도 투명한 페트병을 재활용할 수 있지만, 한국은 투명하고 깨끗한 페트병 자체가 적고 재활용 과정에서 오염되는 경우도 많아 아직 리사이클링 원단을 만들기 어려운 상태"라고 말했다.

큐클리프의 다음 목표는 두 가지다. '업사이클링 제품이 언젠가 다시 버려졌을 때 이를 폐기하지 않고 또 새로 활용할 수 있는 방안을 만드는 것', 그리고 '제품 소재를 100% 가깝게 업사이클링한 자재로 만드는 것'이다. 우 대표는 "지금은 어쩔 수 없이 부자재는 일반 소재를 사다가 써야 하는 경우도 있다. 지퍼나 어깨끈도 재활용한 소재로 만드는 방법을 알아보고 있다"고 했다.

지속가능성을 지향하는 브랜드 175플래닛은 "오프라인 매장을 내는 일"을 목표로 세웠다. "택배를 보낼 때 지금도 생분해 비닐이나 종이테이프를 쓰고, 종이완충재와 마끈으로 포장하는 등 재활용에 신경 쓰지만 이것도 줄이고 싶거든요. 또 제품만 파는 게 아니라 플라스틱 없는 삶을 널리 알리는 미디어로서 역할도 하고 싶어요."(김혜지 기획자) 21

시민의 '작은 승리' 모여 기업도 변했다

화장품 어택, 스팸 뚜껑 반납 운동 등 이끈 4명의 이야기 일회용 안 쓰게 '기본값' 바꾸자!

황예랑 기자 yrcomm@hani.co.kr

쓰레기 세상을 바꾼 몇 차례의 '작은 승리'가 있었다. 기업과 정부를 상대로 '플라스틱 사용을 줄이자' '과도한 포장을 줄이자'고 요구하는 시민들의 직접행동, 이른바 '어택(Attack) 운동'이 2018년부터 벌어졌다. 환경운동단체와 사회관계망서비스(SNS)를 중심으로 '예쁜 쓰레기'인 화장품 용기, 불필요한 스팸(통조림햄) 뚜껑과 빨대 등을 기업에 반납하는 움직임이 잇따랐다. 그 결과 1+1 등 '묶음포장'이 금지되고 명절 선물세트에서 스팸 뚜껑이 없어지고, 빨대를 제거한 멸균우유가 출시됐다. 소비자의 적극적인 행동이 기업의 변화를 끌어냈다.

이런 사회적 물결의 중심에 그들이 서 있었다. 고금숙 알맹상점 대표, 백나윤 환경운동연합 활동가, 허승은 녹색연합 팀장, 허지현(클라블라우) 쓰담쓰담 대표가 '어택 운동'의 성과와 나아갈 방향을 이야기하고자 2021년 7월16일 오전 9시 모였다. 코로나19 탓에 직접 얼굴을 맞대는 대신 화상회의로 진행했다.

2018년 '쓰레기 대란' 뒤 인식 전환

서울 마포구 망원동에서 포장지 없는 알맹이만 판매하는 '알맹상점'을 운영하는 고금숙 대표는 스스로를 '쓰레기 덕후'라고 소개한다. 2018년 한 대형마트에서 비닐 포장재를 벗기는 '플라스틱 어택', 2019년 일회용 플라스틱컵을 주워서 프랜차이즈 커피전문점에 돌려주는 '일회용컵 어택', 2020년 재활용 등급 표시에 예외가 된 화장품 용기 8천여 개를 모아 기업에 반납한 '화장품 어택' 등의 현장에 모두 그가 있었다. 백나윤 활동가는 부서지기 쉬운 과자를 보호한다는 명분으로 비닐 안에 플라스틱 상자(트레이)를 넣는 롯데·해태 등 국내 대형 제과업체를 상대로 '플라스틱 트레이는 쓰레기'라는 구호를 앞세워 싸우는 중이다. 화장품 어택 운동을 함께했던 허승은 팀장은 최근 배달 플랫폼 3사가 일회용 수저를 기본 제공하지 않도록 하고 공공배달앱이 다회용기를 사용하도록 이끌어냈다. '쓰레기에 담겨 있는 쓰임새에 관한 담론을 나눠보려는' 자발적 시

2021년 7월16일 화상회의에 참석한 허승은 녹색연합 팀장, 백나윤 환경운동연합 활동가, 고금숙 알맹상점 대표, 허지현 쓰담쓰담 대표(위 왼쪽부터 시계방향). 환경운동연합 회원들이 2021년 4월7일 제과업체에 불필요한 '플라스틱 트레이'를 제거하라고 요구하며 행위극을 펼치고 있다.

민들의 모임인 '쓰담쓰담' 대표를 맡은 허지현씨는 "버려지는 것을 줄이는" 업사이클링(새활용) 디자이너이기도 하다. 쓰담쓰담은 스팸 뚜껑과 빨대 반납 운동을 주도했다.

최근 엠제트(MZ)세대(1980년대 초반~2000년대 초반 태어난 밀레니얼세대와 Z세대를 합쳐 부르는 말)를 중심으로 플로깅(조깅하면서 쓰레기 줍기), 제로웨이스트(쓰레기 최소화) 활동이나 업사이클링 제품 등에 대한 관심이 부쩍 높아졌어요. 이런 사회적 분위기를 어떻게 보는지 궁금합니다.

허지현 2018년 (중국의 폐기물 수입 중단으로 촉발된) '쓰레기 대란' 전후가 많이 달라졌어요. 그전에는 쓰레기 '덕질' 하는 사람들끼리 뭘 해봤자 남들이 알아주지도 않는 느낌이었다면 이젠 '드디어 올 것이 왔다'는 생각이 들어요. 꾹꾹 눌려 있던 게 봇물처럼 조금씩 터지고 있구나 싶은.

백나윤 환경운동연합 내부에 자원순환이라는 파트가 만들어진 게 2년째예요. 예전엔 소비자에게 단순히 '분리배출 잘하자'고 했다면 지금은 기업에 '쓰레기 줄여라' '플라스틱 트레이 빼라' 이렇게 요구하죠. 소비자도 분리배출이 자원순환 사회를 만드는 일부이고 생산단계에서 어떻게 하냐가 중요하다는 점을 알게 된 것 같아요.

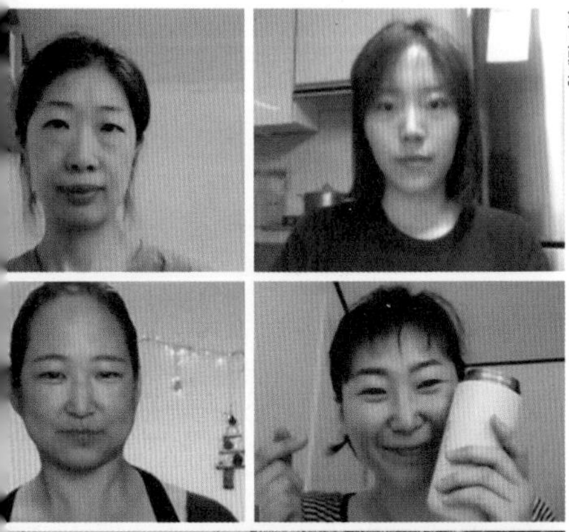
황예랑 기자

허승은 예전에도 '아나바다'(아껴 쓰고 나눠 쓰고 바꿔 쓰고 다시 쓰기) 운동이 있었고 장바구니 들고 다니기 운동도 있었고, 머릿속에서 다 알고는 있었잖아요. 그랬던 게 지금은 (업사이클링 제품 구매 등) 대안적인 소비로 이어지면서 기업도 제도도 같이 변화하고 있어요.

고금숙 환경운동단체들이 2000년대 초반 쓰레기종량제 도입 이후 아무리 목소리를 높여도 사회적 의제가 되지 않았던 쓰레기 문제가 지금은 한국 사회에서 가장 핫한 사회운동이 됐어요. 개인의 참여가 많아지고 사회적 물결이 된다는 건, 첫째는 기업의 변화를 이끌어내고 둘째는 그 힘으로 제도를 바꿔내는 거예요. 배달음식을 먹으면서 플라스틱 용기가 8개나 나왔다고 화나서 사회관계망서비스(SNS)에 올리는 것에서 끝나는 게 아니라, 이런 에너지를 모아서 배달 플랫폼 업체가 꿈쩍이라도 하게 만드는 거죠.

한겨레 이정용 선임기자

백나윤 저는 MZ세대인데, 주위 친구들이나 유튜브를 보면 '쓰레기를 만들지 않는 삶'이 하나의 트렌드가 된 것 같아요.

고금숙 알맹상점을 먹여살리는 소비자의 80%가 MZ세대 여성이에요. 대안을 굉장히 적극적으로 찾고, 내 삶을 이렇게 바꿔보고 싶다며 라이프스타일의 변화를 꾀하는 사람들이죠. 페미니즘, 동성애, 동물권 그리고 비건과 제로웨이스트 운동도 그 맥락이에요. 제로웨이스트 운동만 해도 아주 사소해서 매력적인, 개인의 삶과 밀접한 부분이 많거든요.

SNS 통한 MZ세대 여성들 참여 많아

여러분은 모두 기업을 상대로 어택 운동을 벌였는데요, 어택 운동의 성과를 어떻게 평가하시나요.

백나윤 환경운동연합은 2021년 초 해태, 롯데, 동원, 농심을 대상으로 '트레이 제거' 운동을 했어요. 해태제과 앞에서 홈런볼 트레이를 없애라고 야구방망이를 휘두르는 식으로요. 업체 4곳 모두 2021년 말이나 2022년까지 트레이를 다 제거하거나 종이 트레이로 바꾸겠다고 선언했죠. 조금 공격적일 수도 있지만 기업이 감추고 싶어 하는 부분을 드러내 소비자가 알게 한다는 측면에서 어택 운동은 필요한 것 같아요.

허지현 빨대, 스팸 뚜껑 반납 운동을 하면서 주의했던 점 중 하나가 기업을 공격하거나 적으로 보는 게 아니라, 기업에 건의하거나 소통하기 위해 손을 내밀자는 취지라는 점이었어요. 일반인이 더 쉽게 참여할 수 있었고, SNS를 통해 더 많이 확산됐죠. 실제 스팸 뚜껑이나 빨대가 없어지면서, 소비자도 '말해봤자 소용없다'는 게 아니라 '가능하다'는 자신감을 얻게 됐어요. 기업들이 지금쯤은 변했어야 하는 시기라서 반응한 측면도 있고요.

허승은 배달의민족, 요기요, 쿠팡이츠 등 배달 플랫폼으로 음식을 배달시킬 때 '일회용 수저는 안 받겠다'고 일부러 체크해야 했어요. 숟가락 필요한 사람이 체크해야 하는데, 받는 게 기본값이었던 거죠. 다회용기 사용은 한순간에 시스템이 만들어질 수 없기 때문에 일단 '일회용 수저 안 받기' 선택지부터 바꾸라고 요구했어요. 그런데 배달 3사가 있으니 한 곳만 먼저 바꿀 수 없는 거예요. 3사가 협의해서 2021년 6월1일부터 바뀌었어요. 선택지 변경 하나만으로도 일회용 수저 사용량이 많이 줄었다고 해요. 시민들의 요구와 힘이 모여서 제도 변화로 이어진 거죠.

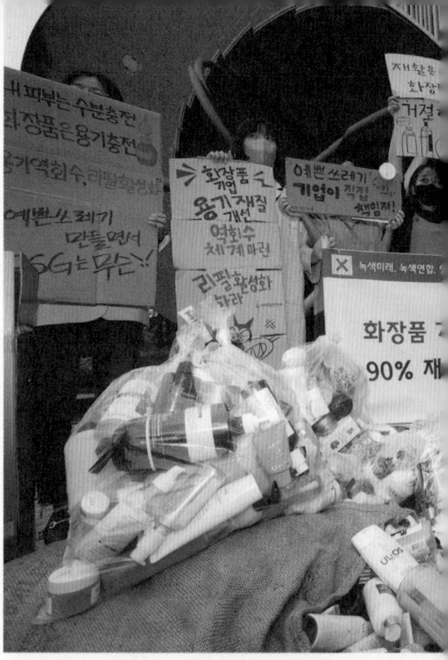

'쓰담쓰담' 인스타그램(@ssdamssdam_0) 화면 갈무리

고금숙 대표는 '어택 운동'의 역사를 한 줄에 꿰어 설명했다. 2018년 '쓰레기 대란'이 터진 뒤 녹색연합과 일반 시민들이 모여 한 대형마트에서 벌였던 '플라스틱 어택' 운동이 시초였다. 이들은 과도한 플라스틱 포장지를 없애자고 주장하면서 PVC(폴리염화비닐) 포장지 금지와 묶음포장 금지를 요구했다. 2019년에는 테이크아웃 커피전문점을 상대로 일회용 플라스틱컵 어택 운동을, 2020년에는 친환경 셀프 정수기로 유명한 브리타를 상대로 필터 어택 운동과 화장품 어택 운동을 벌였다. "음식 포장지에 PVC랩이 금지되고, 자원재활용법(자원의 절약과 재활용 촉진에 관한 법률)이 개정돼 묶음포장이 금지되고, 2022년에는 일회용컵 보증금 제도가 부활해요. 브리타 본사가 아시아 최초로 필터를 수거하기로 했고요." 고 대표는 이런 "작은 승리" 덕분에 "일반 시민들이 재활용이라도 잘해야겠다는 관심이 많아진 것"이라고 말했다.

언제까지 "빨대 빼주세요" 해야 하나

기업들이 ESG(환경·사회책임·지배구조) 평가지표 때문에 억지로 반응하는 건 아닐까요. 앞에 이야기한 소비자의 큰 변화에 견줘볼 때 기업의 변화 속도는 어떤가요.

허승은 기업들이 이런 흐름을 가장 잘 안다고 생각해요. 몰라서 안 하는 게 아니라, 알지만 빠르게 적용하지 않는 거죠. 비용 문제도 있을 테고. 아는데 변화가 더딘 거죠. 그 와중에 작은 승리를 통해 기업이 더 빠르게 변화하도록 이끌어낸 부분이 있어요. 과거와 달리 시민들의 적극적인 행동이 바로 눈앞에 보이고 SNS로 확산하는 속도가 예측 불가능하잖아요. 기업 처지에서는 그런 이미지가 매출에 즉각 영향을 미치고요. 어택 운동으로 끝이 아니에요. 환경운동단체들은 눈에 보이지는 않지만 국회의원을 만나서 법안을 모니터링하고 의견을 내는 등 활동을 이어가고 있어요.

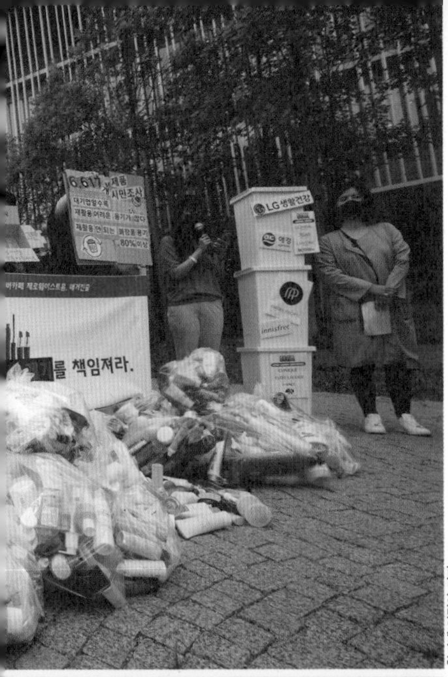

한겨레 이정아 기자

'쓰담쓰담' 인스타그램(@ssdamssdam_0) 화면 갈무리

2021년 6월3일 서울 용산구 아모레퍼시픽 본사 앞에서 녹색연합 등 '화장품 어택 시민행동' 시민들이 재활용 가능한 화장품 용기를 만들라고 요구하는 기자회견을 열고 있다(위). 스팸 뚜껑과 요구르트 뚜껑 반납 운동에 참여한 시민들이 보내온 인증사진을 모은 '지구지킴이 쓰담쓰담'의 인스타그램 게시물(아래).

고금숙 일회용 수저 안 받기 운동에서 '기본값'을 바꾸는 과정을 이야기해주셨는데, 어택 운동으로 바꾸고 싶은 세상이 바로 기본값, 즉 디폴트값(초기에 정한 설정값)을 바꾸는 거라고 생각해요. '비닐 필요 없어요' '빨대 빼주세요' 항상 이런 선택지를 붙여야 하는 건, 지는 싸움이에요. 일회용을 쓰는 사람들이 기본값이 안 되게 만드는 세상이 핵심이라고 생각해요. 우리가 하는 운동은 기본값을 바꿔내는 운동이에요.

허지현 거북이 코에 꽂힌 빨대 사진, (10m 넘는 높이의) 경북 의성 '쓰레기산' 같은 이슈가 하나둘 언론을 통해 알려지면서 사람들이 한 단계 한 단계씩 달라진 것 같아요. 그런 소비자의 힘을 바탕으로 기업을 설득한 거고요. 소비자가 제품을 사주지 않을 거라고 판단하면, 기업은 말려도 변화해요.

앞으로 어떤 새로운 활동을 준비하는지 소개 부탁드려요.

허지현 스팸 뚜껑 관련해서 명절 선물세트만이 아니라 모든 제품에서 뚜껑이 분명히 빠질 텐데, 그러려면 소비자의 목소리가 좀더 나아가야 해요. 묶음포장을 뺀 비건(채식) 라면을 기업에 제안했는데, 제품이 곧 나오지 않을까 기다리고 있어요.

백나윤 지금까지는 과자 제품 중심이었는데 풀무원, 오뚜기 등으로 확장해서 밀키트나 간편식품에서도 플라스틱 트레이를 제거하라고 요구할 예정이에요. 기업한테 생산 단계부터 플라스틱을 감축해야 한다고, 의지를 보이도록 요구하는 활동을 계속하려고 합니다.

고금숙 결국 장기적으로는 플라스틱 생산량을 어떻게 줄일 거냐, 이 문제인 것 같아요. 석유에서 뽑아내는 플라스틱 생산량 자체를 줄이지 않으면 답이 없다고 생각해요. 개인적으로는 알맹상점에 이어서 일회용컵 없이 다회용 용기로만 운영하는 카페를 2021년 7월1일 서울역에 열었어요. 제로웨이스트 매장 90곳과 함께 테트라팩(종이·폴리에틸렌·알루미늄 포일로 만든 멸균팩)을 수거하는 제도도 구축하려고 해요.

허승은 배달앱 3사의 시장점유율이 90%가 넘어요. 배달 쓰레기 문제를 해결하려면 배달앱 3사가 움직여야 합니다. 업체에 다회용 배달용기 사용을 촉구하는 활동을 하려 합니다. 일회용품 규제를 법에 어떻게 반영할지도 중요해요. 제도로 바꿔낼 수 있는 것들이 있잖아요. 모든 기업이 기업 성격과 무관하게 자꾸 플로깅을 홍보해요. 재활용이 문제를 해결하는 답인 양 포장해서 죄책감을 지우고 기존 생산시스템을 유지하려는 거죠. 이런 기업들의 태도를 감시하고 재활용만이 답이 아니라는 점을 이야기할 겁니다.

'쓰레기 없는 세상' 상상하기

쓰레기 덕후들의 열띤 토론은 2시간을 꽉 채웠다. 이들의 머릿속은 소소하지만 거대한 상상으로 가득 차 있었다. "만약에 언제든 재사용 용기를 대여하고 반납할 수 있다면, 만약에 모든 플라스틱 용기에 보증금이 붙고 재활용되지 않는 플라스틱에 몽땅 세금을 매긴다면… 만약에 이 모든 것이 가능하다면 쓰레기 없이도 문제없이 돌아가는 세계, 충분히 멋지지 않은가."(고금숙, 〈우린 일회용이 아니니까〉) 이들이 꿈꾼 '만약에' 덕분에 '쓰레기 없는 세상'을 향해 한 걸음 더 나아간다. 21

줄이고, 돈 내고, 다시 쓰고, 공유한다

쓰레기종량제부터
제로웨이스트 운동까지
'쓰레기 운동' 30년사

쓰레기 문제를 겪고, 당황하고, 고쳐온 역사는 우리한테 길지 않다. 1990년대 들어서야 쓰레기를 제대로 사회문제로 대면하기 시작했다. 쓰레기 배출량이나 재활용률 면에서 다른 나라보다 그나마 낫다는 평가를 받기까지 쓰레기·음식물 종량제, 생산자책임부담금제, 비닐봉투 사용 금지, 일회용품 제한 같은 제도가 있었다. 당연히 그보다 앞서 시민의 문제 제기와 요구가 있었다. 쓰레기에 맞서온 시민운동의 역사를 김미화 자원순환사회연대 이사장이 되짚었다. _편집자

김미화 자원순환사회연대 이사장

1992년, 시민이 모여 쓰레기종량제를 요구하다

1978년부터 쓰레기를 묻어온 서울 마포구 난지도 매립장은 수도권 쓰레기 9200만t을 매립하고 100여m에 이르는 산 두 개를 만들었다. 난지도는 그냥 쓰레기를 방치하는 비위생 매립지였다. 난지도뿐이랴. 1993년 난지도 매립장이 수도권 매립지로 옮기기 전까지 우리나라의 모든 쓰레기는 비위생 매립지에서 처리했다. 그런 땅에 흙을 덮어 농사짓기도 했다. 매립 기록도 제대로 남아 있지 않다. 개발하기 위해 땅을 파보니 쓰레기가 나왔다며 분쟁하는 일은 최근까지도 빈번하다.

이런 수준이었으니 쓰레기양이 어마어마한 것도 이상하지 않다. 1992년 국민 1인당 일일 쓰레기 발생량은 1.8kg으로, 7.5%만이 재활용됐다. 이 수치는 당

1993년 서울 노원구 주민 300여 명이 서울시의회 앞에서 쓰레기 소각장 건설에 반대하는 집회를 열고 있다.

시 일본 1.0kg, 독일 0.9kg에 비해 매우 많은 발생량이었다. 경제는 급속히 성장했고 대규모 도시개발과 소비로 이어지면서 포장재, 건설폐기물 등 잘 썩지 않는 가연성 쓰레기가 증가했다. 토양과 지하수가 오염됐고 매립지는 포화했다. 정부는 소각 정책을 도입한다. 소각시설 설치 주변 지역 주민은 매립이나 소각 모두 환경오염 시설로 인식했고 소각·매립 반대운동으로 이어졌다. 근본적인 해결책이 아니었다. 환경단체들은 매립·소각을 백지화하고, 쓰레기를 최소화하며, 재활용 분리배출로 재활용산업을 육성하라고 요구했다.

1992년 환경단체들은 오염 원인자 부담 원칙, 사전예방 원칙, 자원재활용 원칙 세 가지를 정해 '쓰레기종량제' 도입을 촉구했다. 1994년 33개 지방자치단체에서 시범사업을 했고 1995년 쓰레기종량제 도입으로 이어진다. 쓰레기종량제는 이후 분리배출과 재활용산업의 시작점이 된다. 쓰레기 발생은 신경 쓰지 않은 채 묻느냐 태우느냐만 따지던 쓰레기에 대한 인식이 줄이고 분리배출하고 재활용하는 것으로 바뀐 계기가 됐다. 1994년 생활폐기물 하루 매립량 4만7천t(80%)이 2019년 7500t(13%)으로 줄어들고, 재활용률이 62%에 이르게 된 성과는 쓰레기종량제에서 시작됐다.

2001년 서울 중구 덕수궁 앞에서 '쓰레기문제 해결을 위한 시민운동협의회' 회원들이 시민들에게 음식물쓰레기를 감량하기 위한 10가지 실천 지침을 알리고 있다.(위) 1999년 경기도 고양시 일산의 한 대형마트에서 돈을 주고 비닐봉투를 사는 '쇼핑백 보증금제'를 실시하는 모습.

연합뉴스

한겨레 자료

1996년, 음식물쓰레기 차를 막아서다

쓰레기종량제가 시작됐지만, 종량제봉투에 지금처럼 마른 쓰레기만 있었던 건 아니다. 음식물쓰레기가 함께 들어 있었다. 하루 약 1만5천t의 음식물쓰레기를 매립지에서 처리했다. 음식물쓰레기는 당연히 부패했고, 악취와 해충으로 전국 매립지 지역 주민이 고통받았다. 주민들은 1996년부터 환경단체와 함께 음식물쓰레기 반입 금지 요구가 이뤄질 때까지 매립지에 청소차량이 진입하는 것을 막아섰다. 같은 해 매립지에 음식물쓰레기 반입이 멎었고 정부는 반입 금지를 늦춰달라고 요구하며 방법을 찾았다.

결과적으로 음식물쓰레기 분리배출 자원화, 직매립 금지제도가 도입됐다. 이런 제도로 음식물쓰레기 90% 이상이 분리배출되고 하루 1만5천여t의 음식물쓰레기가 퇴비나 사료로 재탄생했다.

하지만 이는 반쪽짜리 해결책에 그쳤다. 음식물쓰레기 발생은 줄지 않았고 그렇게 생산한 퇴비, 사료 자원은 남거나 동물 사료 사용 금지로 갈 곳이 없어졌다. 쓰레기종량제와 마찬가지로 오염자 부담 원칙에 따라 처리비용을 책정하자고 환경단체들은 주장했다. 지금은 익숙해진 음식물쓰레기 종량제다. 2013년 6월부터 시행됐다.

1997년, 광주에서 비닐봉투 보증금 실험을 하다

비닐봉투는 거저 주는 물건이었다. 쉽게 받아와서 쉽게 버렸다. 광주 지역 환경단체는 일회용 비닐봉투를 50원에 판매하고 비닐봉투를 되가져오면 환불해주는 협약을 슈퍼마켓들과 맺었다. 슈퍼마켓들은 되가져온 비닐봉투를 평균 세 번까지 재사용했다. 판매자 입장에서도 비닐봉투 구매비가 절감됐다. 절감된 비용과 찾아가지 않은 보증금을 모아 불우이웃을 돕고 학교에 지원했다. 실험은 성공했다. 운동의 역사에서 또 하나 기억에 남을 만한 일이 있었다. 그동안 주민 소각·매립 반대운동에서 시작해, 일회용품과 포장폐기물 감량운동을 벌여오던 각 지역의 환경단체들이 한데 모이기로 했다. 제도를 바꿔내기 위해 전국 운동이 필요했다. 1997년 전국 환경단체가 모여 '쓰레기 문제 해결을 위한 시민운동협의회'(쓰시협)를 만들었다. 쓰시협은 이후 자원순환사회연대로 이름을 바꾸고 활동을 이어간다.

광주 지역 비닐봉투 보증금제 성과를 바탕으로 일회용 비닐봉투 보증금 제도를 정부에 제안했다. 결실을 보았다. 1999년 일회용 비닐봉투, 쇼핑백을 유상으로 판매하도록 법을 개정했다. 2002년 자원순환사회연대는 404개 유통 매장과 장바구니 이용 고객 할인, 자율포장대 설치 등의 내용을 담은 자율실천선언을 체결한다. 일회용 비닐봉투 구매율이 20.7% 감소했다. 이후 대형마트와 165㎡(50평 이상) 이상 슈퍼마켓에서 일회용 비닐 사용이 금지됐다.

2008년, 일회용컵 보증금제로 쓴맛을 보다

물론 모든 일회용품 줄이기 운동이 단체의 주장 → 업계 자율협약 → 법 개정으로 순조롭게 이뤄진 건 아니다. 일회용컵 보증금제는 패스트푸드업계와의 협약으로 시작해 커피전문점 등으로 대상을 넓혀갔다. 보증금제를 실시한 매장에서 일회용컵 사용은 절반 가까이 줄었다.

그러다 2008년 법적 근거가 부족하다며 불현듯 폐지됐다. "앞으로 일회용품 사용이 엄청나게 늘어날 것"이라고 단체들은 반발했다. 결과는 바로 나타났다. 2009년 이후 일회용컵 사용은 매년 20~50% 늘었다. 환경단체들은 정부와 업체에 일회용컵 줄이기를 강하게 요구했고, 마침내 2020년 5월 매장 내 일회용 플라스틱컵 사용 금지와 일회용컵 보증금 제도를 담은 법안이 국회를 통과했다. 2022년 6월부터 시행된다.

2021년, '제로웨이스트'로 일상을 바꾸다

순환경제 사회의 목표는 물론 '제로웨이스트'다. 1980년대 미국 환경단체 어반오어(Urban Ore)의 창설자 대니얼 크냅 박사가 썼던 '완전한 재활용'이라는 단어가 1990년대 들어 제로웨이스트라는 단어로 이어졌다. 각 나라에서 제로웨이스트를 외치게 된 배경은 비슷했는데, 소각·매립에 반대하는 운동이 일고 이 과정에서 결국 자원순환을 통한 쓰레기 제로화가 아니면 답이 없다는 인식으로 발전한 것이다. 2000년 국제소각반대대안연맹(GAIA) 창립, 2002년 제로웨이스트 국제연맹 창설 등 자원순환운동은 국제연대로 나아가고 있다. 경제체계를 바꾸는 일이기도 하다. 폐기물 감량과 재사용, 재활용 확대는 또 다른 산업과 고용을 창출한다. 생산 단계부터 재사용과 수리, 재활용이 쉽도록 해야 한다. 공유와 고쳐 쓰는 문화 확대, 물건 오래 쓰기 같은 순환경제를 중심으로 일자리가 만들어져야 한다.

2010년대 들어 제로웨이스트 운동은 지역과 개인을 중심으로 다채로운 의미를 더하고 있다. 2011년부터 자원순환 마을 만들기, 탈플라스틱 지역 만들기 같은 지역 단위 교육·문화 활동이 이어지고 있다. 다양한 활동가와 인플루언서들이 일상 속 생활 방식의 변화를 전하며 자원순환을 이끈다. 21

연합뉴스

김진수 선임기자

2008년 서울 송파구 잠실 롯데백화점 앞에서 자원순환사회연대와 송파구청이 개최한 일회용컵 분리배출 시민캠페인. 참가자들이 방독면을 쓰고 일회용컵으로 뒤덮인 한반도를 만드는 퍼포먼스를 하고 있다.(위) 2020년 서울 마포구 알맹상점의 모습. 여기에선 구매자가 용기를 직접 가져와 세제 등 내용물을 채워 간다.

소비자: 더 나아지기 위한 다짐

알고 있다. 여기까지 책을 읽어준 당신이라면 분명 더 나은 소비자가 되기 위해 애써왔을 것이다. 괴상한 재질로 된 물건과 정신없는 정책 사이에서 무언가 사고 버리며, 주저하고 고민했을 것이다. 그래도 다시 한번, 지금 우리가 할 수 있는 최선을 되새겨본다. 우리의 바른 태도는 정부와 기업을 향한 경고가 될 것이다.

1. 사기 전에 재질을 살펴본다

물건을 사기 전 자원순환 표시뿐만 아니라 더불어 있는 재질 표시와 설명을 유심히 살펴본다. 'other'로 표시된 제품은 줄이고(너무 많아 거르기가 쉽지 않다) 제대로 표시되지 않은 제품은 거른다. '재활용 어려움' 표시가 붙은 제품은 사지 않는다. '재활용 어려움'은 환경부가 '포장재 재활용 용이성 평가'를 거쳐 붙인 표시로 2021년 3월부터 시작했다(아직 표시 자체가 안 된 경우도 많다). 포장재를 과도하게 쓴 제품도 사거나 주문하지 않는다. 안 사야, 기업이 대안을 찾는다.

128~129쪽 '우리 집 구석구석 쓰레기 줄여봐요'

2. 되도록 버리지 않는다

버리기 전에 고쳐쓰고 바꿔쓸 수 있는 방법을 찾아본다. 중고 제품 구매를 일상화한다. 관계를 통해 구하고, 중고 물품 직거래를 해보고, 그래도 안 되면 사회적 가치를 내세운 기업을 찾으라고 전문가는 권한다. 쓰레기 사회의 시작은 제품의 폐기-구매 주기를 빨리하려는 기업의 의도였다. 거기, 질 수 없다.

130~133쪽 '헌 옷 줄게, 환경 지켜다오~'

3. 분리하고, 씻어서, 버린다

분리배출 표시가 있는 쓰레기는 기본적으로 재질을 분리하고, 이물질을 비우고, 씻어서 배출해야 한다. 헷갈릴 때는 '내 손안의 분리배출' 앱 등을 활용한다. "그래봐야 한데 모아 수거하고 제대로 재활용도 되지 않는다"고 낙담할 수 있다. 다만 우리는 지켜야 할 건 지킨다. 원칙대로 재활용되지 않는 책임은 정부가 져야 한다.

28~31쪽 '그냥 버리나요? 씻어주세요'

4. 종량제봉투에 넣기 전, 쓰레기의 로드(여정)를 생각한다

음식물쓰레기 봉지에 남은 음식을 넣기 전, 이것을 동물이 먹을 수 있는지 생각한다. 음식이 아닌 이물질, 짠 장이나 딱딱한 껍데기는 되도록 넣지 않는다(다만 지역마다 기준이 다르다). 종량제봉투에 쓰레기를 넣기 전 이것이 소각되면 어떤 영향을 미칠지, 매립하면 썩을지, 좀더 나은 폐기 방법은 없을지 생각한다. 딱 떨어지는 답이 없는 것도 아직 많다. 다만 좀더 나은 방법으로 버리는 데, 나아가 쓰레기를 줄이는 데 도움이 된다.

46~48쪽 '수박 껍질은 '음쓰', 된장은 '일쓰''

65쪽 '소각장에서 손사래 치는 쓰레기는?'

생산·판매자: 방법을 찾아야 할 책임

소비자는 쓰레기를 원하지 않는다. 원치 않는 쓰레기를 만드는 기업은 시대에 뒤떨어진 둔한 모습으로 보일 뿐이다. 버리며 느끼는 죄책감은 소비자만큼 생산자의 몫이어야 한다. 미안하다면, 행동하라. 진심으로.

1. 쓸데없는 포장재·일회용품 쓰지 않는다

과자봉지 안에 든 플라스틱 트레이, 불필요한 통조림햄 뚜껑, 내용물보다 더 많은 비닐·스티로폼 충전재가 반가운 소비자는 없다. 필요하다면 재활용한 충전재를 쓴다. 최소한 정부의 '유통포장재 사용 감량을 위한 지침'을 따라 비닐 완충재 대신 종이 완충재를 쓰고, 유통포장재 내 빈 공간이 물건 크기의 50%를 넘지 않도록 한다. 일회용품은 제공하지 않는 것을 '기본값'으로 한다.

144~147쪽 '시민의 '작은 승리' 모여 기업도 변했다'

2. 단순하고 쉬운 재질로 생산한다

여러 재종을 혼합하거나 첨가물을 섞지 않은 플라스틱을 만든다. 폴리프로필렌, 폴리에틸렌, 페트 정도의 그나마 재활용하기 쉬운 플라스틱을 만든다. 색깔 있는 플라스틱, 기묘한 모양의 플라스틱, 정체불명 비닐이 재활용 과정에서 어떤 수모를 겪는지 소비자도 알고 있다.

20~25쪽 '검은 봉지를 보면 겁이 난다'

3. 버려진 것들을 구조하라

야심 있는 기업가라면 버려지는 것에 주목한다. 팔다 남은 음식, 못생긴 과일, 유통기한이 조금 지난 음식을 판매하는 공간은 유럽에서 주목받는다. 버려진 천을 모아 만든 제품을 팔아볼 수도 있고, 재활용 이후까지 생각하는 재활용 제품 생산자가 돼볼 수도 있다(단, 과잉생산은 금물이다). 매장을 재활용 거점으로 만들어 분리배출이 쉽지 않은 작은 플라스틱이나 약품, 폐식용유 등을 모을 수도 있다. 사람이 몰릴 것이다.

118~121쪽 '음식물을 쓰레기통에서 구하라'

140~141쪽 '생명 구한 방화복으로 지구 구해요'

4. 그린워싱인가 진심인가, 끊임없이 물어라

끊임없이 해야 할 질문이 있다. ①사회적으로 자원순환이 절실한 쓰레기를 흡수하는 진짜 재활용에 집중했나. ②몇몇 이벤트 제품을 넘어 제품과 포장 전반에 걸쳐 재활용 자원을 사용했나. ③생산·운영 과정에서 자원 사용을 줄였는가. 진심 아닌 구호로만 '그린'을 외치는 기업은 쉽게 들통난다.

34~35쪽 '재활용도 '완결'이 중요하다'

참고 문헌
〈이러다 지구에 플라스틱만 남겠어〉, 강신호, 2019
〈플라스틱은 어떻게 브랜드의 무기가 되는가〉, 김병규, 2021

정부: 더 앞장서 이끌 의무

문제가 터져야 제도가 뒤쫓았다. 매립지가 문제가 되니 소각장, 소각장이 문제가 되니 종량제, 분리배출이 문제가 되니 생산자책임재활용제도(EPR)를 도입했다. 그럭저럭 잘해온 줄 알았다. 2018년 쓰레기 대란이 터지고야 정부와 국회와 지방자치단체는 그동안 흐릿하게 존재했던 제도를 또다시 급하게 정비하고 있다. 시민은 혼란하다. 빈 곳이 아직 많다. 더는 뒤쫓으며 수습만 하고 있을 수 없다. 정부 스스로 표현한 대로 '자원순환 대전환', 사회 곳곳에 영향을 미칠 거대한 변화를 이끌어야 한다.

1. 부담을 피하지 않는다

사회적 부담을 피할 수 없다는 것을 명확히 인식한다. 비용이 든다. 정부가 져야 할 몫을 회피하지 않는다. 좀더 세심한 수거를 위해 정책을 바꾼다면 수거 인력도 늘려야 한다. 분리배출할 시설을 지어야 공동주택에 살든 단독주택에 살든 시민 누구나 제대로 배출할 수 있다. 설득을 회피하지 않는다. 시민의 불편, 기업의 비용이 늘 수 있다. 함께 필요성과 현실성에 바탕을 두고 목표를 정한다. 각자의 몫을 나누고 투명하게 설득한다.

95~97쪽 '싱가포르를 가장 깨끗하게 유지하는 방법'

98~101쪽 '법 때문이야, 일본 거리가 깨끗한 건'

2. 넓게 보고 조정한다

재활용에 실패한 쓰레기는 어쩔 수 없이 갈등과 균열을 낳는다. 매립하거나 소각해야 한다. 매립지와 소각장이 경제·사회적 계층화로 이어지지 않을 방법을 찾는다. 광역화해 좀더 나은 시설을 갖추거나, 막대한 재정 지원을 해야 한다.

자원순환경제로의 전환은 또한 거대한 구조조정을 동반한다. 작게는 재활용 업계, 크게는 강화된 환경규제의 벽을 넘지 못하는 기업, 더 넓게는 소비·생산·재정·국제관계를 아우른다. 뒤처지는 쪽을 어떻게 보완할지 크게 보며 논의한다.

68~69쪽 '우리 동네에 소각장이 들어온다면'

74~77쪽 '내 쓰레기 무덤이 갈라졌다'

3. 하기로 한 일을 명확하게 알린다

생활 단위에서 시민이 해야 할 일을 제대로 알린다. 배출제도는 시시각각 바뀐다. 그나마 알 수 있는 방법이라고는 '내 손안의 분리배출' 앱 정도다. 잘하고 싶어도 방법을 알 수 없다. '요일별 분리배출'은 환경부 지침만 변경했을 뿐 시행 주체인 지자체들이 무엇을 하는지 소식이 없다. 종량제봉투 사용을 줄이겠다고 시작한 '음식물쓰레기 전용 수거통' 안에는 봉투에 얌전히 담아 버린 쓰레기가 넘친다. 거점 수거를 활성화하겠다며 만든 '재활용 동네마당'은 찾기조차 쉽지 않다. 해야 할 일을, 할 수 있는 방법을 명확히 알려달라. 시민은 준비돼 있다.

40~45쪽 '음식물쓰레기를 보면 사는 사람을 알 수 있죠'

78~79쪽 '2022년 일회용컵 보증제 부활' 21

방준호 기자 whorun@hani.co.kr

우울의 반대말은 희망 아닌 행동

쓰레기 난세에서 자원순환경제로,
거대한 전환을 향한
기업·정부·소비자의 역할

홍수열 자원순환사회경제연구소 소장

“산처럼 쌓인 폐기물은 언제나 고장 난 문명의 첫 번째 신호다.” 프랑스 소설가 로맹 가리의 소설 〈흰 개〉의 한 구절이다. 전대미문의 쓰레기 위기를 겪는 우리나라 상황에 딱 들어맞는 말이다. 전국 곳곳에 처리되지 못한 쓰레기가 산처럼 쌓이고, 바다는 플라스틱으로 병들고 있다. 쓰레기 처리를 둘러싼 갈등이 겹겹이 쌓이고 있다. 쓰레기 난세다.

고장 난 문명의 신호

한국은 2019년 기준 연간 1억8천만t의 쓰레기가 발생하는데, 10년 전과 비교하면 약 40% 증가했다. 쓰레기 발생량이 줄어들 기미를 보이지 않고 계속 늘어나고 있다. 생활쓰레기는 2019년 기준 1인당 연간 약 398㎏을 배출하고 있다. 경제협력개발기구(OECD) 회원국 대부분이 1인당 연간 400㎏이 넘어가고, 독일은 600㎏, 미국은 750㎏ 정도 되는 것을 고려하면 상대적으로 양호하다고 평가할 수 있다. 그렇지만 단위면적당 쓰레기 발생량이 우리나라가 미국의 7배라는 것을 고려하면 결코 적은 양이 아니다. 좁은 땅에 인구와 산업시설이 밀집했기 때문에 쓰레기 처리는 항상 골치가 아플 수밖에 없다.

국내 전체 쓰레기 재활용률은 2019년 기준 86.6%이고, 생활폐기물 재활용률은 59.7%이다. 경이로울 정도로 높은 수치지만 거품을 걷어내면 실질 재활용률은 50%가 채 되지 않는다. 전세계 생활쓰레기 평균 재활용률 20%와 비교하면 여전히 매우 높은 수준이다. 그렇지만 만성적인 쓰레기 처리시설 부족을 생각하면 절대 높은 수치라고 볼 수 없다. 2019년 기준으로 생활쓰레기 매립지의 남은 수명은 36년, 민간 처리업체 매립지의 남은 수명은 6년에 그친다. 수도권 지역의 생활쓰레기를 대부분 매립하는 수도권 매립지는 현재 사용하는 3-1매립지를 최대한 쓴다고 하더라도 겨우 7년 정도밖에 수명이 남지 않았다. 대체 매립지를 구하지 못하거나 수도권 매립지 내 남은 부지를 사용하지 못한다면 수도권 지역 쓰레기 대란은 시간문제다.

우리나라는 1인당 쓰레기 발생량과 재활용률 지표로만 보면 다른 나라와 비교해 양호한 것 같지만, 단위면적당 쓰레기 발생량과 쓰레기 처리시설 여유 용량 지표로 본다면 쓰레기 문제는 달걀을 겹겹이 쌓아놓은 상황과 같다. 1인 가구 증가, 비대면 소비에 따른 일회용품 소비 증가 등으로 앞으로 쓰레기 발생량은 계속 늘어날 것이기에 제대로 대처하지 못하면 쓰레기 대란의 시계 초침은 계속 빨라질 것이다. 쓰레기 위기, 어떻게 해결해야 할까.

쓰레기 사지 않을 권리

근본적인 해결책은 순환경제 시스템을 구축하는 것이다. **많이 생산하고 많이 소비해야만 유지되는 경제시스템을 극복해야 한다.** 현재의 시스템은 물질 생산과 소비의 양을 늘리지 않는다면 불황에 따라 실업자가 넘쳐나고 사회 약자의 고통을 키운다. 자원 고갈과 쓰레기 문제가 닥쳐오는 것을 알면서도 생산과 소비의 페달을 계속 밟을 수밖에 없다. 이러한 낭비적 시스템을 전면 재설계해야 한다.

순환경제로 가려면 개인의 실천을 넘어선 거대한 구조 전환이 필요하다. 규제 강화도 필요하지만 민간의 자율적인 역동성과 창의성을 발휘해야 한다. 정부 규제 이전에 **기업들이 먼저 나서서 제품 디자인을 개선해야 한다.** 재사용·재활용이 되지 않거나 재생원료를 쓰지 않은 제품은 앞으로 시장에서 팔기 어려운 시대가 오고 있다. 산업 기준이 바뀌었기 때문이다. 수리·수선을 통해 제품을 오래 사용할 수 있는 권리, 쓰레기를 사지 않을 소비자의 권리를 보장해야 하는 시대가 다가오고 있다. 변화하는 시장 환경에서 살아남으려면 기업들 스스로 포장재 사용량을 줄이고, 재질을 대체하고, 리필이 가능한 제품을 출시하고, 재사용·재활용을 쉽게 하도록 만들고, 재생원료 사용량을 늘려야 한다. 2030년까지 각 산업 분야 전반에 걸쳐 기업들 스스로 목표와 실천계획을 제시하고, 그것에 대한 사회적 논의를 풍성하게 해야 한다. 그런 논의를 할 수 있는 순환경제 플랫폼을 구축해야 한다. **정부는 단기적인 실적 쌓기에 급급할 것이 아니라 장기 목표를 명확히 제시하고 기업들이 이에 맞춰 투자하도록 해야 한다.**

기업들의 변화를 이끌어내기 위해서는 소비자의 역할이 중요하다. **기업을 감시하고 압박하는 행동을 실천하는 소비자의 제로웨이스트 연대가 필요하다.** 소비자가 쓰레기 발생에 대한 죄책감에 눌려 우울증에 빠져서는 안 된다. 연대와 실천으로 변화를 이끌어야 한다. 과대포장 제품, 재활용이 어려운 제품에 대해 소비자가 적극적으로 문제를 제기하고 불매운동을 펼쳐야 한다.

단순한 재활용은 의미 없다

소비자가 쓰레기를 줄일 수 있는 인프라(기반시설)도 대폭 구축해야 한다. 무포장 제품을 판매하는 제로웨이스트 매장이 동네 단위로 들어서야 하고, 다회용기로 배달음식을 이용하거나 음료를 포장해서 갈 수 있는 시스템을 만들어야 한다. 다회용기에 보증금을 붙여서 판매하는 시스템을 대폭 확대하고, 다회용기를 전문적으로 대여하고 세척하는 서비스를 제공하는 업체가 많아져야 한다. 쓰레기를 줄일 대안이 없는 상황에서 소비자에게 쓰레기를 줄이도록 강요할 수 없다.

어쩔 수 없이 생기는 쓰레기는 올바른 분리배출로 자원이 순환할 수 있도록 해야 한다. 무조건 많이 배출하는 것이 중요한 게 아니라 정확하게 배출하는 것이 핵심이다. 소비자가 분리배출해야 하는 품목에 대한 정보를 쉽게 얻을 수 있는 온라인 정보 시스템, 신뢰할 수 있는 분리배출 표시제도가 정착돼야 한다. 소비자는 △비우고 △헹구고 △이물질은 제거해 분리하고 △쓰레기와 섞지 않는 '비헹분섞'의 원칙을 숙지한 뒤 분리배출을 해야 한다.

분리배출한 재활용품은 고품질 재생원료로 재활용돼야 한다. 페트병이 다시 페트병으로 순환될 수 있는 수준의 재생원료를 만들어야 한다. 순환경제 시대에는 단순히 재활용한다는 것은 의미가 없다. 반복적으로 순환하는 고품질 재생원료 생산, 즉 업사이클링이 중요하다. 업사이클링을 위해서는 현재의 영세한 재활용 산업구조에서 탈피해 설비의 규모화와 기술의 선진화가 필요하다.

중장기적으로 순환경제로의 구조 전환을 통해 쓰레기 발생량을 획기적으로 줄이고 재사용·재활용할 수 있는 체계를 구축하되, 당면한 쓰레기 문제를 해결하기 위해서는 안정적으로 쓰레기를 처리할 수 있는 인프라를 확대해야 한다. 발생한 쓰레기는 처리돼야 한다. 투기하거나 방치하는 것보다는 소각이나 매립하는 것이 나은 방법이다. 최선의 선택을 할 수 없다면 최악의 상황을 피하기 위해 차선을 선택할 수밖에 없다. 쓰레기 처리시설 설치에 따른 지역주민 갈등을 줄이는 방안을 마련해야 한다.

먼저 쓰레기 발생지 처리 원칙을 확립해야 한다. 쓰레기는 쓰레기가 배출된 지역에서 최대한 처리돼야 한다. 다른 지역으로 쓰레기를 일방적으로 떠넘겨서는 안 된다. 종량제봉투 전처리 시설을 설치하거나 소각시설 등 쓰레기를 최대한 처리할 수 있는 시설을 스스로 설치해야 한다. 최대한 노력했는데도 불가피하게 발생하는 쓰레기를 다른 지역의 처리시설에 의존해야 한다면 그에 상응하는 추가 비용을 부담해야 한다. 이것은 공공 처리시설뿐만 아니라 민간 처리시설도 마찬가지다.

이미 나온 쓰레기는 소각이라도

둘째, 쓰레기 처리시설에 대한 주민들의 과도한 공포 혹은 불신도 해소할 필요가 있다. 특히 쓰레기를 태우는 것에 과도한 공포가 조성돼 있다. 쓰레기를 태우는 경우 미세먼지를 비롯한 오염물질이 나오는 것은 불가피하지만, 주변 지역 환경과 주민 건강에 심각한 위협을 줄 정도로 펑펑 배출되는 것은 아니다. 1990년대 이후 우리나라에선 아파트 단지 내 대규모 소각시설이 설치돼 수십 년째 운영됐지만, 생활폐기물 소각시설로 인한 건강 이상 사례는 보고된 바 없다. 현대적 오염방지 시설과 자동굴뚝측정장치(TMS) 등 감시체계가 잘 갖춰졌기 때문에 우리가 생각하는 만큼 엉터리로 운영되지 않는다. 심리적 공포를 자극하는 과장된 자료에 휘둘리지 말고 좀더 객관적으로 문제를 바라볼 필요가 있다.

셋째, 지역주민 지원 방식을 개선해야 한다. 현재는 공공에서 설치하는 소각시설과 매립시설에 한정해 주변 영향지역(소각시설은 반경 300m 이내, 매립시설은 2㎞ 이내) 거주 주민에게만 지원한다. 민간 처리시설 주변 지역주민이나 지역사회는 제도적 지원 대상에서 제외되고, 공공 처리시설의 경우에도 주변 영향지역 안과 밖의 갈등이 있다. 민간 소각시설이나 매립시설의 경우 쓰레기 배출자가 내는 처분부담금도 모두 국가가 징수하고 주변 지역주민이나 지방자치단체에는 한 푼도 지원하지 않는다. 주민 지원 범위는 민감한 문제이며, 잘못 건드릴 경우 오히려 갈등이 더욱 폭발할 위험이 있기는 하지만, 현재의 지원 방식은 25년 전 낡은 방식이다. 변화한 환경에서 주민 갈등을 예방하거나 관리하는 데 한계를 보인다. 폐기물 처리시설 설치로 발생하는 사회적 이익을 지역사회와 합리적으로 공유할 방안을 찾아야 한다.

현실에 눌리지 말 것

스웨덴의 환경운동가 그레타 툰베리는 '우리에게 필요한 것은 희망이 아니라 더 많은 행동'이라고 말했다. 쓰레기 문제를 해결하기 위해서는 생산자와 소비자, 정부 모두 각자의 자리에서 더 많은 책임을 느끼고 더 많은 행동을 해야 한다. 돈키호테는 '현실은 진실의 적'이라고 했다. 당면한 현실에 눌릴 것이 아니라 우리가 꿈꾸는 미래를 실현하기 위해서 행동해야 한다. 끼

쓰레기는 더 많은 이야기가 필요해

광주의 '이공', 전북 군산 '자주적 관람' 등 제로웨이스트숍이 '쓰레기 TMI'를 활용하는 법

*〈한겨레21〉 통권5호 '쓰레기 TMI'를 판매하는 제로웨이스트숍 방문기입니다.

광주=방준호 기자 whorun@hani.co.kr

세제는 1g에 7원, 섬유유연제는 1g에 5원이다. 통계피는 100g에 2천원, 페퍼민트는 1g에 500원이다. 광주시 카페 겸 제로웨이스트 가게 '이공'('이상한 공간'이라는 뜻으로 이름 붙였지만, 지금은 '이로운 공간'이라는 뜻으로 주로 쓴다) 물건은 포장재 없이 날것 그대로다. 고유의 무게만 지녔다. 꼭 필요한 만큼만 통에 담아가면 된다. 물건 옆에 놓인 저울을 괜히 살짝 건드려봤다. 디지털 숫자가 예민하게 흔들린다. '쓰레기 TMI' 통권호(제1374·1375호)를 펴내기 위해 종종거리며 한 계절을 나고, 〈한겨레21〉은 물건이 지닌 무게에 조금 더 예민해졌다. 물건의 무게는 언젠가 대개 쓰레기의 무게다. 그러고 보니 이공 한편에는 재활용되길 바라며 손님들이 가져온 (진짜) 쓰레기 무게가 적혀 있다. 2021년 1월부터 플라스틱 음료병 뚜껑과 병목 고리 2만7627g, 작은 실리콘 제품 446g을 모았다.

그런 곳에 '쓰레기 TMI'가 놓여 있다. 손님이 뒤적이길 바라며 세세한 설명을 적어뒀다. 제주부터 강릉까지 전국 곳곳 65곳 제로웨이스트숍에서 '쓰레기 TMI'를 팔거나 대여한다(2021년 8월26일 기준). 이공도 그런다. 광주에 몇 없는 귀한 제로웨이스트 가게다. 사실 서울 정도를 빼면 어느 지역이든 제로웨이스트 가게는, 아직 귀하다. 그래서 사명감이 크다.

귀하고 높고 외로운 '제로웨이스트 가게'

이공의 사명감과 고민 앞에, 잡지에 큼직하게 적힌 TMI(너무 과한 정보)는 다소 부끄러운 제목이다. '이게 무슨 투 머치?' 꾸짖는 듯하다. 이공은 카페에서 나온 음식물쓰레기는 자체 퇴비화 시설에 넣어 퇴비로 만든다.(이공에서 일하는 짱돌(활동명)은 "카페 음식물쓰레기 질이 좋잖아요"라고 말하며 대수롭지 않게 과일 껍질과 밥풀이 든 퇴비통을 열어 보였다.) 탄산수를 페트병째로 들여오지 않기 위해 직접 제조한다, 휴지 냅킨은 치우고 소창으로 만든 헝겊 냅킨을 쓴다, 테이크아웃 컵은 없앴다, 대신 대여용 텀

블러를 두었다, 축산업이 환경에 미치는 영향을 알고부터 음료에는 우유 대신 두유를 넣는다 등등. 다 적지 못했다. 납득할 수 없는 물건의 행로가 빤했고, 방법을 찾다보니 하나둘 하는 일이 늘었다. "좀 하드코어하기는 한데… 광주에 몇 없는 제로웨이스트 공간이다보니 다른 분들도 참조할 수 있겠다는 생각이 들어서"라고, 이공에 제로웨이스트 숍을 들인 왕꽃(활동명)은 설명했다. 그런데도 분명 문제는 또 발견될 것이고, 해야 할 일은 또 더해질 것이다. 그렇다. 무겁고 또 무거운 쓰레기 앞에 아무리 해도 '투 머치'는 없다. 늘 어딘가 부족하다.

'쓰레기 TMI'도 부족하다. 왕꽃이 짚어줬다. "서울·수도권 말고 다른 지역의 소각이나 매립 상황을 좀더 다뤘으면 좋았겠어요. 예를 들어 광주는 소각장이 없어 직매립(소각 없이 매립)을 하고 있거든요." 맞다, 지역의 쓰레기를 놓쳤다. 담배꽁초와 미세플라스틱 문제도 깊게 담지 못했다.(이공은 담배꽁초를 주워 온 이들에게 '쓰레기 TMI'를 무료 배포한다.) 종이와 종이팩은 다르며, 종이팩을 따로 분리배출할 방법만 있다면 더 많이 재활용할 수 있다는 점도 충분히 적지 못했다.(왕꽃은 종이팩 분리배출 캠페인 '카페라떼 클럽'을 진행한다.) 그러므로 '쓰레기 TMI'는, 너무 과한 정보일 리 없다. 빈곳투성이다. 부족한 정보다. 이공 한편에 놓인 잡지의 묵직함이 문득 부끄럽다.

"정확한 쓰레기 정보를 모아줘서 좋아"

그래도 이들은 이 부끄러운 잡지를 더 많은 사람이 봐줬으면 했다. 왕꽃은 환경에 관심 있는 시민이 모이는 곳에 "보부상처럼 짊어지고 가서" '쓰레기 TMI'를 팔기까지 했다. 대체 왜? "보통 독자를 대상으로 하는 주간지에 이렇게 정확한 쓰레기 정보를 이렇게 열심히 모아준 것이 좋아서 우리 가게에 꼭 놔야겠다고 생각했다"고 이공에서 일하는 제이는 말했다. 전북 군산 전시공간 겸 제로웨이스트 가게 '자주적 관람' 최정은 대표도 비슷한 얘기를 했다. "이렇게 골고루 쓰레기 문제를 전하는 잡지가 학교든 기관이든 곳곳에 놓여서 되도록 많은 사람이 읽으면 좋겠어요. 정보량이 상당해서 인터넷 기사로 읽기는 힘들 텐데, 그래도 읽어보면 생각할 계기가 될 텐데요."(최정은 자주적 관람 대표) 굳이 사 볼 필요는 없다. 자주적 관람은 잡지를 읽고 싶은 사람이 부담 없이 빌려 갈 수 있도록 대여도 한다. "근데 보더니 대개 그냥 사 가시기는" 했다.

광주광역시 카페 겸 제로웨이스트 가게 '이공'에 〈한겨레21〉 통권5호 '쓰레기 TMI'가 놓여 있다.

방준호 기자

읽는 이들에게 이 묵직한 잡지는 그러므로 (애초의 기획 의도와 달리) 쓰레기 정보의 총집결이 되지 못했다. 쓰레기 세계를 소개하는 짤막한 광고에 그쳤다. 16명 훈련된 기자가 달라붙었건만 그렇게 되고 말았다. 낙담하지 않기로 한다. 다만 목표를 수정한다. 읽고, 잠시 생각하고, 둘러보고, 불편함을 발견하고, 고치려 해보고, 이야기하고, 이번에는 같이 시도해보는 시작점에 '쓰레기 TMI'가 있길 바란다. (평소 〈한겨레21〉스럽지 않은) 격한 선동이길 바란다. 불씨이길 바란다. 이 책이 세계에 더하고말 몇 그램 무게가 부디 지구를 구하기 위해 불가피한, 꼭 필요한 만큼의 무게이길 바란다. 21

고맙습니다

이 책이 나오기까지 많은 분의 도움이 있었습니다.
제주부터 강릉까지 전국 제로웨이스트숍 65곳에서 〈한겨레21〉 '쓰레기 TMI' 통권호가 팔릴 수 있도록 징검다리가 되어준 고금숙 알맹상점 대표를 비롯해, 정부와 기업의 변화를 이끌어낸 '어택(Attack) 운동'의 경험을 공유해준 환경운동연합, 녹색연합, 쓰담쓰담. 쓰레기 TMI 취재가 어려움에 부딪힐 때마다 기자들에게 나침반이 돼준 홍수열 자원순환사회경제연구소 소장. 재활용이 가능한 자원의 수집·운반부터 재활용 제품으로 재탄생하기까지 모든 과정을 1시간 넘게 설명해주신 배재근 한국과학기술대 교수. 재활용쓰레기 현장 취재를 도와준 민주노총과 한국노총 환경미화원 노동자들과 서울 구로구 자원순환센터. 쓰레기가 재활용품으로 다시 태어나기까지 복잡하고 어려운 과정을 하나하나 짚어가며 설명해주신 경기도 김포 준영산업 맹성호 대표, 경북 의성 프린스 조준형 대표와 성효정 차장을 비롯한 직원분들. 한겨레신문사의 쓰레기 분리배출 모습을 보여주신 청소업체 동남의 신진섭 대표와 직원들. 음식물쓰레기 수거업체를 소개해주고 직접 운전해 데려다주신 서울 도봉구청 관계자, 음식물쓰레기 수거업체의 박명주 팀장과 홍아무개님, 여러 번의 부정적인 질문에도 친절하게 응답해준 서울 도봉구 음식물 자원화센터 심윤식 자원순환과 주무관, 최종선 팀장, 쉬는데 들이닥쳤는데도 웃으며 대답해주신 자원화센터 여성 노동자. '냉장고 이야기' 칼럼니스트이자 아시아문화원의 연구원인 심효원씨, 〈제로웨이스트 키친〉 작가 류지현씨, 출판사 테이스트북, '제로웨이스트 키친' 리추얼을 진행한 밑미, 리추얼 메이커이자 제로웨이스트숍 피커 송경호 대표, 리추얼에 참여하신 분들. 마포 자원회수시설(소각장) 관련 갖가지 질문에 성심성의껏 답변해주신 이희복 기술팀장과 취재에 많은 도움 주신 최하림 주임, 취재 방향과 통계 등에 협조해주신 서울시청 공무원들. 무더운 날씨에도 수도권 매립지 시설 곳곳을 동행하며 친절하게 설명해준 수도권매립지관리공사 홍보부 김종현 주임. 바쁜 일정에도 인터뷰에 흔쾌히 응해주신, 쓰레기 투기범 270명 잡은 평범한 사업가이자 환경운동가인 서봉태씨. '새활용'의 의미가 무엇이고 어떤 과정으로 이뤄지는지 자세히 설명해주신 분들, 함께 나누고 다시 쓰면서 쓰레기를 줄이는 지혜를 기꺼이 알려주신 분들, 아름다운가게와 열린옷장, 119REO, 터치포굿, 큐클리프, 175플래닛, 그리고 김미화 자원순환사회연대 이사장.
이들이 있었기에 〈쓰레기 TMI〉를 펴낼 수 있었습니다. 다시 한번 고맙습니다.